FRIEDRICH GRIMM

FRANKREICH-BERICHTE

PROFESSOR DR. FRIEDRICH GRIMM

FRANKREICH-BERICHTE

1934 bis 1944

Herausgegeben vom
Kreis seiner Freunde

HOHENSTAUFEN VERLAG

©
Hohenstaufen-Verlag
Schumann KG
Bodman · Bodensee 1972
Alle Rechte vorbehalten
Printed in Germany
Gesamtherstellung: Ebner, Ulm
ISBN 3 8056 2701 7

VORWORT

Die »Frankreich-Berichte« von Professor Grimm beziehen sich auf die Jahre 1934 bis 1944, auf einen Zeitraum also, in dem die deutsche Außenpolitik von einer nationalsozialistischen Regierung und damit von Adolf Hitler gelenkt wurde. Bei dieser zeitlichen Beschränkung der Berichte auf einen bestimmten Abschnitt der deutsch-französischen Beziehungen darf nicht unerwähnt bleiben, daß schon lange vor der Machtergreifung Hitlers am 30. Januar 1933 an einer Normalisierung der deutsch-französischen Beziehungen auf beiden Seiten gearbeitet wurde, um die im Versailler Vertrag formulierte Diskriminierung Deutschlands zu überwinden. Für das Verständnis der folgenden Berichte ist es von besonderer Bedeutung, daß Professor Grimm auch schon vor 1933 zu den aktivsten Vertretern einer deutsch-französischen Verständigung gehörte.

Aus dieser Tatsache geht bereits hervor, daß Professor Grimm das deutsch-französische Verhältnis außerhalb der Tagespolitik sah. Er war bestrebt, dieses schwierige Problem unabhängig von den Regierungsformen zu lösen, die sich auf beiden Seiten gegenüberstanden. Er fühlte sich bei dieser Arbeit auch von den politischen Anschauungen und Parteien unabhängig, als deren Vertreter er in Frankreich angesehen wurde. Wer in dieser Haltung eine Zweideutigkeit oder sogar eine gewisse Naivität erkennen zu müssen glaubt, verkennt die tiefe Überzeugung, die Professor Grimm von der Notwendigkeit einer Überwindung des deutsch-französischen Gegensatzes besaß. Er beurteilte das deutsch-französische Problem in seiner tausendjährigen Entwicklung allein vom historischen Standpunkt aus. Er sah aus dieser Sicht heraus die jeweils herrschende Staatsform nicht als die vordringliche Schwierigkeit an. So wie er in Frankreich ständige Ablösungen der Regierungen erlebte, so konnte ihn auch der mehrfache Systemwechsel in Deutschland nicht in seiner Überzeugung irre machen, daß es zu jedem Zeitpunkt eine unabdingbare

Aufgabe der deutschen Politik wäre, das Verhältnis zu dem westlichen Nachbarn endgültig zu ordnen.

Mit dieser Grundeinstellung war Professor Grimm in der Lage, nicht nur den Übergang vom Kaiserreich zur Weimarer Republik, sondern auch den Wechsel von der Republik zum »Dritten Reich« mitzuerleben, ohne sein Ziel einer deutsch-französischen Verständigung aus den Augen zu lassen. Der Rechtsanwalt, der als Soldat des kaiserlichen Deutschland auf dem Wege über Kriegsgerichtsverfahren gegen gefangene Franzosen zum ersten Mal mit dem deutsch-französischen Verhältnis in direkte Berührung gekommen war, hatte keine Schwierigkeiten, seine guten Dienste auch den Politikern der Weimarer Republik anzubieten. Sie machten von seinen Fähigkeiten und Beziehungen regen Gebrauch.

Es zeugt von der Ernsthaftigkeit, ja von der Besessenheit seines Strebens, daß die Politiker des Dritten Reiches keinen Anstoß an der demokratisch-liberalen Tätigkeit von Professor Grimm vor der Machtergreifung nahmen, sondern in ihm den »Spezialisten« achteten. Hitler führte schon vor seinem Regierungsantritt Gespräche mit dem Völkerrechtler Grimm, der sich vor allem mit seinen Veröffentlichungen über die deutsch-französischen Auseinandersetzungen an der Saar, im Rheinland und im Ruhrgebiet einen Namen gemacht hatte. Alle diese Konflikte hatten ihren Ursprung im Versailler Vertrag, zu dessen Experten Professor Grimm gehörte. Er hatte sich durch seine faire Haltung als aufrechter Fürsprecher einer deutsch-französischen Verständigung nach Beseitigung der diskriminierenden Bestimmungen des Versailler Vertrages auch für eine Zeit legitimiert, in der sich aus der machtlosen Weimarer Republik das Großdeutsche Reich entwickelt hatte.

Für viele Angehörige der Generation, die aus dem ersten Weltkrieg zurückgekehrt war, war auch 1933 Frankreich noch der »Erbfeind«, der seinen Sieg, den er England und den USA verdankte, weit über die Bestimmungen von Versailles hinaus in brutaler Rachsucht zu zahlreichen Demütigungen benutzt hatte. Die Besetzung des Ruhrgebiets, die Unterstützung der Separatisten, die Nadelstichpolitik in den besetzten Gebieten und die Drohungen, die von Clemenceau oder Poincaré immer wieder erhoben wurden, hatten in dem Durchschnittsdeutschen jener Jahre die Überzeugung bestätigt, daß Frankreich als ein unversöhnlicher Feind jede Gelegenheit wahrnehmen würde, Deutschland zu spalten, die Rheingrenze zu beanspruchen und jede Erstarkung Deutschlands zu verhindern.

Ähnlich war die Einstellung der meisten Deutschen von rechts bis weit in die Linkskreise hinein gegenüber Polen. Die Abtrennung deutscher Gebiete gegen den erklärten Willen ihrer Bewohner widersprach den 14 Punkten Wilsons. Die polnischen Aufstände in Oberschlesien und vor allem die Bildung eines Korridors unter der gleichzeitigen Abtrennung Danzigs hatten in allen deutschen Parteien zu einer starken Abneigung gegen Polen geführt, die aus Warschau mit unverhohlener Deutschfeindlichkeit erwidert wurde.

So wirkte es sensationell, daß ausgerechnet die nationalsozialistische Regierung, von der man allgemein eine betont chauvinistische Politik erwartet hatte, mit Versöhnungsvorschlägen kam, die sich eine demokratische Regierung damals nicht hätte erlauben können. Unabhängig von der Frage, ob diese Politik Hitlers der Tarnung der Aufrüstung und der Sicherung der Übergangszeit bis zum Aufbau einer starken Wehrmacht dienen sollte, muß seine Behauptung als richtig anerkannt werden, daß ein deutscher Staatsmann ohne seine damalige Popularität und Autorität niemals hätte wagen können, den Korridor anzuerkennen oder statt der Rückgabe des Korridors lediglich die Forderung auf Durchführung einer Autobahn zu erheben. Das gleiche gilt für seinen Verzicht auf Elsaß-Lothringen. Hitler begründete ihn mit der Feststellung, daß die Rückkehr der Reichslande in das Deutsche Reich niemals die Blutopfer wert wären, die im Falle eines Krieges zwischen Deutschland und Frankreich erneut gebracht werden müßten.

Man muß diese Erklärungen kennen, wenn man die Berichte von Professor Grimm richtig lesen und verstehen will. Sie wurden als Ausdruck einer grundsätzlichen Neuorientierung der deutschen Außenpolitik empfunden.

Als Professor Grimm im Jahre 1934 seine Berichterstattung aufnahm, begann er damit nicht eine neue Tätigkeit, sondern er setzte eine ihm ans Herz gewachsene Arbeit im Sinne der Völkerverständigung fort. Er fühlte sich bei dieser Tätigkeit dadurch beschwingt, daß hinter ihm nach seiner damaligen Überzeugung nicht mehr ein durch Parteien zerrissenes, machtloses Deutschland stand, dessen Wünsche von keiner französischen Regierung respektiert wurden. Er wurde nun in Frankreich als der Vertrauensmann einer Regierung angesehen, die auf innerpolitischem Gebiet viel beachtete Erfolge erzielte und sich auch im Gegensatz zu Frankreich auf die überwiegende Zustimmung des Volkes berufen konnte.

Man darf bei der Lektüre der Grimm'schen »Frankreich-Berichte« diese Voraussetzungen nicht übersehen. Man darf nicht die spätere Katastrophenpolitik als bekannt voraussetzen und sich entsprechend wundern, daß so viele Deutsche und Franzosen ernsthaft an eine Versöhnungspolitik auf dieser Grundlage glaubten. Man muß vielmehr davon ausgehen, daß nicht nur das deutsche Volk mit großer, innerer Freude die außenpolitischen Erfolge der neuen Regierung begrüßte, sondern daß auch die französische Bevölkerung sehr stark von der Entwicklung in Deutschland beeindruckt wurde.

Denn in diesen Jahren litten viele nationalbewußte Franzosen darunter, daß ihr eigenes Land von einer politischen Krise in die andere gestürzt wurde, während sie in Deutschland eine wirtschaftliche Erstarkung, eine politische Einigung und vor allem eine Jugend beobachten konnten, die offensichtlich mit der neuen Staatsregierung einverstanden war. Tausende von Franzosen, die in den Jahren zwischen 1933–1939 Deutschland besuchten, haben als ihre stärksten Eindrücke den Arbeitsdienst und die Hitler-Jugend bezeichnet, und gerade von diesen beiden Organisationen gingen viele Impulse zur Verständigung mit Frankreich aus.

Aber ebenso eindrucksvoll wie die Kontakte zwischen der Jugend der beiden Länder waren die Begegnungen der Kriegsteilnehmer und der Kriegsversehrten, jener Männer also, die sich viereinhalb Jahre lang in einem blutigen, aussichtslosen Grabenkrieg gegenübergelegen hatten. Sie hatten dabei erleben müssen, daß die Blüte ihrer Freunde und Kameraden in die Gräber sank, ohne daß sich in der deutsch-französischen Problematik auch nur das geringste geändert hätte. Gerade diese Kreise hatten den ehrlichen Wunsch, eine Wiederholung eines so blutigen Gemetzels für immer unmöglich zu machen.

Sie waren die eigentlichen Träger der deutsch-französischen Verständigung. In ihren Reihen fand Professor Grimm die ersten überzeugten Gesprächspartner für seine These, daß die Politik Richelieus von der ewigen Aufsplitterung und Machtlosigkeit Deutschlands durch eine echte Versöhnung überwunden werden müsse.

Bei dieser seelischen Verfassung beider Völker wirkte die Beweisführung Hitlers psychologisch überzeugend, daß kein einfacher Soldat des Großen Krieges, auf welcher Seite er auch gekämpft haben mochte, eine Wiederholung dieses Kampfes wünschen könne. Gerade die Tatsache, daß Hitler den Kampf in Frankreich in vorderster Linie mitgemacht hatte, sicherte seinen Worten bei den französischen Frontsoldaten besondere Beachtung. Seine Ausführungen zu diesem Thema mußten auf Professor Grimm vor allem deshalb besonders glaubhaft wirken, weil Hitler sie in zahlreichen persönlichen Gesprächen bestätigte. In einer Reihe aufsehenerregender Interviews widerrief Hitler auch seine Ausführungen in »Mein Kampf«, mit denen er den Rachekampf gegen Frankreich gefordert hatte. Er »meldete die Revision seiner damaligen Ausführungen vor der Geschichte an« und begründete ihre frühere Niederschrift damit, daß sie seine Reaktion auf den französischen Einmarsch in das Ruhrgebiet gewesen wären.

Unter solchen politischen Vorzeichen begann Professor Grimm seine Berichterstattung. Dieser Hintergrund mußte deshalb deutlich gemacht werden, damit nicht nachträglich der Eindruck entsteht, daß sich hier ein anerkannter Jurist und Historiker bewußt für eine imperialistische Politik habe mißbrauchen lassen. Der Verdacht ist unbegründet, daß Professor Grimm dem nationalsozialistischen Regime seine Kontakte und Beziehungen zur Verfügung gestellt habe, obwohl er hätte wissen oder mindestens voraussehen müssen, daß Hitler in Wirklichkeit den Krieg vorbereitete. Er glaubte wie die Mehrheit des deutschen Volkes an Hitlers oft betonten Willen zum Frieden.

Während der Sudetenkrise trat Professor Grimm dem damals auf dem Gipfel der Volkstümlichkeit stehenden Hitler im »Deutschen Haus« in Nürnberg offen mit der Frage entgegen, ob die auf dem Parteitag der NSDAP anwesenden Franzosen den Ausbruch eines deutsch-französischen Konfliktes befürchten müßten. Er erhielt von Hitler in Gegenwart seines ganzen Stabes die feierliche Versicherung, daß der Frieden nicht gefährdet wäre, und daß kein Anlaß für eine deutsch-französische Auseinandersetzung bestände. Die anschließende Münchener Konferenz mußte Grimm als die Bestätigung dieser Worte erscheinen. Diese Beurteilung fand auch in der Tatsache eine Stütze, daß nicht wie 1914 Deutschland, sondern Frankreich am 3. September 1939 den Krieg erklärte, und daß sich Hitler bei den Formulierungen des Waffenstillstandsvertrages eine Zurückhaltung auferlegte, die Clemenceau und Foch 1918 nicht gekannt hatten.

Gerade in dieser Mäßigung sah Grimm auch nach dem Ende der Kampfhandlungen eine Grundlage für die Fortsetzung seiner Verständigungs-Arbeit. Dabei ging es ihm darum, rechtzeitig jene Kräfte zu mobilisieren und zum Einsatz zu bringen, die bei dem Aufbau eines neuen Europas von Bedeutung sein konnten. In diesem Sinn sah Professor Grimm seine Aufgabe, und von dieser Überzeugung waren die Gespräche und Reden beherrscht, deren wichtigste Abschnitte in den »Frankreich-Berichten« wiedergegeben werden.

Denn die vorliegende Veröffentlichung enthält nicht alle Teile – entscheidend für die Auswahl war die Tatsache, daß viele der von Professor Grimm geschilderten Vorgänge Spezialkenntnisse in einem solchen Umfang voraussetzen, daß sie eigentlich nur nach einem Sonderstudium verständlich gewesen wären. Die Namen vieler französischer Politiker der damaligen Zeit sind heute für niemanden mehr ein Begriff. Schon für die wichtigsten Persönlichkeiten der französischen Politik zwischen 1934 und 1944 mußte ein Verzeichnis mit erklärenden Stichworten und Daten angelegt werden. Vorgänge, die damals die Öffentlichkeit erregten, sind nach 30 Jahren belanglos geworden und konnten daher unberücksichtigt bleiben.

Dagegen wurde die Auswahl nicht unter dem Gesichtspunkt vorgenommen, daß sich Professor Grimm bei manchen politischen Prognosen geirrt hat. Der Wert dieser Aufzeichnungen liegt gerade darin, daß in ihnen völlig unbefangen und im Gefühl der gerechten Sache ein Bild der damaligen Zeit gezeichnet wird, wie es sich für den juristisch geschulten und politisch aufgeschlossenen Kenner des Landes ergab, der Frankreich und seine Menschen liebte.

Darum sollte es auch für den kritischen Leser nicht wichtig sein, politische Fehlurteile anzumerken oder auf unrichtige Prophezeiungen hinzuweisen. Er sollte vielmehr zur Kenntnis nehmen, wie schnell die Geschichte über viele Vorgänge hinweggeht, die von den Zeitgenossen als entscheidend angesehen werden, und wie wichtig es ist, in der Politik eine große Linie einzuhalten, wenn man nicht im Strudel der Tagesereignisse ertrinken will.

Angesichts der Unmöglichkeit, die Berichte geschlossen wiederzugeben, wurden in erster Linie die Gespräche ausgewählt, die Professor Grimm mit führenden Persönlichkeiten des damaligen Frankreich hatte. Vom Ministerpräsidenten der Volksfront, Léon Blum, bis zum rechtsradikalen Grafen de Brinon, vom greisen Marschall Pétain bis zum rechtsradikalen Volkstribun Doriot sind alle politischen Persönlichkeiten des Frankreichs jener Zeit in den

Berichten vertreten. Diese Tatsache und die erstaunliche Offenheit, in der die französischen Politiker jener Jahre mit Professor Grimm sprachen, zeigt deutlich, welchen Klang sein Name damals in Frankreich hatte, und welches persönliche Vertrauen er genoß. Man wußte von ihm, daß er es niemals mißbrauchen würde.

Die Wahl der Einzelberichte ist an besonders wichtigen Ereignissen orientiert, die ihre Bedeutung auch für die Jetztzeit behalten haben. Sie zeigen in ihrer Formulierung deutlich die Methode, nach der sie niedergeschrieben wurden.

Professor Grimm machte sich sogleich nach den Gesprächen Notizen, nach denen er die Berichte jeweils unmittelbar nach der Rückkehr von einer Frankreichreise seiner langjährigen Sekretärin diktierte. Frau Hedwig Göttner hat auch jetzt noch, im Alter von über 80 Jahren, bei der Zusammenstellung und Überprüfung der Berichte mitgewirkt, die vor langen Jahren von ihrer Hand geschrieben sind.

Professor Grimm formulierte seine Eindrücke spontan und ohne Berücksichtigung seiner persönlichen Interessen. Er war persönlich so unabhängig, daß er frei sprechen konnte. Er hatte es stets abgelehnt, ein Staatsamt zu übernehmen. In der NSDAP hat er niemals eine Funktion gehabt oder auch nur erstrebt. Den Titel Generalkonsul erhielt er aus technischen Gründen, um während des Krieges keine Schwierigkeiten auf seinen Reisen zu haben.

Da er in den Berichten keine persönlichen Anliegen vertrat, konnte er offen über Mißstände berichten und auch solche Anregungen geben, von denen er wußte, daß sie nicht gerne gelesen wurden. Er hat seine Kritik zwar stets vorsichtig formuliert oder sie als Äußerungen Dritter aufgemacht. Er hat sich aber niemals gescheut, gerade auch die Bedenken seiner französischen Freunde gegen die nationalsozialistische Politik mit einer Deutlichkeit vorzutragen, die diesen verwehrt war.

Bei der Wertung der Berichte muß berücksichtigt werden, daß viele Franzosen Professor Grimm sicherlich als *ein Sprachrohr für eigene Wünsche und Absichten benutzten und ihre Äußerungen entsprechend einrichteten. Ebenso hat Professor Grimm selbst dort, wo er diese Absicht nicht erkannte, sie doch in einer Form dargestellt, die den Unterschied zwischen eigener Meinung und fremdem Wunschdenken erkennen ließ. Aber auch bei dieser Einschränkung kommt den Berichten der Charakter einer unmittelbaren, lebensnahen und aufrichtigen Schilderung eines Augenzeugen zu, der Frankreich und die Franzosen kannte und aufgrund seiner Ausbildung und seiner Erfahrungen aus direktem Erleben in der Lage war, wertvolle Erkenntnisse und Erlebnisse festzuhalten.*

DIE POLITISCHE SITUATION
BEI BEGINN DER BERICHTERSTATTUNG

Das Jahr 1934, mit dem die »Frankreich-Berichte« von Professor Dr. Grimm einsetzen, brachte für die nationalsozialistische Regierung eine Reihe von Krisen. Die allgemeine Begeisterung des Jahres 1933 hatte sich gelegt, die ersten Rückschläge zeichneten sich ab. Die Maßnahmen zur Bekämpfung der Arbeitslosigkeit hatten sich erst zum Teil ausgewirkt. Weite Kreise des In- und Auslandes rechneten noch nicht mit einer Stabilität des Hitler-Regimes. Sie erwarteten immer noch sein baldiges Ende und verhielten sich entsprechend. Dazu trugen einige Ereignisse wesentlich bei, die sowohl den Staat als auch die Partei Adolf Hitlers bis in die Tiefen erschütterten.

Der »Röhm-Putsch« und die Form, in der er liquidiert wurde, ließen zum ersten Mal auch bei Gutgläubigen tiefe Zweifel an der Rechtsauffassung des Nationalsozialismus entstehen. Äußerlich war man zufrieden, daß Hitler den ständigen Übergriffen der SA durch Entmachtung dieser Organisation ein Ende bereitet hatte. Aber auch die Billigung der Maßnahmen des Reichskanzlers durch den Reichstag und die Anerkennung seines eigenmächtigen Vorgehens durch den Reichspräsidenten von Hindenburg hatten die

Zweifel an der Legalität der Erschießungen nicht beheben können. Da schreckte am 25. Juli ein neues Ereignis Europa auf. In Wien veranstalteten Kreise der dort verbotenen NSDAP, vor allem Einheiten der SS, einen Putsch gegen den Bundeskanzler Dollfuß, der dabei sein Leben verlor. Es gelang Hitler, durch ein Abstreiten aller Zusammenhänge und durch eine Reihe demonstrativer Maßnahmen, beispielsweise durch die Entsendung des Vizekanzlers von Papen als Botschafter nach Wien, ein Eingreifen europäischer Mächte zu verhindern. Das Ausmaß der Gefährdung wird aus der Tatsache erkennbar, daß Mussolini schon mit mobilgemachten Divisionen am Brenner aufmarschiert war.

Beide Ereignisse waren für die ins Ausland geflüchteten Anhänger der linken Parteien Zeichen für einen baldigen Sturz Hitlers. In den von ihnen herausgegebenen Zeitungen und Nachrichtendiensten in Holland und Paris, aber auch in der Schweiz und in der Tschechoslowakei verstärkten sie ihre »antifaschistische« Propaganda. Ihre Wirkung blieb hauptsächlich deswegen gering, weil sie sich zahlloser Übertreibungen schuldig machte und dadurch an Glaubwürdigkeit verlor.

Dennoch war die Situation der Reichsregierung keineswegs stabil, als am 2. August der Reichspräsident von Hindenburg starb. Hitler verstand es, die kritische Situation blitzschnell durch Vereinigung beider Ämter in seiner Hand und durch die sofortige Vereidigung der Reichswehr auf seine Person zu überwinden.

Er hatte zu diesem Zeitpunkt größtes Interesse daran, die Lage in Europa zu entspannen und den Argwohn ausländischer Mächte zu zerstreuen. Die Abstimmung im Saargebiet stand bevor. Die deutsche Aufrüstung befand sich noch in den allerersten Anfängen. Die Machtübernahme im Innern war zwar formell, aber keineswegs materiell abgeschlossen. Ein Eingreifen von außen hätte Hitler in eine außerordentlich schwierige, wenn nicht aussichtslose Position gebracht.

In dieser Lage kam es ihm entscheidend darauf an, über die Stimmung in den Nachbarländern aus erster Hand unterrichtet zu werden und die Wirkung seiner Maßnahmen und Reden durch Augenzeugenberichte zu kontrollieren. Vor allem lag es ihm daran, den überaus mißtrauischen Nachbarn Frankreich, dessen innerpolitische und militärische Schwäche damals noch nicht so klar zu Tage getreten war wie 1938 bis 1940, von seinem Friedenswillen zu überzeugen. So förderte er nicht nur den damals beginnenden Austausch zwischen den Frontkämpfern des Ersten Weltkrieges, sondern er begünstigte auch Jugendtreffen beider Völker, wie sie damals von dem späteren deutschen Botschafter in Paris, Otto Abetz, organisiert wurden. Die »Deutsch-Französische Gesellschaft« wies bei ihren Veranstaltungen die prominentesten Namen auf, und der französische Botschafter François Ponçet war Mittelpunkt besonderer Aufmerksamkeiten.

Professor Dr. Friedrich Grimm begann 1934 seine Besuchsreise in der Eigenschaft als Vizepräsident der »Deutsch-Französischen Gesellschaft«, deren Gegenstück, das »Comité France-Allemagne« in Paris, alle Persönlichkeiten umfaßte, die in einer deutsch-französischen Verständigung den Schlüssel zur Erhaltung des europäischen Friedens sahen.

Aber Professor Grimm beschränkte sich bei seiner Meinungsforschung nicht auf diese Kreise, die gesellschaftspolitisch nicht für das ganze Frankreich repräsentativ waren. Er stützte sich zusätzlich auf die vielen alten Freunde und Bekannten, die er aus der Zeit seiner großen Prozesse und seiner Mitwirkung bei der Durchführung der Wirtschaftsbestimmungen des Versailler Vertrages gewonnen hatte.

Auch in Frankreich war die Lage im Jahre 1934 nicht konsolidiert. Die Ereignisse des Februar 1934 mit dem Stavisky-Skandal und dem Sturm auf das Palais Bourbon hatten die Brüchigkeit des Systems deutlich gemacht. Das Mißtrauen gegen Regierung und Parlament war stark. Eine revolutionäre Stimmung machte sich rechts und links bemerkbar. Die Regierungen lösten sich in schneller Folge ab. Nach dem Rücktritt Daladiers wurden zwischen 1934

15

bis 1936 die Kabinette Doumergue, Flandin, Laval und Sarraut gebildet. Ihnen folgte 1936 die Volksfront mit Léon Blum als Ministerpräsident, den wiederum Daladier von 1938 bis 1940 ablöste. Nach einem kurzen Zwischenspiel Reynauds wurde dann nach dem Zusammenbruch 1940 Pétain Staatschef.

Diese mangelnde Stabilität hat wesentlich dazu beigetragen, eine entschiedene französische Politik gegen Hitler-Deutschland zu verhindern. Im Gegenteil – immer mehr Franzosen, die aus eigenem Antrieb oder auf Einladung das »Dritte Reich« besuchten, überzeugten sich davon, daß dort die ähnliche Unsicherheit aus der Zeit der Weimarer Republik mit Energie und nach einem festen Programm überwunden wurde. Sie verglichen mit dieser Entschlossenheit die Handlungsunfähigkeit ihres von vielen Parteien beeinflußten Parlaments. Gerade in diesem Zeitraum waren die Versuche, führende französische Politiker für die Überzeugung zu gewinnen, daß Deutschland seine ganze Kraft für eine Wiederherstellung der inneren Ordnung und für die Überwindung der sozialen Notlage einsetze und an einer Politik des Friedens festhalten würde, besonders wirkungsvoll.

Die deutschen Behörden und Verbände unterstützten in diesen Jahren die Friedenspropaganda Hitlers nach besten Kräften. Als sich Ausländer-Reisen durch Deutschland als besonders erfolgreiche Informationsmöglichkeit erwiesen, wurden systematisch Gruppen von Parlamentariern und Frontkämpfern, Kriegshinterbliebenen und Jugendführern eingeladen. Ihnen wurde stets ein umfangreiches und interessantes Programm geboten. Vor allem die sozialen Einrichtungen beeindruckten die Besucher aus einem Land, in dem ständige Streiks die Atmosphäre vergifteten und die Volksfront mit sozialistischen Forderungen die Mehrheit der konservativen Bevölkerung erschreckte.

Durch die positiven Urteile kritisch eingestellter Ausländer fühlte sich auch Professor Grimm wie viele andere Deutsche in seiner Haltung zu Hitler und dessen Politik bestätigt. Aus dieser Wechselwirkung ergaben sich Pro-

gnosen, die viele Freunde einer deutsch-französischen
Verständigung mit neuer Hoffnung erfüllten.

Für Professor Grimm handelte es sich in erster Linie um
die Überwindung der Auswirkungen des Ersten Weltkrie-
ges und der Versailler Bestimmungen, die eine ganze
Kette von unglückseligen Ereignissen ausgelöst hatten.

PROFESSOR DR. GRIMM
ÜBER DEN URSPRUNG UND SINN
SEINER FRANKREICH-BERICHTE
(Niederschrift vom 16. August 1946 in Tiengen)

Durch meine Tätigkeit als Rechtsanwalt vor den gemischten Schiedsgerichtshöfen kam ich ab 1921 in engere Beziehungen zu der Deutschen Botschaft in Paris. Besonders die
Botschafter von Hoesch, Köster und von Welczek luden
mich regelmäßig, wenn ich nach Paris kam, zu sich ein und
fragten mich bei solchen Gelegenheiten immer nach meinen Eindrücken über die Stimmung in Frankreich und
meinen Beobachtungen über die deutsch-französischen
Beziehungen überhaupt. Wiederholt wurde ich nach solchen Gesprächen aufgefordert, meine Meinung zu den
erörterten Fragen auch schriftlich niederzulegen.

Starkes Interesse für die Berichte
Diese meine Aufzeichnungen und Berichte fanden unter
allen Regierungen, nicht nur bei der Deutschen Botschaft in
Paris, sondern auch in Berlin eine gewisse Beachtung, so
namentlich ein Bericht über die Gesamtlage der deutsch-
französischen Politik, den ich 1932 vor dem Zusammentritt
der Lausanner Reparationskonferenz verfaßt hatte. Eine
Abschrift dieses Berichtes wurde durch einen Mandanten
auch Adolf Hitler vorgelegt. Die Folge davon war, daß
Hitler mich im Mai 1932, als er in Essen war, besuchte und

mich nach meiner Ansicht über das deutsch-französische Problem überhaupt befragte. An der Besprechung nahm auch der spätere Reichsminister Funk teil, der größtes Interesse an meiner Auffassung über die Möglichkeit einer deutsch-französischen Verständigung nahm.

Fortsetzung der Berichterstattung auch nach 1933

Anfang Februar 1934 fragte Funk mich erneut, wie ich die Möglichkeit einer deutsch-französischen Verständigung ansähe. Er bat mich, ihm ähnliche Berichte auch weiterhin von Zeit zu Zeit zu senden. Er werde sie in geeigneter Weise zur Kenntnis Hitlers bringen. Als Herr von Ribbentrop von diesen Berichten hörte, wünschte er, auch Abschriften davon zu erhalten.

Bemühungen um Objektivität

Ich habe meine Aufgabe immer so aufgefaßt, daß ich die amtlichen Kreise in Berlin und Paris so objektiv wie möglich unterrichten müsse. Ich bemühte mich, Irrtümer aufzuklären und Mißverständnisse zu beseitigen. Ich war deutscher Patriot, hielt mich aber gerade deshalb für verpflichtet, auch Frankreich und der französischen Politik gerecht zu werden. Mein Bestreben war, auch Gegnern gegenüber, wie Léon Blum oder Reynaud, objektiv zu sein.

Dementsprechend habe ich immer wieder auf den Ernst der Lage aufmerksam gemacht, und die Warnungen, die mir französische Politiker, auch Gegner, zukommen ließen, stets weitergegeben, auch wenn sie mir persönlich als übertrieben erschienen. Auf der anderen Seite habe ich mich auch wieder nach beiden Seiten hin bemüht, Panikstimmungen zu vermeiden und immer wieder darauf hingewiesen, daß im französischen Volk kein Haß gegen Deutschland und kein Kriegswille bestehe, genauso wie umgekehrt in Deutschland kein Haß und kein Kriegswille gegen Frankreich vorhanden war.

Arbeit für den Frieden

So habe ich stets für den Frieden gearbeitet und jede Kriegsgefahr nach meinen Kräften auszuräumen versucht. Ich hatte ja selbst zwei Söhne im wehrdienstpflichtigen Alter und wollte ihnen das Schicksal eines neuen Krieges ersparen. (Anm.: Ein Sohn von Professor Grimm ist im 2. Weltkrieg als Offizier gefallen.)

Für die Revision von Versailles

Für die Aufrechterhaltung des Friedens, bzw. für die Schaffung eines dauerhaften Friedens und die Organisation eines neuen Europas schien mir allerdings eine Revision der Verträge von 1919 unumgänglich notwendig zu sein. Ich erstrebte diese aber auf friedlichem Wege. Der Grundgedanke des Art. 19 V. V. schien mir die Rechtsgrundlage hierfür zu sein.

Als oberstes Ziel aber schwebte mir die deutsch-französische Verständigung vor, ohne die ich keine dauernde Befriedung Europas für möglich hielt. Meine ganze Tätigkeit war also stets darauf gerichtet, den richtigen Zeitpunkt und die richtigen Männer für die Verwirklichung dieser Verständigung herauszufinden.

Verständigung mit allen Parteien

Dabei war ich mir klar, daß Frankreich immer demokratisch-republikanisch sein würde, daß also die Politik von der Linken in Frankreich getragen würde. Ich sah voll Sorge, daß die Linke, die Trägerin des Gedankens der Verständigung gewesen war, durch ihren ideologischen Gegensatz zu Hitler, sich immer mehr von dem Gedanken der Verständigung entfernte, während die Rechtskreise, die als Träger der Tradition im Kampfe um Rhein und Ruhr unsere Gegner gewesen waren, nun umgekehrt aus ideologischen Gründen sich dem Hitler-Deutschland näherten. Man stand also vor dem Dilemma, ob man sich mit rechts oder links in Frankreich verständigen sollte. Demgegenüber vertrat ich den Standpunkt, daß die deutsch-französische Verständigung keine Parteisache sein dürfe, sondern mit rechts und links versucht werden müsse, auch mit einer Regierung Léon Blums. Ich trat für eine Verständigung aller guten Deutschen mit allen guten Franzosen ein, und hielt auch eine Verständigung eines autoritären Deutschland mit einem demokratischen Frankreich für möglich.

BERICHT VOM 13. FEBRUAR 1934

Schwierigkeiten der Beurteilung
Die augenblickliche Lage in Frankreich ist sehr schwer zu beurteilen. Die Ereignisse überstürzen sich. Man hört die verschiedensten Ansichten. Sichere Voraussagen über die Weiterentwicklung sind unmöglich.

Krise des Parlamentarismus und der Demokratie?
Schon darüber sind die Auffassungen geteilt, ob es sich um eine wirkliche Krise des Parlamentarismus und der Demokratie handelt, und wie weit diese geht, ob insbesondere das Regime ernstlich bedroht ist. Die bürgerlichen Kreise tragen eine optimistische Auffassung zur Schau und meinen, es sei schon alles überwunden; im Volk aber hört man: Jetzt fängt es erst an. Die republikanische Staatsform ist zur Zeit wohl nicht bedroht. Die monarchistischen Aufrufe werden nicht ernst genommen. Alle sind sich darüber einig, daß Reformen nötig sind. Auf jeden Fall verlangt die öffentliche Meinung nach neuen Männern.

Allgemeine Unzufriedenheit
Die Unzufriedenheit ist allgemein. Man sagte mir z. B., es sei nur deshalb noch keine wirkliche Revolution ausgebrochen, weil man nicht wisse, gegen wen man die Revolution machen solle. Sobald man das wisse, könne es zum Ausbruch einer wirklichen Revolution kommen.

Die Gründe der Krise
Die Unzufriedenheit richtet sich gegen die allgemeine
Korruption. Als korrupt werden angesehen:

a) Die Parlamentarier und Politiker jeder Form,
b) die Anwälte,
c) die Richter,
d) die Beamten.

Die Militärs werden nicht der Korruption bezichtigt.
Politischen Einfluß haben sie aber direkt nicht. Das hindert
nicht, daß die Militärpartei und das comité des forges Einfluß gewinnen können, wenn sie nicht überhaupt hinter
der Pariser Krise stehen. Die Parlamentarier sind augenblicklich die Sündenböcke, gegen die sich die Wut des
Volkes richtet. Der Ausbruch der Krise geschah im
Anschluß an den Staviskyskandal, weil zwischen der stark
nach rechts entwickelten öffentlichen Meinung in Paris und
der links gerichteten Kammermehrheit ein zu großer Spalt
klaffte.

Die erbitterte Volksstimmung verlangt nach Verfolgung
der führenden Persönlichkeiten. Der Erfolg jeder neuen
Regierung wird danach beurteilt, ob es ihr gelingt, möglichst viele politische Persönlichkeiten ins Gefängnis zu
bringen. Man verlangt deshalb Aufhebung der Immunität
der Abgeordneten, Einsetzung von Untersuchungsaus-
schüssen oder Auflösung der Kammer.

Auflösung der Kammer
Mit der Auflösung der Kammer wird zunächst nicht gerechnet, weil die Rechte befürchtet, daß sie zwar in Paris
obsiegt, aber in der Provinz nach links gewählt wird. Die
Linken, aber auch Angehörige anderer Parteien, befürchten Strafverfolgungen nach Auflösung der Kammer. Man
behauptet, daß Stavisky auf Veranlassung der Regierung
Chautemps von der Polizei (Commissaire Charpentier)
ermordet worden sei und alle Anstrengungen gemacht
würden, um zu vertuschen, wer den Wahlfonds der Radi-
kalsozialisten finanziert habe. Es ist offenes Geheimnis,

daß Stavisky das Geld für den Wahlfonds der Radikal-
sozialisten geliefert hat. Hierdurch ist selbst Herriot kom-
promittiert, wenn man auch nicht behauptet, daß er selbst
Geld bekommen hätte.

Gegensatz von Paris und der Provinz

Der Generalstreik
Man spricht von einem Gegensatz zwischen Paris und der
Provinz. Man meint, daß die Provinz um 2–3 Jahre in der
Entwicklung gegenüber Paris zurück sei. Wenn die Kammer 1936 ihr natürliches Ende erlebe, werde auch die Provinz rechts wählen, jetzt aber noch nicht. Es könne z. Z.
bei einer Neuwahl ein scharfer Gegensatz zwischen links
und rechts hervortreten. Der Generalstreik, der als Gegen-
zug der Linken gedacht war, ist ruhig verlaufen. Der
Deutsche ist geneigt, an den Kapputsch mit nachfolgendem
Generalstreik der Linksregierung Braun-Severing zu denken und mit kommunistischem Ausklang im Ruhrgebiet.
Der Kommunismus scheint aber nicht so stark zu sein, daß
er sich durchsetzt.

Die Krise ist rein innerpolitischer Natur. Auswärtige
Probleme sind z. Z. nicht aktuell. Kein Mensch hat dafür
im Augenblick Zeit oder Interesse.

Das deutsch-französische Verhältnis
Das deutsch-französische Verhältnis kann jetzt nicht
geklärt werden. Man weiß noch nicht mit genügender
Sicherheit, wer die neuen Männer sein werden, die mit
Aussicht auf Erfolg die deutsch-französische Frage anfas-
sen können. Die neuen Männer haben auch keine Zeit und
würden sich und die Unterhändler nur kompromittieren,
wenn sie in diesen aufgeregten Tagen sich mit Deutschen
in Gespräche einlassen würden.

Man sagte mir: Wir sind im Begriffe, unsere schmutzige
Wäsche zu waschen. Wir wußten nicht, daß sie so schmut-
zig war, aber das große Reinemachen hat begonnen. Bisher
hatte man immer die Ausrede, die Deutschen seien schuld.

So sagte Klotz, der französische Finanzminister 1920: »Le boche payera«, und endete im Gefängnis.

Heute zieht die Ausrede: Die Deutschen sind schuld, nicht mehr. Heute hat die große Auseinandersetzung unter Franzosen begonnen. Frankreich gleicht einer Familie, in der großer Krach ist. Da ist ein fremder Besuch unangebracht. Man muß beobachten und warten, aber rechtzeitig die Fäden mit den neuen Männern anknüpfen, wenn die Zeit gekommen ist.

Keine Deutschfeindlichkeit

Ich habe bislang keine Anzeichen dafür gefunden, daß die Bewegung irgendwie deutschfeindlich sei. Nur in den Plakaten der Vereinigung der Angehörigen der Ehrenlegion findet sich ein vorsichtiger Hinweis auf die außenpolitische Lage, die Forderungen Deutschlands und die Frage Österreichs.

Erschwerungen der deutsch-französischen Verhandlungen?

Ob die Entwicklung in Frankreich eine Erschwerung der deutsch-französischen Verhandlungen bedeutet, ist noch nicht abzusehen. Die landläufige Meinung, daß eine Linksregierung eine Verständigungspolitik mit Deutschland bedeute, eine Rechtsregierung eine Erschwerung, wird nicht mehr so einseitig vertreten wie früher. Viele sagen, daß nur eine Rechtsregierung eine dauernde solide Lösung des Problems Deutschland-Frankreich bringen könnte.

Dazu müßte allerdings die Erkenntnis in Frankreich Allgemeingut werden, daß Frankreich jetzt selbst in das Chaos hineingerät, das Clemenceau und Poincaré in Versailles für Deutschland herbeiführen wollten.

Es ist aber sehr schwer, mit Franzosen über solche Probleme zu sprechen. Der Durchschnittsfranzose betrachtet die Lage heute immer nur von einem Tag zum anderen. Er will von der Vergangenheit nichts wissen, auch keine systematischen Erörterungen anstellen. Heute interessiert ihn nur eins: die Parlamentarier haben uns betrogen und bestohlen, sie müssen gehängt werden!

Der Fall Frot

Der Fall Frot entbehrt nicht einer tiefen Tragik. Aller Haß richtet sich jetzt gegen Daladier und Frot.

Man macht Frot für die Schießerei vom 6. Februar und die Absetzung von Chiappe verantwortlich. Andere behaupten, er habe einen Staatsstreich vorgehabt. Der Zug der Kriegsteilnehmer wird jetzt als harmlose Demonstration hingestellt. Dabei schien doch objektiv die Lage so gewesen zu sein, daß ernste Gefahr für das Parlament bestand. Man will Frot töten. Dazu ist offen am Grab der Gefallenen aufgefordert worden, ebenso in einer Anwaltsversammlung vom letzten Freitag. Frot hält sich verborgen, wahrscheinlich in seinem Wahlbezirk, der ihm treu ergeben ist. Frot ist selbst Kriegsteilnehmer und das Gegenteil von dem, was heute als »Korruption« verfolgt wird. Er ist bescheiden, korrekt und loyal. Er hat seine überaus einfache Dreizimmerwohnung auch als Minister beibehalten.

Er ist auch nicht Marxist. Er hat mir schon vor Jahren gesagt, er sei Sozialist und Anhänger der Gewerkschaften, aber Anti-Marxist. Er ist Gegner von Léon Blum, der in Frankreich den Marxismus verkörpert.

Frot und Pierre Cot waren die Hauptvertreter der Richtung der Jungtürken und Neosozialisten, die sich aus dem radikalen und sozialistischen Lager der Linken entwickelt hat und eine Bewegung der Jungen gegen die Alten wie Poincaré, Barthou usw. darstellt.

Frot hat wiederholt offen erklärt, daß, wenn man erkannt habe, daß der status quo nicht gut sei, man den Mut haben müsse, den status quo zu ändern. Von Pierre Cot stammt der Ausdruck, daß Frankreich von seiner Sicherheitsthese abkommen müsse. Das Kabinett Daladier-Frot-Cot war das Kabinett, das den Gedanken der Revision am ehesten hätte verwirklichen können von allen Regierungen, die seit 1914 bestanden haben.

BRIEF AN STAATSSEKRETÄR FUNK
IM REICHSPROPAGANDAMINISTERIUM
VOM 23. MÄRZ 1934

Ich halte es für unbedingt wichtig, nicht nur die französischen Tageszeitungen, sondern auch die politische Tagesliteratur in Frankreich zu überwachen, um die Kräfte genau kennenzulernen, die heute auf die politischen Entscheidungen in Frankreich Einfluß gewinnen. Ich habe mir eines der zahlreichen Bücher, in denen heute zur Diktatur aufgerufen wird, auf dem Bahnhof in Paris gekauft. Es ist am 29. Dezember 1933 gedruckt und Anfang dieses Jahres im Buchhandel erschienen. Es umfaßt 348 Seiten und enthält das Programm des Comité Corday. Ich habe das ganze Buch durchgearbeitet und füge einen Bericht darüber bei.

Die wichtigsten Ausführungen scheinen mir die zu sein, in denen eine neue Sanktionspolitik am Rhein angedroht wird, mit der rechtlichen Begründung, daß alle nachträglichen Abänderungen des Versailler Vertrages für null und nichtig erklärt werden.

BERICHT ÜBER DAS BUCH
»DICTATURE« DES COMITÉ CORDAY
VERLAG
MAURICE D'HARTOY EDITEUR A PARIS
15, AVENUE MOZART, XVI

Das Comité Corday
Das Comité Corday nennt sich nach Charlotte Corday, die am 13. Juli 1793 Marat ermordete. Das Comité will eine revolutionäre Diktatur-Partei sein. Abzeichen sind zwei blutige Beile, denen ein Löwenkopf entspricht. Auf dem Umschlag steht ferner: Extremisten gegen Extremisten.

Tendenz der neuen Partei
Es handelt sich um eine extreme neue Rechtspartei, die zur Diktatur aufruft und den Parlamentarismus beseitigen

will. Die außenpolitische Tendenz geht dahin: zurück zu Clemenceau, zurück zum Vertrage von Versailles, gegen alle Konzessionen. Besonders gelobt werden Clemenceau, Mandel, sein Mitarbeiter, Barthou und Tardieu. Über das deutsch-französische Verhältnis sind viele Ausführungen interessant, weil sie wohl die mittlere Meinung der französischen Rechtsparteien darstellen. Ich bringe einzelne Zitate:

Deutschlands Austritt aus dem Völkerbund:
»Im Oktober war die Abrüstungskonferenz auf den Höhepunkt angelangt. Plötzlich gab Hitler, der den Wert der Menschen und Dinge versteht, und die Unbeständigkeit der Regierung in London und Paris einzuschätzen wußte, ihnen einen Tritt in den Hintern und warf ihnen die Tür des Völkerbundes vor der Nase zu. Sie steckten die Beleidigung ein, wie sich das gehört, und weil sie sie ehrlich verdient hatten. Hitler aber, der jetzt Meister im eigenen Hause ist, bereitet vor, was ihm gut scheint.«

Das Problem der Außenpolitik
Das Außenproblem läßt sich wie folgt zusammenfassen: »Die besten Blätter aus den Verträgen von 1919 sind eines nach dem anderen herausgerissen. Die starke Überlegenheit, welche uns die Verträge gewährten, ist unterdrückt. Wenn man ein Loch in die Mauer macht, behaupte man nachher nicht, daß diese Mauer schlecht halte.«

Der kommende Krieg
»Das Jahr 1935 nähert sich. Berufene und unterrichtete Leute sagen, daß wir nur noch 16 Monate Überlegenheit über Deutschland haben. 16 Monate! Es ist also gänzlich unnütz, sich mit der finanziellen Wiederaufrichtung zu beschäftigen und die Wirtschaftslage Frankreichs besonders wiederherzustellen, um einen Eindringling zu empfangen.«

Hitlers moralische Mobilisation

»Hitler hat die erste Mobilisation Deutschlands vollendet, seine moralische Mobilisation. Ob man es will oder nicht, und wie er es auch angefangen haben mag, dieser Erfolg, dieser Triumph, ist der Zusammenbruch unserer Politik.«

Protokoll vom 11. Dezember 1932

»Am 11. Dezember 1932 haben Herriot und Boncour den wichtigsten Akt seit dem Versailler Vertrag vollzogen. Sie haben, indem sie den Grundsatz der Gleichberechtigung Deutschlands in bezug auf die Bewaffnung unterschrieben, die nächste Kriegserklärung Deutschlands an Frankreich unterzeichnet.«

Hitler-Deutschland

»Seine Kriegserklärung an die Parteienwirtschaft, die die Seele der Nation ruiniert, welches auch die These von Mussolini und allen guten Patrioten ist, ist auch die unsrige. Er treibt den Marxismus und die Marxisten aus dem Land, und auch darin sind wir mit ihm einverstanden. Er leugnet die Verpflichtungen seines Landes und betreibt wütend die Revanche. In diesem Punkte sind wir gegen ihn. Hitler ist zweifellos ein großer Mann. Durch seine verschiedenen Kundgebungen, denen er eine unwiderstehliche Kraft einzuflößen versteht, haucht er nach seinem Willen bald Kälte und Wärme. Er schlägt die Fensterscheiben ein oder schlägt Bündnisse vor. Er ist geschickt und stark und hauptsächlich ist er der Meister seiner Politik. Er kann beobachten und handeln. Er hat übrigens im Westen nichts vor sich, weder eine Bewegung noch einen Mann.

Die einfache Wahrheit ist die, daß Hitler noch Zeit gewinnen muß und sein Material bereit stellen muß oder besser noch die Kräfte brechen muß, die gegen ihn stehen. Deshalb hoffen wir, und wir stützen uns dann nicht auf die Vernunft, so doch auf den Selbsterhaltungstrieb der Franzosen, daß es besser ist, rechtzeitig zur Parade zu gehen (Idee des Präventivkriegs), und wir wollen gern mit

ihm »Gespräche« führen, gewiß, aber mit anderen Wort-
führern als den Turteltauben vom Kartell, und in der
Vollkraft unserer Macht und unseres Rechts, indem wir
wissen, was wir zu sagen haben.«

»So sind die Tatsachen. Sie beweisen den endgültigen
Aufstieg der deutschen Politik. Hitler, der schon das Saargebiet verlangt, wird die Revision der Verträge fordern
und dann nochmals Recht bekommen.«

Wirkung des Austritts aus dem Völkerbund

»Was geschah gegen Hitler? Gar nichts. Jeder hat sich nach
einigem Gemurmel gebeugt. Gibt es einen offenbareren
Beweis für die wiederhergestellte deutsche Macht als das?
Einen besseren Beweis für die französische Schwäche?
Wenn die Mächte schon eine solche Nachgiebigkeit
gegenüber einem Deutschland zeigen, welches das Gesetz
der Friedensverträge mißachtet, und das sie doch für ent-
waffnet halten. Was werden sie erst tun in Gegenwart
eines Deutschlands, welches sie wieder bewaffnet haben.«

England und Versailles

»Alle Klauseln des Friedensvertrages, welche das mörde-
rische Deutschland für Generationen außer Gefecht setzen
sollen, hat England gegen uns bekämpfen helfen ... England hat die Zertrümmerung Deutschlands verhindert und
damit die rationelle Ausnutzung des Sieges. Clemenceau
ist gerechtfertigt.«

Die Hitlerwahlen 1930

»Was Deutschland ermutigt und aufreizt, ist niemals ein
Eingriff unsererseits wie die Ruhrbesetzung, sondern ein
Zurückziehen. Die Hitlerbewegung dankt ihre Größe
Locarno und der Unterdrückung der Kontrolle. Sein erster
wirklicher Triumph datiert vom 14. September 1930, zehn
Wochen nach der Räumung von Mainz. 107 Hitlerabgeord-
nete an Stelle von 12, als unmittelbarer Dank für die
Rheinlandräumung.«

Präventivkrieg

»Allerdings ist in unseren Händen noch eine entscheidende Chance: Deutschland kann ohne nützliches Material gegen uns keinen Krieg führen. In diesem allgemeinen désastre bleibt uns also noch eine gewisse Überlegenheit für ein Jahr oder vielleicht zwei; eine sehr starke Überlegenheit leider nicht in Bombenflugzeugen, aber in Heeresmaterial, Panzerwagen, schweren Kanonen, Maschinengewehren, alles achtunggebietende Werkzeuge, welche diejenigen in Entfernung halten, welche sie nicht haben.«

Die beiden Möglichkeiten – Neue Sanktionen

»Wir wollen dieser Gefahr begegnen, solange es nicht zu spät ist. Hierfür gibt es zwei direkte Möglichkeiten, und unter den beiden haben wir hier nicht zu wählen:

1. ohne Zügel die deutsche Armee sich vergrößern lassen, aber gleichzeitig die französische Armee verdoppeln und sie an der Grenze in Massen aufmarschieren lassen. Dann ist endlich ein Wettlauf der Luftrüstung zu machen, endlich Tunis zu befestigen. Das würde das überbewaffnete und überbevölkerte Deutschland nicht verhindern zu versuchen, Österreich zu verschlingen, ebenso Polen, und trotzdem den Brand in Europa zu entfachen.

2. Die zweite Möglichkeit ist die, Deutschland die Aufrüstung zu untersagen und rechtzeitig zu verhindern, daß Deutschland eine Kriegsmacht von erster Bedeutung wird. Hier handelt es sich nur noch um eine Frage des Materials. Hier aber ist die Kontrollklausel des Friedensvertrages direkt anwendbar, und es bleibt die folgende Frage:

   Entweder rüstet Deutschland nicht über die festgesetzten Grenzen auf und nimmt ohne Vorbehalt die Kontrolle an, welche ihm der Artikel 213 auferlegt, oder Deutschland weigert sich, und wir besetzen mit 100 000 Mann Mainz auf Grund unseres klaren Rechts und der Bestimmung des Art. 429. Dann wird der Rhein die natürliche Grenze, auch militärisch uns gehören, nach dem Willen unserer Rasse, dem Wunsch, auf den wir verzichtet hatten, aber auf den wir jetzt zwangsweise zurückkommen. Die Frage kann nur in Form eines Ultimatums gestellt werden. Werden die anderen Nationen gegen uns einschreiten? Warum, um Krieg zu führen, anstatt ihn mit uns zu verhindern? Das wäre ein schlechter Grund, und sie werden schon leicht bessere Gründe finden, um beiseite zu stehen.«

Punkt 17 des Programms – Die allein gültigen Verträge
»Die revolutionäre Diktaturpartei nimmt als bestehend gültig und rechtsverbindlich allein die Verträge von 1919 an. Die Partei hält sie für das alleinige Grundgesetz der Nationen, die die Verträge unterschrieben, nur diese Verträge binden Frankreich. Die Partei verwirft und zerreißt die Verträge, welche die Verträge von 1919 abgeändert und verraten haben. Die Partei erklärt das Gewirr von Abmachungen und Gegenabmachungen, die nach 1919 getroffen worden sind, für null und nichtig.«

SAARABSTIMMUNG

Die Abstimmung im Saargebiet am 13. Januar 1935 wurde nach den Ereignissen des Jahres 1934 zum ersten außenpolitischen Erfolg Hitlers. Das von den Franzosen besetzte Gebiet sollte darüber abstimmen, ob die Bewohner zu Deutschland oder zu Frankreich gehören oder den bisherigen Zustand beibehalten wollten (status quo). Die Abstimmung fand unter der Kontrolle internationaler Polizeikräfte statt. Franzosen und deutsche Emigranten verbanden mit einer außerordentlich kostspieligen Propaganda, in der von »Saarfranzosen« die Rede war, große Hoffnungen. Sie machten den Saarländern weitgehende, wirtschaftliche Versprechungen. Dennoch entschied sich die Saarbevölkerung fast geschlossen für Deutschland. Für Deutschland stimmten 90,8%, für Frankreich nur 0,4%. 8,84 % sprachen sich für den status quo aus.

LAGE VOM 13. MÄRZ 1935

Kurze Einführung über Saarabstimmung
Ich war vom 3. bis 5. März 1935 in Paris, nachdem ich am 1.
März in Saarbrücken an den Feierlichkeiten teilgenommen
hatte.

Wenn wir in Deutschland im Anschluß an das Wort von
Pierre Cot, daß das Jahr 1935 nach der Saarregelung die
deutsch-französische Annäherung bringen würde, geglaubt
hatten, die Saarrückgliederung würde eine Entspannung
bringen, so haben wir uns getäuscht. Die Stimmung, die ich
in Frankreich antraf, war ausgesprochen schlecht. Man
empfand ein ähnliches Gefühl des Mißbehagens (malaise),
wie nach der Rheinlandräumung. Die Massen des Volkes
haben zwar den Ausgang des Saarkampfes mit dem
erleichterten Gefühl begrüßt: Gott sei Dank, der Krieg ist
vermieden! Aber die Intelligenzschicht ist über den Ausgang der Saarangelegenheit verärgert; man empfindet es
als Prestigeverlust, daß die Saar so überraschend gut für
Deutschland abgestimmt hat. Man schmollt, daher die
Schikanen überall.

Die Regelung des einzigen Saarfalles Rathke, der noch
zu regeln bleibt, stößt auf schlechteren Willen als die
Regelung der zahlreichen Ruhrfälle von 1923.

Die Ereignisse überstürzen sich so, daß die Saarfrage
übrigens schnell vergessen sein wird. Man hat über die
Saarbrücker Feierlichkeiten ganz korrekt in der Presse
berichtet. Jetzt wendet man sich schon wieder den Abrü-
stungs- und Paktfragen zu. Es herrscht eine ähnliche
deutschfeindliche Stimmung wie 1926, als Poincaré nach
einer kurzen Zeit der Entspannung wieder ans Ruder
gekommen war.

Die Franzosen waren sehr befriedigt, daß die englischen
Staatsmänner vor der Berliner Reise erst nach Paris zum
Frühstück gekommen waren. Die augenblickliche französisch-englische Politik scheint wieder ganz gegen Deutschland eingestellt zu sein.

Im Inneren Frankreichs scheint ein völliges Durcheinander zu herrschen. Man sieht nicht, welche Kräfte z. Z. wirksam sind und wohin sie treiben, und welche Kräfte sich zuletzt durchsetzen werden.

Die Presse hetzt systematisch gegen Deutschland. Man weiß nicht, ob mehr das comité des forges, die Militärs oder die Engländer dahinterstehen.

Die Aktion für die zweijährige Dienstzeit und die Rußlandpolitik stehen im Vordergrund des Interesses. Ich hörte von mehreren Franzosen sagen: »Es ist wieder wie vor dem Kriege. Das Wettrüsten treibt zum Kriege.«

Die wirtschaftliche Lage in Frankreich ist schwierig. Die Krise dauert an. Dazu kommen die Schwierigkeiten in Algerien.

Viele meinen, daß alle diese Schwierigkeiten die Gefahr eines Krieges ausschlössen. Andere meinen, daß im Gegenteil die Gefahr eines Krieges dadurch größer würde, weil die Versuchung groß sei, zu einer Ablenkung nach außen zu schreiten.

Auch jetzt spricht man noch von einer Krise des Regimes, des Parlamentarismus. Ich glaube nicht daran, daß in Frankreich ein vollständiger Wechsel eintritt. Es mag Schwierigkeiten geben, auch Unruhen. Aber zuletzt wird sich das parlamentarisch-demokratische System behaupten, vielleicht mit gewissen Reformen zur Stärkung der Zentralgewalt.

Die autoritären Rechtsorganisationen der Françisten usw. sind nicht Frankreich und werden nie Frankreich repräsentieren. Die Provinz bleibt der Demokratie treu.

Auch die Frontkämpfer, so nützlich sie zur Vorbereitung einer Verständigung sein können, sind nicht das entscheidende politische Element in Frankreich.

Endscheidend bleibt das Parlament.

Wir Deutsche tun gut daran, zurückhaltend zu sein. Wir müssen die Maiwahlen 1936 abwarten, im Innern an unserem Aufbau weiter arbeiten und uns nicht beirren lassen. Die Maiwahlen 1936 werden eine Festigung des parlamentarischen-demokratischen Systems in Frankreich bringen, und zwar derjenigen Parteien, die für eine deutsch-französische Verständigung zu gewinnen sind.

Die politische Entwicklung in Frankreich geht auf und ab wie eine Wirtschafts-Konjunktur: 1924 Verständigungs-Möglichkeit, 1926 Rückschlag, 1932 Verständigungsmöglichkeit, 1934 Rückschlag, 1936 wird wieder eine Verständigungsmöglichkeit bringen.

Wir müssen bis dahin unsere Beziehungen zu Frankreich im Zustand des Status quo erhalten. Wir dürfen nichts tun, was von unseren Gegnern in Frankreich als Provokation ausgelegt werden kann, und müssen uns möglichst zurückhalten. Allzuviel Verständigungsangebote sind m. E. heute nicht am Platze. Für sentimentale Betrachtungen ist das französische Volk heute nicht empfänglich.

BERICHT VOM 1. DEZEMBER 1935

1. Die augenblickliche Lage in Frankreich ist sehr schwer zu beurteilen. Die Stimmung ist keineswegs mehr so erregt, wie es im Februar 1934 der Fall war. Das drückt sich schon äußerlich dadurch aus, daß keinerlei Plakate in den Straßen von Paris sichtbar sind, wie es sonst in erregten Zeiten der Fall ist.

2. Man dürfte in Deutschland überhaupt wohl die Bedeutung der Ligen und des Kampfes gegen die Demokratie in Frankreich überschätzt haben. Die Provinz ist im wesentlichen im alten Zustand verblieben und hält an Parlamentarismus und Demokratie fest. Die Stimmen derer, die von einer Krise des Regimes und des Parlamentarismus sprechen, werden aber auch in Paris schon kleinlauter.

3. Es scheint nicht so, als ob die Bewegung der Feuerkreuzler unter der Führung des Colonel de la Rocque zu einem Erfolg führen würde. Natürlich ist es sehr schwer, die Ereignisse der nächsten Tage, Wochen und Monate vorauszusagen. Alles rüstet sich für die Wahlen. Die Meinungen darüber, ob es zu einer blutigen Auseinan-

dersetzung auf den Straßen kommen kann, sind geteilt. Ich glaube kaum, daß es zu solchen Kämpfen kommen wird. Die vorherrschende Meinung geht dahin, daß der Colonel de la Rocque seine Stunde verpaßt habe. »De la Rocque ist kein Hitler«, so konnte man überall hören.

De la Rocque stammt aus dem Stabe des Generals Liauthey. Er war dort Nachrichtenoffizier (2me bureau). Er soll auch in seiner Partei ein großes Nachrichtenwesen eingeführt haben, aber die Stunde des Handelns habe er nicht begriffen. Von seinen großen Worten habe er vieles zurücknehmen müssen, wodurch sein Prestige geschwächt ist. Man sagt, daß insbesondere der Verlauf des 14. Juli dem Ansehen der Feuerkreuzler sehr geschadet habe. Die feindliche Masse auf den Straßen, die gegen den Zug der Feuerkreuzler protestierte, sei eindrucksvoller gewesen als die Kundgebung der Feuerkreuzler selbst. Die Feuerkreuzler seien von allen Seiten beschimpft worden und hätten sich dies ruhig gefallen lassen. Auch wird ihnen vorgeworfen, daß sie sich hauptsächlich aus den besseren Ständen rekrutierten und bei ihren Aufzügen viel zuviel von Automobilen Gebrauch machten. Im Volke heißt es: »Sie kommen im Automobil und gehen nicht zu Fuß.«

Auch wird behauptet, daß sie von einem Teil des Großkapitals unterstützt worden seien, insbesondere von der Elektro-Gruppe unter Mercier. Mercier habe jetzt seine Unterstützung zurückgezogen und die Feuerkreuzler fallengelassen. Der Grund sei der, daß Mercier in Rußland, nachdem Rußland sich den Sanktionen angeschlossen hätte, die Elektro-Geschäfte übernommen hätte, die dort bislang die Italiener gehabt hätten. Moskau habe als Gegenleistung gefordert, daß Mercier die Feuerkreuzler fallenlassen müßte. Die Richtigkeit dieser Darstellung vermochte ich nicht nachzuprüfen.

Ob die Regierung Laval sich halten wird, ist natürlich noch schwerer zu sagen. Sie hat zunächst in den Finanzfragen einen Sieg davongetragen. Die Erörterung über die Ligenfrage ist auf den 3. Dezember vertagt. Von dem Ausgang dieser Debatte wird vieles abhängen, aber es sprechen doch manche Momente dafür, daß die Regierung Laval auch diese Schwierigkeiten überdauern wird, schon deshalb, weil vor den Wahlen niemand die Verantwortung für eine Regierung übernehmen möchte.

Von den Wahlen wird allgemein angenommen, daß sie einen starken Ruck nach links bringen werden und die Regierung Laval dann einer Linksregierung Platz machen wird.

Die Deutschen werden gut tun, bis zum Mai 1936, dem letzten Zeitpunkt der Wahlen, eine vorsichtige und zurückhaltende Politik zu betreiben. Erst wenn das Ergebnis der Wahlen und ihre politische Auswirkung zu übersehen ist, kann Frankreich gegenüber wieder eine positive Politik betrieben werden.

Schon jetzt wird man aber gut tun, sich darauf einzurichten, daß wir später wieder mit einer Linksregierung in Frankreich zu tun haben werden, zum mindesten muß man für diesen Fall bereit sein.

Von den Feuerkreuzlern wurde auch gesagt, daß sie schon im Begriffe seien, sich zu einer parlamentarischen Partei umzuwandeln. Sie hätten noch weniger politische Bedeutung als der Stahlhelm in Deutschland, und de la Rocque habe schon vorgefühlt, ob er nicht eine parlamentarische Partei des rechten Zentrums bilden könnte. Die ganze Bewegung der Feuerkreuzler ist jedenfalls mehr konservativ und bürgerlich, keineswegs sozialistisch.

Für die kommenden Wahlen ist sehr wichtig die sogenannte Volksfront (front populaire). Diese Volksfront darf nicht verwechselt werden mit der gemeinsamen Front (front commun), bei der z. B. Bergery eine Rolle spielt. Die Front commun ist nur eine Vereinigung von Menschen, die sich zum Ziel gesteckt haben, Sozialisten und Kommunisten zu einer Partei zu verschmelzen. Diese Bestrebungen dürften in Frankreich kaum Aussicht auf Erfolg haben.

Die Front populaire besteht erst seit dem 14. Juli 1935. Sie ist eine Vereinigung aller Linksparteien in Frankreich, ähnlich wie dies 1924 das Kartell mit Unterstützung der Liga für Menschenrechte versucht hat. Die Volksfront enthält die verschiedensten Elemente, nämlich die Sozialistische Partei unter Léon Blum (S.F.J.O.), die marxistisch ist, die Union sociale oder Neosozialisten, die anti-marxistisch sind, wie Déat, Marquet, Frot, Paul Boncour, die Radikal-Sozialisten und Kommunisten und einen großen Teil der Katholiken.

Alle diese Parteien sind lediglich negativ im Kampf gegen die Ligen einig, d. h. sie wollen das parlamentarisch-republikanische Regime gegenüber den Kampf-Ligen retten. Je geringer die Gefahr der Ligen wird, desto geringer auch der Zusammenhalt der Volksfront untereinander, denn in allen übrigen Programmpunkten herrscht Uneinigkeit, und zwar sowohl in den politischen Gesichtspunkten (rechts und links), in der auswärtigen Politik (Verhältnis zu Deutschland oder Rußland), in dem Wirtschaftsprogramm und in den weltanschaulichen Fragen (Laizismus). Es ist also nicht einmal gesagt, ob die Volksfront, wenn jetzt die Ligen zusammenbrechen würden, noch bis zu den Wahlen hält.

Je stärker aber der Kampf der Ligen ist, um so stärker ist auch die Festigkeit der Gegenorganisation, der Volksfront. In der Volksfront versuchen die Kommunisten, einen entscheidenden Einfluß zu bekommen. Ihr Einfluß ist auch sehr groß, aber das braucht nur eine vorübergehende Erscheinung zu sein. Es ist insbesondere nicht wahrscheinlich, daß die Volksfront als Organisation die Wahlen vom Mai 1936 überdauern wird, wenn diese Wahlen, wie man annimmt, mit einem Linkssieg enden. Ähnlich wie das Kartell von 1924 nach den Wahlen zerfiel, wird die Volksfront nach den Wahlen zerfallen, und zwar noch viel schneller als das Kartell, weil die Gegensätze viel größer sind.

Die Regierung wird zweifellos nach den Wahlen wieder eine Konzentrationsregierung sein, in der sicherlich Männer wie Herriot wieder eine herrschende Rolle spielen werden. Es wird angenommen, daß nach den Wahlen zunächst die Kräfte der extremen Linken sehr stark sein werden, was sich auch bei der Regierungsbildung bemerkbar machen wird. Es wird aber dann ziemlich bald wohl eine Beruhigung kommen, so daß dann die außenpolitischen Probleme wieder mehr in den Vordergrund rücken.

Wie sich das alles auf die Entwicklung der deutsch-französischen Beziehungen auswirken wird, ist noch schwer zu sagen. Daß die Linksregierung zunächst mehr nach Moskau neigen wird, also zunächst eine Erschwerung des deutsch-französischen Verhältnisses eintreten wird, ist ja wohl kaum zu bestreiten. Es wird ja auch wohl nur noch eine Frage von kurzer Zeit sein, daß das französisch-russische Abkommen ratifiziert wird, aber es kommt vielleicht weniger auf die Tatsache der Ratifikationen als auf den Geist, in dem nachher die Verträge gehandhabt werden, an. Ich halte es für durchaus möglich, daß einige Zeit nach den Wahlen, etwa spätestens von Oktober 1936 ab, der Zeitpunkt für eine deutsch-französische Aussprache wieder günstig wird, und zwar mit dem dann maßgebenden Teil der französischen Linken.

Die Linksparteien in Frankreich sind sich in der Frage des deutsch-französischen Verhältnisses durchaus nicht einig. Gewiß ist der russische Einfluß groß, aber in der Masse gerade der kommenden Linkspartei ist doch seit 15 Jahren der Gedanke einer deutsch-französischen Verständigung propagiert worden. Die Masse hält an diesem Gedanken noch fest, und die Führer, selbst der Kommunisten, müssen mit dieser Massenstimmung rechnen.

BESPRECHUNG EUGÈNE FROT AM 5. MÄRZ 1936

Ich hatte am 5. März 1936 in Paris eine dreistündige Aussprache mit dem früheren Innenminister Eugène Frot, dessen moralischer Einfluß in der französischen Linken heute schon wieder sehr groß ist, obwohl er nach außen hin wegen der Ereignisse des 6. Februar noch nicht sehr hervortreten kann.

Eugène Frot dürfte zu denen gehören, die die Bewegung

der französischen Ligen überwunden haben. Er wird als der Mann der Ordnung angesehen, der wesentlich dazu beigetragen hat, das republikanische Regime in Frankreich zu retten. Es ist deshalb nützlich, seine Ansichten heute zu hören:

Ich begann die Unterredung wie folgt: »Entsinnen Sie sich, Herr Frot, daß ich Ihnen schon vor vielen Jahren gesagt habe, die Stunde würde einmal kommen, wo die Patrioten von Rechts in Deutschland mit den guten Patrioten von Links in Frankreich sich finden müßten, um eine historische Mission zu erfüllen?« Frot erwiderte: »Jawohl, ich entsinne mich sehr gut, und ich bin heute der Auffassung, daß die Stunde gekommen ist, wo wir handeln müssen.«

Ich fragte: »Wie kommt es, daß die so ernst gemeinten, aufrichtigen Friedenserklärungen des Führers in Frankreich so wenig Widerhall finden? Auf die Dauer erträgt es die öffentliche Meinung in Deutschland nicht, daß der Führer immer Friedensanerbietungen macht, und Frankreich als Antwort darauf sich immer mehr von Deutschland entfernt und jetzt zuletzt sogar den Russenpakt ratifiziert hat?« Ich fragte ihn weiter, ob er das letzte Interview de Jouvenels in seinem ganzen Text gelesen habe. Er sagte: »Ja, ich habe es mit großem Interesse ganz gelesen.« Ich fügte hinzu, daß ich aus meiner persönlichen Kenntnis der Dinge ihm versichern könne, daß die Schilderung de Jouvenels in allen Punkten richtig sei, und auch die Gesinnung und Auffassung des Führers in allen Punkten richtig wiedergegeben sei. Er sagte, daß auch er davon überzeugt sei. Leider sei aber das Interview ohne Wirkung geblieben, wie man heute feststellen müsse. Ich fragte ihn: »Wer hat denn nur die Wirkung dieses Interviews zerstört?« Er sagte: »Vielleicht die Kräfte in der Ministerialbürokratie des Quai d'Orsay, vielleicht auch die Juden, vielleicht auch die sowjetrussische Propaganda, die außerordentlich geschickt vorgeht.«

»Die sowjetrussische Propaganda hat es tatsächlich fertiggebracht, daß die öffentliche Meinung in Frankreich heute zwischen dem Staate Rußland und dem Bolschewismus unterscheidet. Wir haben heute eine Gesellschaft der Freunde Rußlands. Wir glauben, daß wir mit Rußland paktieren können, und die Gefahr des Bolschewismus nicht besteht.« Ich sagte, daß wir in Deutschland mit Sorge die Harmlosigkeit und Ahnungslosigkeit der Linkskreise in Frankreich verfolgten, die offenbar der Gefahr sich gar nicht bewußt wären, die im Bolschewismus läge. Frot erwiderte: »Sie überschätzen diese Gefahr. Das französische Volk ist konservativ und, weil es konservativ ist, hält es an der Republik und den demokratischen Einrichtungen fest. Es ist als Volk des mittleren Bürgerstandes und der kleinen Rentner, denen es immer noch relativ gutgeht, völlig immun gegen den Kommunismus. Auch die Leute, die heute dem Kommunismus nachlaufen, sind in Wirklichkeit gar keine Kommunisten im russischen Sinne. Sie werden sich sofort gegen jeden Gewaltakt oder Putschversuch richten, der von Moskau kommt, genauso, wie sie sich gegen die Putschisten des 6. Februar gewandt und die Ligen von rechts überwunden haben.«

Ich fragte Frot, wie er denn heute zu der Frage der deutsch-französischen Verständigung stände. Er sagte: »Ich bin auch heute noch mit vollem Herzen Anhänger dieser Verständigung und suche sie mit allen Mitteln. Ich bin anti-marxistisch und bekenne mich zu der Union-Sociale, d. h. zu den Neo-Sozialisten. Wir wollen eine ehrliche Verständigung mit Deutschland, und ich glaube, daß nach den Wahlen die Versuche einer Verständigung auch wieder aufgenommen werden können.« Er zeigte mir seine Zeitung »Le Gatinais«, die in seinem Wahlbezirk Momtargis in einer Auflage von 40 000 Stück erscheint. Der Leitartikel trägt die Überschrift: »Et maintenant il faut aller voir Hitler« und ist unterzeichnet von Henri Pichot, dem Präsidenten der linksgerichteten Frontkämpfervereinigung, mit dem Frot sehr befreundet ist.

Ich sagte Herrn Frot, daß es mir scheine, als ob die Linksparteien in Frankreich heute in Gefahr wären, wieder denselben historischen Fehler zu begehen wie die französische Revolution von 1789, deren Ideenträger sie doch seien. Ich wies auf einen Ausspruch von Albert Sorel über die französische Revolution hin, daß die Revolution berufen gewesen wäre, mit der traditionellen Politik des Königtums, die auf Verhinderung der deutschen Einheit gerichtet gewesen wäre, zu brechen und eine Versöhnung mit Deutschland unter Anerkennung der deutschen Einheit herbeizuführen. Sorel aber habe gesagt: »Es währte nicht lange, da wurde die Revolution ihren Grundsätzen untreu. Die Tradition trug den Sieg davon, und es wurde schlimmer als je.« Frot verstand sofort, was ich sagen wollte und erwiderte: »Sie haben vollkommen recht. Wir müssen aus der Geschichte lernen, und wir jüngeren Abgeordneten haben auch die Sachlage ganz klar erkannt und sind guten Willens, den rechten Weg zu gehen.« Ich sagte: »Sie haben heute eine historische Mission, aber Sie sind im Begriffe, dieser Mission untreu zu werden, aus Haß gegen das Hitler-Regime. Sie lassen sich durch den Einfluß der Juden dazu treiben, ihre französische und europäische Aufgabe zu übersehen. Sie dürfen nicht durch die Juden sich Ihre Außenpolitik verderben lassen.« Frot erwiderte: »Jawohl, Sie haben recht. Wir haben erkannt, daß es sich für uns darum handelt, mit Deutschland zusammenzugehen, und daß wir uns in die inneren Probleme von Deutschland nicht einzumischen haben. Wir haben mit Rußland gesprochen und nicht mit dem Bolschewismus, wir wollen auch mit Deutschland sprechen, ganz gleichgültig, welche Regierungsform Deutschland hat, und wir meinen, Sie sollten auch ebenso Rußland gegenübertreten und einen Unterschied zwischen Rußland als Staat und dem Bolschewismus als Bewegung machen. Dann könnte aus solcher Aussprache doch noch der Frieden hervorgehen.«

Die Frage aber, die Frot immer wieder stellte, war die: Wie steht Deutschland zum Völkerbund? Wenn in Frankreich die Linkskreise den Versuch der deutsch-französischen Verständigung wieder aufnehmen, können wir dann damit rechnen, daß Deutschland eventuell bereit ist, in den Völkerbund einzutreten? Ich erwiderte: Ich könnte ihm darauf eine klare Erklärung nicht geben. Die Abneigung gegen den Völkerbund sei groß, nachdem der Völkerbund Deutschland gegenüber so kraß versagt habe. Ich müßte ihn da an eine Szene vom September 1924 in Genf erinnern, wo ich damals seinem Mitarbeiter Paul Boncour gegenüber gesagt hätte: Nach dem Ereignis von Oberschlesien und der Saar ist der Eintritt in den Völkerbund für Deutschland unmöglich; aber die Ideen könnten sich ja ändern, auch innerhalb des Völkerbundes. Wir hätten nur festgestellt, daß der Völkerbund nicht mehr der Völkerbund im ursprünglichen Wilsonschen Sinne sei, der Wilsonsche Völkerbund beruhe auf dem Gedanken der völligen Gleichberechtigung aller Partner, während der heutige Völkerbund im Sinne von Gabriel Hanotaux eine Gesellschaft der Sieger zur dauernden Niederhaltung Deutschlands sei. Wenn der Völkerbund vom Geiste von Versailles losgelöst sei und zu den ursprünglichen Ideen Wilsons zurückkehre, könnte ich mir denken, daß dann vielleicht eine neue Sachlage geschaffen sei. Jedenfalls sei Deutschland zu internationaler Zusammenarbeit und zur Organisierung des Friedens absolut bereit. Der Führer habe dies wiederholt erklärt. Ich wollte aber nicht verfehlen, ihn noch auf etwas hinzuweisen, nämlich, daß der ganze Beamtenkörper des Völkerbundes sehr stark durch deutschfeindliche Elemente durchsetzt sei, namentlich durch viele deutsche Emigranten aus der Saar und anderwärts, die dort Unterschlupf gefunden hätten. Wenn die Frage einmal praktisch würde, müßte Deutschland sicherlich verlangen, daß eine Bereinigung des Beamtenkörpers vorgenommen würde.

Frot sah dies vollständig ein.

Frot kam dann wieder auf den Russenpakt zu sprechen und meinte, wir dürften die Sache nicht tragisch nehmen. Der Russenpakt würde sicherlich im Senat ohne weiteres durchgehen. Wir müßten uns damit abfinden. Es käme doch darauf an, was später aus solchem Pakt gemacht würde. Ich fragte ihn, ob er denn nicht wisse, daß die Militärkommissionen schon zusammenarbeiteten. Wir hätten alarmierende Nachrichten aus der Tschechoslowakei über die Anlegung russischer Flugplätze und den Einmarsch russischer Truppen. Das erinnere sehr an die Vorgänge aus dem Frühjahr 1914, wo wir auch schon alarmierende Nachrichten über Mobilisierung russischer Truppen in Sibirien bekommen hätten, die dann als erste russische Truppen in Ostpreußen eingetroffen seien. Frot zeigte sich hierüber doch etwas betroffen und sagte, er würde sich hier näher informieren.

Wir kamen dann auf das Problem der deutsch-französischen Verständigung zurück und stellten übereinstimmend fest, daß hier heute eine anomale Situation vorliege. Die Linkskreise in Frankreich, die eigentlich Träger der Verständigungsidee seien, ständen abseits, während wir mit den Rechtskreisen, den Trägern der gegen Deutschland gerichteten Traditionspolitik, heute gutständen. Die ganze Lage sei anomal und verwirrt. Frot gab zu:»Es ist ganz gut, daß Sie heute mit den Rechtskreisen gutstehen, denn sonst wäre die Lage noch gefährlicher. Diese Verständigung bietet eine gewisse Garantie gegen eine unmittelbare Kriegsgefahr, aber Sie müssen sich klar sein, daß die Rechtskreise, die heute gut mit Ihnen stehen, dies nur aus Opposition gegen uns, also aus innerpolitischen Gründen, tun, und, wenn es zuletzt ans Handeln geht, werden Sie auf die Rechtskreise nicht zählen können. Ich rate Ihnen unbedingt, daß Sie dieses gute Verhältnis zu den Rechtskreisen aufrechterhalten, aber Sie müssen sich darüber klar sein, daß Sie, wenn Sie etwas erreichen wollen, Ihre Verbindungen nach links wieder ausbauen müssen.«

»Wir sind uns darüber klar, – meinte Frot weiter –, daß Opfer nötig sein werden, und diese Opfer können nur wir bringen.« Ich stimmte ihm zu und fragte, ob man sich denn in Frankreich wohl recht bewußt sei, daß Versailles gar nicht der richtige Frieden gewesen sei im Wilsonschen Sinne, und daß die große Mission nach Wilson gewesen sei, im Sinne des Artikel 19 im Wege der Revision den Frieden erst zu schaffen. Diese große Aufgabe der Revision habe doch noch gar nicht begonnen. Frot sagte, daß er sich dessen sehr wohl bewußt sei, und daß man auch dieser Aufgabe einmal ruhig ins Auge schauen müßte.

Wir kamen dann auf die deutsch-französische Gesellschaft zu sprechen, und er sagte, daß es sicher besser sei als nichts, daß wir diese Organisation hätten, und wir sollten versuchen, sie auszubauen. Es dürfte aber keine Parteiangelegenheit werden. Er sagte, daß er selbst gern bereit sei mitzutun, aber es sei vorläufig nicht nützlich, wenn er persönlich hervorträte. Ich fragte, ob wir nicht einen seiner engeren Freunde bitten könnten, mitzutun, damit so schon eine Verbindung zwischen den Linkskreisen und der deutsch-französischen Gesellschaft geschaffen wäre. Er sagte, diese Verbindung bestände schon durch Fernand de Brinon und Pichot, aber er würde es für gut halten, wenn wir auch noch den Abgeordneten Mistler bitten würden, mitzutun.

Dieser stehe ihm sehr nahe, kenne Deutschland und sei sicherlich für die Aufgabe sehr geeignet. Er meinte dann, daß wir nach den Wahlen die deutsch-französische Verständigungsaktion dadurch erweitern könnten, daß wir sie wieder zu einer parlamentarischen Aktion machten. Es habe ja schon früher einmal ein deutsch-französisches parlamentarisches Comité gegeben, das allerdings nicht sehr gut funktioniert habe. Er meinte aber, wir sollten dies wieder ins Leben rufen. Ich erwiderte ihm, ob er sich bewußt sei, daß der Reichstag heute nicht mehr dasselbe sei wie das französische Parlament. Er sagte, das schadete nichts. In der französischen öffentlichen Meinung seien die Reichstagsabgeordneten doch die Vertreter des deutschen Volkes. Er meinte, dieses könne ja sehr gut aus der inzwischen gegründeten deutsch-französischen Gesellschaft hervorgehen. Jedenfalls würde, wenn es eine parlamentarische Aktion wäre, es für die Politiker von links und rechts leichter sein, zusammenzuarbeiten.

Frot sagte mir dann, er würde es für das richtigste halten, wenn ich Mitte Juni noch einmal nach Paris käme und dann mehrere Tage bliebe. Dann könnte man den Ausgang der Wahlen vollständig übersehen. Die Regierungsverhältnisse seien geklärt und die Probleme seien aus der innerpolitischen Verwirrung gelöst und erschienen wieder als reine außenpolitische Probleme. Dann sei er bereit, mich mit allen Personen in Verbindung zu setzen, die dann in der neuen Regierung für die Lösung dieser Probleme in Betracht kämen.

Ich zeigte ihm noch meinen Vortrag, den ich in Brüssel über »Hitler und Europa« gehalten habe. Er behielt sogleich das Manuskript und sagte: »Das sind ja genau die Gedankengänge, wie sie auch von uns akzeptiert werden können, ich will hierzu einmal einen Artikel schreiben.«

RHEINLANDBESETZUNG

Am 7. März 1936 rückten schwache deutsche Verbände, denen eine militärische Bedeutung nicht zukam, wieder in rheinische Garnisonen ein, in denen bis 1918 deutsche Truppen gelegen hatten, bis durch den Versailler Vertrag eine entmilitarisierte Zone geschaffen wurde. Mit dieser Maßnahme wollte Hitler symbolisch zum Ausdruck bringen, daß die deutsche Souveränität innerhalb der deutschen Reichsgrenzen wieder hergestellt wäre.

Zugleich ging es ihm darum, durch einen sichtbaren Akt festzustellen, daß solche Bestimmungen des Versailler Vertrages als nicht mehr gültig angesehen wurden, die durch den Gang der Ereignisse längst überholt waren, und deren Aufrechterhaltung angesichts der Weigerung der Siegermächte, ihrerseits eine Abrüstung durchzuführen, als einseitige Diffamierung Deutschlands wirken mußte.

Dieser Einmarsch löste eine Welle von internationalen Protesten aus. Es gab französische Politiker, die ein sofortiges militärisches Einschreiten für richtig hielten. Professor Grimm befand sich kurz nach diesem Ereignis in Paris und berichtete darüber:

LAGE VOM 5. BIS 7. MÄRZ 1936

Ich traf am Morgen des 5. März in Paris ein und fand die
Lage – äußerlich gesehen – ruhiger an, als ich geglaubt
hatte, denn ich hatte vorher einige alarmierende Nachrichten von Freunden bekommen, die die Lage als sehr ernst
hinstellten.

Man sagte mir aber, daß die Ruhe nur äußerlich sei,
unter der Decke alle Menschen aber außerordentlich aufgeregt seien.

Von dem Wahlkampf merkte man noch nicht viel. Ich
habe nur einige große Wahlplakate gesehen, die von der
Union Nationale des Herrn Kerillis stammten. Sie waren
in der Linkszeitung Oeuvre abgebildet und dort in sehr
geschickter Form lächerlich gemacht. Die Tendenz dieser
Wahlplakate war, den Sieg der Linken als einen Sieg
Moskaus und als unmittelbare Kriegsgefahr hinzustellen.
Ein Plakat fiel mir aber auch auf, auf dem ein verzerrtes
deutsches Gesicht mit einer Pickelhaube von 1914 dargestellt war, darunter stand: »Ha, sie wählen jetzt wieder
links wie im Mai 1914, dann können wir ja losschlagen.«
Ich fand bei Betrachtung dieser Wahlplakate die Ansicht
bestätigt, die mir einer meiner Freunde bald darauf mit-
teilte mit den Worten: »Sie haben heute zwar die Rechte in
Frankreich für sich, – aber nur aus innerpolitischen
Gründen, und unter diesen Rechtsparteien haben sie auch
die Kanonenfabrikanten, die schon dafür sorgen, daß die
Hetze gegen Deutschland nicht ausbleibt.«

Die allgemeine Verwirrung der Geister scheint noch
größer zu sein als im vorigen Jahr. Ein Deutschenhaß
besteht nicht, jedenfalls fällt er den Deutschen nicht auf.
Bezeichnend war eine Äußerung, die mehrere Herren aus
dem mittleren Bürgerstand mir gegenüber machten:
»Wenn es morgen wieder losgeht, dann wissen wir diesmal nicht: warum, noch gegen wen, noch mit wem.«

Man spricht fortgesetzt vom Krieg. In den Schaufenstern
der Buchläden sind überall Bücher ausgelegt, die vom
Krieg handeln, mit schreienden Titeln wie: »La guerre qui

revient« etc. Die Ansichten sind aber geteilt. Einer meiner Freunde sagte mir:»Wir werden bestimmt im Juli/August Krieg haben. Alle Vorbereitungen werden schon getroffen. Überall werden die Leute zu kurzen Übungen von 28 Tagen einberufen.« Andere dagegen sagten mir, das sei nichts Ungewöhnliches. Diese Einberufungen fänden in jedem Frühjahr statt.

Die Krise machte sich immer stärker fühlbar. Man sagte mir, daß jetzt etwa der Zustand erreicht sei, den wir in Deutschland 1929 gehabt haben. Die Mehrzahl der Arbeitslosen wird von der Statistik nicht erfaßt und erhält keine Arbeitslosenunterstützung. Die Unzufriedenheit steigt. Viele Geschäfte in Paris müssen schließen. Mir fiel auf, daß in den besseren Vierteln fast an jedem Haus ein Schild angebracht war: Wohnung zu vermieten.

Die Bewegung der Feuerkreuzler, Franzisten, Ligen etc. ist völlig erledigt. Niemand nimmt sie mehr ernst. Auch die Leute von rechts nicht. Ich hörte, wie ein ganz rechts gerichteter Herr, der im vorigen Jahr noch begeisterter Anhänger von de la Rocque war, sich heute über ihn lustig machte. Die einen sagten, de la Rocque sei auch korrupt, er habe Geld vom Innenminister bekommen und seine eigenen Leute bespitzelt und verraten. Andere sagten, das sei nicht wahr, er sei eben nur kein Führer und habe die Stunde verpaßt.

Die verschiedensten Gerüchte und Meinungen schwirrten durch die Luft.

Man hörte die merkwürdigsten Ansichten. Einer der Herren sagte mir:»Das ganze russische Vorgehen ist ein Bluff, auf die Russen ist kein Verlaß. Sie brauchen ein Jahr für die Mobilisierung, und ihr Transportwesen ist nicht in Ordnung.« Die Japaner reißen Rußland in zwei Teile, und wenn Rußland losschlägt, wird die Ukraine sich erheben. Die Japaner und Deutschen haben dort schon großen Einfluß.

Ein anderer sagte mir, die augenblickliche Furcht und Besorgnis wegen militärischer Unterlegenheit in Frankreich beruhe zum Teil darauf, daß jetzt die geburtsarmen

Jahrgänge unter Waffen ständen, das stehende Heer also besonders schwach sei. Man hätte nicht genug Leute, um Wachen zu stellen. Es seien immer dieselben Leute, die zum Wachdienst herangezogen würden. Der Gesundheitszustand unter den Mannschaften sei schlecht. Für Ernährung würde viel zuwenig ausgegeben, nämlich nur frs 4,50 pro Mann und Tag, und zwar für den vollständigen Unterhalt der Leute. Für die Kanonen würde alles ausgegeben. Darüber herrsche Unzufriedenheit.

Ein anderer sagte mir: Die Deutschen sollen doch ruhig in Zentraleuropa handeln. Das französische Volk wird sich darum nicht kümmern.

Wegen des Sturzes von Laval herrschen auch die verschiedensten Ansichten. Die einen sagten: Laval sei lediglich aus innerpolitischen Gründen gestürzt worden, damit man eine ausgesprochene Linksregierung hätte, die die Wahlen im Sinne der Linksparteien beeinflussen könne. Die anderen sagten, er sei deshalb gestürzt worden, weil er versucht hätte, die Ratifizierung des Russenpaktes hinauszuzögern.

Die Auffassungen über Lavals Einstellung zu Deutschland sind auch verschieden. Man fragte mich z. B., welcher französische Politiker heute in Deutschland am meisten als geeignet für eine deutsch-französische Verständigung angesehen würde. Ich erwiderte, das sei schwer zu sagen, wir seien mehr oder weniger von allen französischen Staatsmännern enttäuscht worden, aber Laval habe heute noch am meisten Vertrauen in Deutschland. Man warnte mich davor, allzuviel Optimismus in Laval zu setzen. Laval sei schwach, er laviere und gelte auch als ein Geschäftemacher. Die Deutschen könnten sich nicht auf ihn verlassen. Als dann am zweiten Tag die Haltung Lavals im Auswärtigen Ausschuß des Senats zum Russenpakt bekannt wurde, sagten mir einige Herren:»Sehen Sie, wir haben Ihnen ja gesagt, daß man sich auf Laval nicht verlassen kann.« Es scheint aber so, als ob die Haltung Lavals zum Russenpakt im Senatsausschuß in der Presse falsch dargestellt sei. In Wirklichkeit soll Laval nur gesagt haben, daß er von vornherein der Ansicht gewesen wäre, daß der Russenpakt nur unter Zuziehung Deutschlands Wert habe, und in diesem Sinne stimme er für den Russenpakt. Ich fragte auch, ob Aussicht bestände, daß Laval wieder ans Ruder käme. Man meinte, vielleicht in ein oder zwei Jahren, dann wäre dies wohl möglich.

Was die Aussichten für die Regierungsbildung nach den Wahlen anbelangt, so fand ich folgende Meinung vor: Am meisten Aussicht bestehe für Herriot, vielleicht aber auch für Daladier oder Flandin.

Flandin wird als der Mann von England betrachtet. Er garantiert in der jetzigen Regierung die englische Politik.

Als einflußreicher Mann in der jetzigen Regierung gilt aber Mandel, obwohl dieser nur Postminister ist. Er heißt in Wirklichkeit Rothschild und ist als Jude der stärkste Deutschenfeind.

Über Pierre Cot herrscht große Enttäuschung. Er war früher als Jungtürke der eifrigste Verfechter eines gerechten Ausgleichs mit Deutschland und ist, seit dem er eine Reise nach Rußland gemacht und dort als Luftfahrtminister die Zusammenarbeit zwischen Rußland und Frankreich in der Luft vorbereitet hat, vollständig im antideutsch-russischen Fahrwasser.

Für die Tschechoslowakei herrscht keinerlei Sympathie. Man sagte mir, das französische Volk kenne die Existenz dieses Landes kaum und wolle sich keinesfalls dafür schlagen.

Immer wieder wurde betont, daß das französische Volk keinen Krieg wolle und weder bereit sei, gegen Rußland zu marschieren noch gegen Deutschland, wenn etwa die Russen einen Krieg beginnen würden. Das französische Volk marschiere nur dann, wenn es deutlich die Gefahr einer Invasion vor sich sähe.

Freitag, den 6. März, abends, erfuhren wir zunächst durch die Abendspätausgabe, daß eine Erklärung Hitlers über seine Stellungnahme zum Locarnopakt bevorstehe. Die Morgenausgaben der Zeitungen vom Sonnabend, dem 7. März, brachten die ersten Meldungen, die aber noch unbestimmt waren. Die erste genaue Meldung über die Note des Führers, betr. die entmilitarisierte Rheinlandzone, erschien am Sonnabend, dem 7. März, im Paris Midi. Sie war noch ruhig gehalten. Der allgemeine erste Eindruck war der, daß die Bevölkerung die Nachricht ruhig aufnahm. Man konnte allgemein hören: »Das hatten wir ja schon lange erwartet.«

In den Kreisen der Freunde war man etwas besorgt über die Form, in der der Akt vollzogen werden würde. Man hätte es lieber gesehen, wenn ein Truppeneinmarsch überhaupt nicht stattgefunden hätte.

Die Abendzeitungen waren schon aufgeregter. Befreundete Herren sagten mir, man sehe schon die Einwirkung der Regierung, die der Presse den Ton angibt. Die ersten Leitartikel waren allerdings noch auf das Thema gestellt: »Kaltes Blut bewahren.« Dann schwirrten die verschiedensten Gerüchte durch die Stadt. Man sagte, Mandel und Flandin verlangten, daß 3 oder 4 Klassen mobilisiert würden, daß aber dieser Plan nicht durchgedrungen sei. In den Abendzeitungen war schon auffällig, daß die Tatsachen, die die französische öffentliche Meinung erregten, in großen Buchstaben gedruckt waren: wie z. B. »Die Truppen rücken in die besetzte Zone ein unter Vorantritt der Musik« und Ähnliches, während die positiven Vorschläge, wie der Wiedereintritt in den Völkerbund etc., völlig verschwanden.

Die Deutschen hörten die Führerrede sehr gut in der Deutschen Delegation, rue Huysmans. Auch die Wiederholung der Rede im Rundfunk wurde in Paris gut vernommen, dagegen sagte man mir, daß die französische Übertragung sehr schlecht vernehmbar gewesen sei und anscheinend gestört worden wäre.

Am Nachmittag des 7. März fand in Paris in der Wohnung des Herrn Bonvoisin, eines Vorstandsmitglieds der Gesellschaft France-Allemagne, ein Empfang zu meinen Ehren statt, zu dem die verschiedensten Politiker zum Tee und nachher zum Diner eingeladen wurden. Es war also reichlich Gelegenheit zum Austausch der Meinungen gegeben, und wir Deutschen bemühten uns, unsere französischen Freunde zu beruhigen, und diese versicherten auch, daß sie sich durch die Ereignisse in keiner Weise davon abhalten lassen würden, ihre Bestrebungen fortzusetzen. Die verschiedensten Auffassungen traten auch jetzt wieder zutage. Man war sich nicht klar über die Rolle, die Italien bei der Sache spielte. Die einen sagten: »Ihr müßt in klarer Weise mit Italien, Österreich und Ungarn zusammengehen.« Die anderen aber waren der Ansicht, daß man nur mit England zusammengehen dürfte. Die Meinung wurde sogar recht kraß dahin ausgedrückt, daß England nun einmal doch Frankreich beherrsche und auch Deutschland.

Es kamen auch unruhige Gerüchte auf. So wurde z. B. aus der Provinz telefoniert, ob schon Krieg ausgebrochen sei.

In der französischen Presse wurde behauptet, die Deutsche Armeeleitung sei gegen den Schritt gewesen und habe Hitler gewarnt, weil die Armee noch nicht bereit sei. Der Führer und die Partei aber hätten ihren Willen durchgesetzt. Auf der anderen Seite wurden die Gerüchte verbreitet, der Kriegsminister von Blomberg wolle sofort einen Krieg beginnen. Den Widerspruch dieser beiden Meldungen wollten die Menschen nicht einsehen.

Alles in allem war der Eindruck des ersten Tages in Paris so, wie ihn einer der deutschen Herren zusammenfaßte: »Es ist lange nicht so schlimm wie am 16. März vorigen Jahres.«

Die Hauptargumente, die jetzt aus ernstzunehmenden französischen Kreisen gegen den deutschen Schritt kommen dürften, und mit denen man sich näher beschäftigen muß, sind die folgenden:

a) Man kann es dem französischen Volk schlecht beibringen, was die Remilitarisierung der Rheinlande mit dem Russenpakt zu tun hat. Man schließt daraus, daß es sich um einen bloßen Vorwand handelt und die Ausführung eines längst erwogenen Planes.

b) Man versteht nicht, warum Deutschland mit einer vollendeten Tatsache begonnen hat und sich dann zu verhandeln bereit erklärt. Man hätte lieber gesehen, wenn

Deutschland mit gütlichen Verhandlungen begonnen hätte.

c) Man sagt, das Zerreißen des Locarnopaktes sei anders zu beurteilen als im vorigen Jahr die Absage an die Bestimmungen des Versailler Vertrages.

d) Ein Argument, das ich immer wieder vorgefunden habe, ist folgendes: »Das französische Volk glaubt, daß Hitler Frankreich angreifen will. Es entnimmt aus dem Buche »Mein Kampf«, daß Deutschland den Weg nach dem Osten frei haben will. Frankreich soll so lange Gewehr bei Fuß stehen. Dann wird Deutschland aus dem Osten als ein solcher Koloß zurückkehren, daß es sich wieder nach dem Westen wenden und Frankreich zertrümmern werde.«

Ich fand bezüglich der Remilitarisierung der Rheinlande aber auch ganz vernünftige Auffassungen vor. Man sagte: »Wir wissen doch, daß die Entmilitarisierung der Rheinlande bei dem heutigen Stand der Technik nur geringe militärische Bedeutung hat. In 1 $1/2$ Stunden können motorisierte Truppen diesen Vorsprung wieder ausgleichen.«

Ich wies darauf hin, daß die Wiederbeziehung der alten Garnisonen im Rheinland doch etwas ganz Natürliches sei. Das Volk hänge nun einmal daran. Es sei eine Prestige- und Ehrenfrage der Nation. Es vollziehe sich doch nichts anderes, als wenn französische Truppen nach Saint Quentin oder nach Maubeuge marschiert wären, was die Franzosen doch als ihr selbstverständliches Recht in Anspruch nähmen. Es handele sich in Deutschland auch um wirtschaftliche Fragen. Nach der Saarrückgliederung hätten die Städte wie Saarbrücken, Trier, Koblenz und andere einfach aus wirtschaftlichen Gründen die Wiedereinrichtung einer Garnison verlangt. Das französische Volk müsse doch hierfür Verständnis haben.

Was die Rechtslage anbetrifft, so wies ich darauf hin, daß heute niemand mehr bestreite, daß wir bezüglich der Wiederaufrüstung nach den Bestimmungen des Versailler Vertrages im Recht seien, weil die Gegner ihrer Abrüstungspflicht nicht nachgekommen seien. Die Bestimmungen über die entmilitarisierte Zone seien aber nun einmal ein integrierender Bestandteil der Abrüstungsbestimmungen des Versailler Vertrages und könnten deshalb von Rechts wegen nicht anders behandelt werden als die Abrüstungsfrage überhaupt.

BERICHT 17./18. MÄRZ 1936 PARIS

Allgemeiner Eindruck

Mein allgemeiner Eindruck geht dahin, daß die Aufregung in der öffentlichen Meinung in Frankreich heute nach außen hin nicht so groß erscheint wie nach dem 16. März v. Js. So kommt es, daß die Deutschen, die in Paris sind, sehr optimistisch sind. Sie schließen aus dem Vergleich mit dem Zustand im vorigen Jahre, daß alles gutgehen wird. Wenn man aber näher mit den Franzosen spricht, die die Lage genau kennen, gewinnt man den Eindruck, daß die Lage heute ernsthafter ist als im Vorjahr.

Kriegsgefahr

Alle Welt spricht vom Krieg. Trotzdem besteht eine unmittelbare Kriegsgefahr nicht. Dagegen gewinnt man den Eindruck, daß eine ernste Kriegsgefahr für die Zukunft besteht und sich die öffentliche Meinung in Frankreich mit dem Gedanken sehr stark beschäftigt, daß im Juli/August marschiert wird.

Die juristische Betrachtung der Lage

Ich war zweimal in der Kammer und habe mit mehreren Abgeordneten gesprochen. Ich hatte eingehende Aussprachen mit Eugène *Frot* von den Neo-Sozialisten, dem Sozius von Paul Boncour, und Marius *Moutet* von der S.F.I.O., d. h. von der Partei von Léon Blum, die das marxistische Programm vertritt. Moutet ist mir aus dem Ruhrkampf bekannt – er hat damals als engster Mitarbeiter von Herriot 1924 bei der Befreiung der Ruhrgefangenen uns außerordentlich loyale Dienste erwiesen. Er war Verteidiger von Caillaux und dürfte auch heute noch einer der führenden »Köpfe« der S.F.I.O.-Partei sein. Frot und Moutet, die beide Rechtsanwälte sind, legten auf die juristische Behandlung der jetzigen Lage sehr viel Gewicht.

Da im Parlament die Juristen die Oberhand haben, sollte man die juristische Seite der Sache nicht vernachlässigen. Sie spielt auch in der Behandlung der öffentlichen Meinung in der Propaganda die allergrößte Rolle.

Die Idee von Moutet

Moutet hat sich eine klare Idee von der juristischen Lösung der jetzigen Lage gemacht, auf die er großes Gewicht legt. Er bat mich, diese in Deutschland doch einmal ganz unverbindlich an maßgebender Stelle vorzutragen, fügte aber hinzu, daß es seine Privatauffassung sei. (Ich habe aber den Eindruck, daß vielleicht doch etwas mehr dahinter steckt.) Er sagte:

a) »Mit dem materiellen Schritt der deutschen Regierung, d. h. mit der Militarisierung der Rheinlande haben wir uns als Tatsache abgefunden.«
Bei den heutigen militärischen Verhältnissen (Motorisierung, Luftwaffe usw.) wissen wir, daß diese Tatsache auch keine große Rolle spielt.

b) Dagegen können wir uns *nicht* damit abfinden, daß Ihr den ganzen Locarno-Vertrag aufgekündigt habt, Ihr hättet Euch nur von dem Teil des Locarno-Vertrages lossagen sollen, der mit Versailles zusammenhängt, also V.V. Art. 42, 43, und im übrigen den großen Gedanken des Locarno-Vertrags bestehen lassen müssen, insbesondere die Idee der Schiedsgerichtbarkeit und das, was wir den Locarno-Geist nennen.

c) Marius Moutet sieht folgenden Ausweg aus dem Engpaß, in den man durch die starre Erklärung Sarrauts geraten ist, daß Deutschland sofort wieder in den Völkerbund eintritt und im Rahmen desselben sein politisches Programm zur Erörterung bringt, und daß Deutschland sich mit einem Verfahren vor dem Haager Gerichtshof einverstanden erklärt. Vor diesem würde die Rechtslage nach Auffassung von Marius Moutet folgendermaßen liegen: formell hat Deutschland den Locarno-Vertrag verletzt, diese Verletzung müßte also formell festgestellt werden. Hiergegen hat Deutschland eine Rechtseinrede erhoben (exception), nämlich, daß Frankreich durch den Russenpakt Deutschland zu seinem Schritt veranlaßt hat. Über diese exception müßte der Haager Gerichtshof entscheiden. Dieses Verfahren könnte formell eingeleitet werden und dann jahrelang hingehalten werden, inzwischen wäre die Zeit gefunden, daß sich Deutschland und Frankreich verständigen. Auch die allgemeine Friedenserörterung in Genf über die deutschen Vorschläge könnte dann durchgeführt werden. Selbst wenn Deutschland im Haag unterliegen würde, und eine Einigung bis dahin nicht stattfände, würde das für Deutschland keine Verschlechterung der Lage gegenüber heute bedeuten. Das Schlimmste würde seiner Ansicht nach sein, wenn jetzt Deutschland durch den Völkerbundsrat ohne weiteres brutal als Rechtsbrecher hingestellt würde.

Verhandlungen von Regierung zu Regierung

Von solchen versprach sich Marius Moutet heute nichts. Die Standpunkte seien derartig unüberbrückbar und in der öffentlichen Meinung festgelegt, daß ein sofortiger Ausgleich nicht möglich sei. Man müsse in Frankreich vor allem den Ausgang der Wahlen abwarten. Im Juni sei eine solide Regierung in Frankreich gebildet, und dann seien die Aussichten für einen wirklichen deutsch-französischen Frieden wieder größer.

Die Bedeutung des Formellen

In Frankreich legt man auf die Form so überaus großes Gewicht, was bei der jetzigen Diskussion sehr stark in Erscheinung tritt. Der Franzose nimmt einen schlechten Vertrag, wenn er in gute Form gekleidet wird, hin und widersetzt sich einem günstigen Vertrag in schlechter Form. Man sagte mir, daß, wenn bis Ende Juni, also bis zur neuen Regierung, gewartet worden wäre, wir auf dem Wege freier Verständigung die Lösung der Rheinlandfrage leicht hätten erzielen können. Ich habe natürlich meine Bedenken geäußert und darauf hingewiesen, wie es kam, daß sich in Deutschland allmählich die Auffassung bildete, daß die ständigen Friedensangebote doch kein Ergebnis haben würden und die Beseitigung des letzten Restes von Versailles nur durch eine vollendete Tatsache erreicht werden könnte.

Der Geist von Locarno
Auf das Argument, daß wir nicht den ganzen Vertrag von Locarno hätten zerreißen sollen, habe ich erwidert, daß wir den Geist von Locarno und die Idee der Schiedsgerichtsbarkeit auch aufrechterhalten. Man braucht nur die Rede des Führers im vollen Text zu lesen, um zu sehen, daß er bereit sei, einem besseren Locarno zuzustimmen. Auf die Art der Formulierung käme es nicht so sehr an, man solle sich nicht auf das Prinzip versteifen.

Keine »Union sacrée«
Die Kammersitzung hat gezeigt, daß die Stimmung in den politischen Kreisen Frankreichs keineswegs einheitlich ist. Eine Union sacrée ist nicht zustande gekommen, keine Regierung der nationalen Einheit, wie sie Franklin Bouillon proklamierte.

Die Haltung der Sozialisten
Überaus bezeichnend ist, daß die Partei Léon Blums (S.F.I.O.) aus der Einheits-Volksfront in dieser politischen Frage ausbricht. Unter dem Stichwort »Nous ne marchons pas« (Wir machen nicht mit) wendet sich die sozialistische Partei heute in allen ihren Zeitungen (»Populaire« usw.) gegen den »neuen Poincarismus« und die neue Kriegsgefahr. Ich habe Herrn Marius Moutet gesagt, daß wir diese erfreuliche Distanzierung der führenden Linken in Frankreich mit Genugtuung festgestellt hätten. Wir sähen daraus, daß die Träger der Linksparteien sich wieder

darauf besännen, daß ihre eigentliche Mission sei, den Frieden zu erhalten und eine deutsch-französische Verständigung herbeizuführen. Ich appellierte an ihre Haltung im Ruhr-Konflikt.

Kommunisten und Sozialisten

Man darf nicht vergessen, daß in Frankreich jetzt die außenpolitische Einstellung immer beeinflußt wird durch die Rücksichtnahme auf die Innenpolitik, insbesondere die bevorstehenden Wahlen. Die Kommunisten gehen heute innerhalb der Volksfront zusammen mit den Radikalen gegen die Sozialisten. Man sieht, daß jetzt schon die Einheitsfront zu bersten beginnt, was mit dem Näherrücken der Wahlen immer schärfer hervortreten wird. Die Sozialisten sagen sich ganz richtig, daß das Volk den Frieden will. Indem sie sich heute gegen Sarraut und seinen »Neo-Poincarismus« wenden, wollen sie das Volk gewinnen, während die Kommunisten augenblicklich die deutsche Gefahr aufzeigen und dem Volk klarzumachen versuchen, daß der Krieg in einiger Zeit doch kommen muß, und es deshalb besser wäre, sofort zu beginnen.

André Tardieu

Tardieu ist wieder aufgetaucht. Er hat im »Petit Parisien« vom 17. März einen Artikel gebracht, der sehr beachtet wurde. Die Sozialisten sagten mir: Tardieu, der seit Jahr und Tag einen heftigen Kampf gegen den Parlamentarismus führt, hält seine Stunde für gekommen. Wenn Tardieu einmal der Führer der französischen Nazis sein wird, dann sollt ihr mal was erleben!«

»Chiffon de papier«

Die Propaganda ist in Frankreich ganz auf die Schlagworte »chiffon de papier«, »Finassieren« (Stresemann-Brief) und »éternelle mauvaise foi allemande« abgestellt. Jeder Mensch sagt einem: Wenn Ihr diesen freiwillig geschlossenen Vertrag brecht, was soll man Euch denn noch glauben! Man muß den Franzosen klarmachen, daß das alles auf Versailles zurückgeht und wir eine grundsätzlich andere Rechtsauffassung haben. Ich habe deshalb sofort in Paris für die »Cahiers Franco-Allemands« einen Artikel diktiert, und morgen wird in der »Deutschen Justiz« ein grundsätzlicher Artikel von mir über das Thema »Vertragstreue« erscheinen.

Einfluß auf die Wahlen

Die politischen Kreise beginnen, sich jetzt darüber Gedanken zu machen, welchen Einfluß die jetzigen Ereignisse auf den Ausgang der französischen Wahlen vom 29. April haben werden. Bisher war die Meinung vorherrschend, daß die Wahlen einen überwältigenden Sieg der Linksparteien, also der Volksfront bringen würden. Die Mehrzahl der alten Politiker hält auch jetzt noch an dieser Auffassung fest. Es beginnen sich aber schon Zweifel zu regen, ob nicht unter dem Eindruck der jetzigen, alle Leidenschaften aufwühlenden Propaganda unter dem Stichwort »Kriegsgefahr« die Rechtsparteien wieder Chancen bekommen. Besonders innerhalb der Kreise der Linken beginnt man sich die Frage vorzulegen, ob die Haltung von Sarraut und der Radikalen wohl die richtige ist und ihnen nicht die Wahlen verderben kann.

Bilderpropaganda

Die Tagespresse, wie z. B. der Paris-Soir, geht dazu über, jetzt große Bildaufnahmen über die Truppen im Rheinland zu bringen (Paris-Soir vom 18.). Da sieht man laufende Soldaten, die zu einem Sturmangriff zu laufen scheinen, damit wird dann dem französischen Volk der Eindruck eines gewollten Angriffs übermittelt.

Frankreich und England

Die Mißstimmung gegen England wächst. Man sagte mir, das sei Englands Revanche für die Laval-Politik, die Italien im Abessinienkonflikt unterstützt habe. Andererseits sucht man mir die Italienpolitik dadurch verständlich zu machen, daß man Italien im Völkerbund hätte stark machen wollen, um ein Gegengewicht gegen die Alleinherrschaft Englands im Völkerbund zu haben.

Sowjetrußland

Sowjetrußland sei der Gewinner bei den jetzigen Konflikten. Würde Frankreich geschlagen, käme der Bolschewismus nach Frankreich, würde Deutschland geschlagen, käme der Bolschewismus nach Deutschland.

Territoriale Revolution

Man versucht in Frankreich, den Einzug der deutschen Truppen ins Rheinland als einen Beginn der territorialen Revision des Versailler Vertrages hinzustellen. Wir müssen diese Fälschung der öffentlichen Meinung bekämpfen. In Wirklichkeit ist die Remilitarisierung nur ein letzter Teil der Wiederherstellung der deutschen Gleichberechtigung im eigenen Land, also der Wiederaufrüstung. Es war bezeichnend, daß sowohl Herr Frot wie Herr Marius Moutet von sich aus auf die Frage der territorialen Revision kamen. Ich bemühte mich vergeblich, den Herren zu sagen, daß in Deutschland kein Mensch an territoriale Revision dächte. Der Führer habe ganz entgegengesetzte Ansichten geäußert, und die Frage sei nicht akut. Das hindert nicht, daß sich die Politiker in Frankreich schon ernsthaft mit ihr beschäftigen und schon überlegen, wie man hier vorgehen könnte, um Deutschland Genugtuung zu geben. Immer wieder betont man, daß man Deutschland in der Kolonialfrage Zugeständnisse machen wolle.

Präventivkrieg

Dagegen sieht man, daß eine wirkliche territoriale Revision überaus schwer ist. Man sagt: Nun wollen wir Versailles auch territorial revidieren. Das geht beim Anschluß vielleicht am einfachsten, und die französische Meinung wird hier nicht allzu große Schwierigkeiten machen. Dann aber denken sie an die Tschechoslowakei. Hier sei Frankreich nicht allein entscheidend. Das gehe doch nur durch Krieg. Diese Erwägungen führen dazu, daß auch in den

Köpfen wohlmeinender Franzosen sich die Idee festsetzt, daß der Krieg wegen der territorialen Revision unvermeidbar sei. Man sieht ein, daß Deutschland eigentlich im Recht ist, daß Versailles tot und an allem schuld ist. Aber der Gedanke, daß es schließlich doch noch zum Krieg führen werde, birgt die Gefahr in sich, daß auch bei gutmeinenden Franzosen und insbesondere auch in den Massen sich der Gedanke verbreitet: »Der Krieg ist unvermeidbar, also lieber heute als morgen.« Die Idee des Präventivkriegs macht Fortschritte.

Gesamteindruck
Es herrscht augenblicklich eine gewisse Unsicherheit in Frankreich wegen der englischen Haltung. Man darf aber nicht zu früh frohlocken, sondern wir müssen mit starken Rückschlägen und weiteren Schwierigkeiten aus Frankreich rechnen.

Schlußfolgerungen für Deutschland
1. Vermeidung aller Zwischenfälle oder Provokationen, besonders im Rheinland.
2. Zurückhaltung unserer Bildpropaganda bezüglich der Rheinlandtruppen.
3. Schonung der französischen Empfindlichkeit. Rücksichtnahme in Formfragen, soweit sachlich möglich.

AUSSPRACHE MIT DEM KOLONIALMINISTER MARIUS MOUTET AM 22. JUNI 1936 IN PARIS

Ich kenne Herrn Marius Moutet, Rechtsanwalt in Paris, seit dem Ruhrkampf. Wir haben in all den Jahren uns sehr oft gesehen, und ich bin häufig in seinem Haus gewesen. Wir haben in vielen Rechtsangelegenheiten zusammengearbeitet. Moutet war der Verteidiger von Caillaux und ist engster Mitarbeiter von Léon Blum. Er ist wohl der bedeutendste Jurist in der S.F.I.O. (2. Internationale). Sein

Sohn ist Schwiegersohn von Professor Basch, dem Präsidenten der französischen Liga für Menschenrechte. Er hat bei der Befreiung der Ruhrgefangenen eine gute Rolle gespielt, was ich auch in meinem Buch »Vom Ruhrkampf zur Rheinlandräumung« hervorgehoben habe.

Ich kam am Montag, dem 22. Juni, vormittags, in Paris an und telefonierte sofort an das Ministerium, ob ich den Minister sprechen könnte. Er erklärte sich sogleich bereit, mich zu empfangen. Die Besprechung verlief im einzelnen etwa folgendermaßen:

Nützlichkeit privater Besprechungen
Marius Moutet meinte zu Beginn des Gesprächs: »Gewiß, es ist sehr nützlich, daß solche privaten Besprechungen stattfinden, ein Meinungsaustausch, der niemanden verpflichtet, und ich will gern mit Herrn Delbos, dem Außenminister, sprechen. Wir haben morgen Kabinettssitzung, und er muß morgen in der Kammer die Regierungserklärung vertreten und dann sogleich nach Genf fahren. Ich will ihn aber trotzdem fragen, ob er es für nützlich hält, eine solche private Besprechung mit Ihnen zu haben. Ich will dann in Ihrem Hotel Bescheid hinterlassen, fürchte aber, daß es technisch unmöglich sein wird, daß Herr Delbos Sie empfängt, weil er sogleich nach der Regierungserklärung nach Genf fahren muß.«

Die Kolonialfrage
Marius Moutet fuhr fort: »Wenn nur nicht immer die Gewaltstreiche (coups de force) wären! Was habt ihr nun jetzt wieder vor? Welches wird der nächste Gewaltstreich sein? Wenn ihr etwa vorhabt, auch in der Kolonialfrage einen solchen coup de force herbeizuführen, dann muß ich euch sagen, das lasse ich als Kolonialminister nicht zu. Ich bin eben dabei, die neue Korrespondenz zu lesen. Wir haben ganz neue Berichte, daß man offenbar in der Kolonialfrage in Deutschland etwas vorhat. Wir verfolgen diese Ereignisse in Deutschland sehr genau. Wir werden uns nicht überrumpeln lassen.« Ich erwiderte lächelnd:

»Aber Herr Moutet, das kann man doch nicht ernst nehmen, wie denken Sie sich denn einen Gewaltstreich in der Kolonialfrage? Glauben Sie wirklich, wir würden eines Tages ein Kriegsschiff bemannen und vor einer französischen Kolonie erscheinen und diese gewaltsam besetzen?«

Auch Marius Moutet mußte lachen und sagte: »Nein, so wird es ja nicht werden.«

Die deutsche Einstellung in der Kolonialfrage

Marius Moutet fragte mich dann, wie wir Deutschen in der Kolonialfrage dächten. Er habe beunruhigende Nachrichten über ein neues Buch, das in Deutschland herausgekommen sei, und Kolonialansprüche erhebe. Dr. Schacht habe das Vorwort geschrieben. Ich sagte: »Ich kenne das Buch nicht. Ich bin auch in der Kolonialfrage nicht genau unterrichtet. Ich habe mich der Kolonialfrage immer nur als Jurist gewidmet. Es war ein Teil meiner Studien um den Friedensvertrag von Versailles.«

Die Einstellung des Führers

Ich wies dann darauf hin, daß der Führer doch seine Einstellung zur Kolonialfrage in dem Buch »Mein Kampf« niedergelegt habe, woraus man doch erkennen könne, daß der Führer diese Frage nicht als sehr dringlich betrachte. »Ja«, sagte Marius Moutet, »das ist mir bekannt, aber in dieser Frage ist ja doch eine Entwicklung möglich. Wir haben neuerdings gehört, daß Dr. Schnee in der Kolonialfrage wieder hervorgetreten ist und an Einfluß gewonnen hat.« Ich sagte, ich könne lediglich meine private Meinung in der Kolonialfrage sagen, und die ginge dahin, daß das deutsche Volk die Kolonialfrage nicht als die dringlichste Frage betrachte. Immerhin müsse man Verständnis dafür haben, daß es Deutschland vom Standpunkt des Rechtes und der Ehre für richtig halte, daß Deutschland wieder Kolonien bekäme und die Regelung von Versailles als ungerecht empfände. Außerdem könne man verstehen, daß in Deutschland viele Leute sich fragten, weshalb England und Frankreich ein so großes Kolonialreich hätten und gerade heute, wo wir die Schwierigkeiten bezüglich der Devisen hätten, sei es doch einleuchtend, daß der Besitz von Kolonien zum Zwecke der Rohstoffversorgung nützlich sei.

Frankreich und die deutschen Kolonialansprüche

Ich sagte dann zu Marius Moutet, ich verstände die Einstellung Frankreichs zu den deutschen Kolonialansprüchen nicht recht. Bisher hätte ich immer unter dem Eindruck gestanden, daß gerade Frankreich geneigt sei, Deutschland in der Kolonialfrage eine gewisse Genugtuung zu geben. Bei früheren Gesprächen, auch mit seinen eigenen Freunden, seien solche Anregungen immer von französischer Seite aus gemacht worden, während die Engländer sich viel ablehnender gezeigt hätten.

Die Frage der deutsch-französischen Verständigung

Wir kamen dann auf die Frage der deutsch-französischen Verständigung. Marius Moutet fragte mich, ob ich ihm irgend etwas Praktisches vorschlagen könnte, wie man die Verständigungsfrage fördern könnte. Ich sagte: »Wir haben nun zunächst die deutsch-französische Gesellschaft in Berlin gegründet, und es besteht eine ähnliche Einrichtung in Frankreich, das Comité France-Allemagne. Das ist sicher besser, als wenn nichts bestände. Wir haben aber den Eindruck, als wenn dieses Comité noch mehr ausgestaltet werden könnte, besonders auf französischer Seite. Es müßten auch die Linke in Frankreich und die Freunde des Herrn Marius Moutet sich der Sache mehr annehmen. Bisher wären es hauptsächlich die Rechtsparteien, die in dem Comité vertreten seien.«

Ich zeigte Herrn Moutet das neueste Exemplar der Zeitung »Le droit de vivre«, wo auf dem Titelblatt ein Ausspruch von Marius Moutet gegen den Rassismus zitiert war. Er lachte und sagte: »Jawohl, ich habe in meiner Kolonialrede natürlich gesagt, daß ich in den Kolonien keine Rassenkämpfe zulasse, mehr habe ich nicht gesagt.«

Ich zeigte ihm ferner die Pariser Tageszeitung. Auf der

ersten Seite Schlagzeile: »Deutschland bereitet einen Gewaltstreich in Danzig vor.« Auf der zweiten Seite: »Deutschland will durch die Schweiz durchbrechen«, auf der dritten Seite »Deutschland marschiert durch Holland«, und wieder an anderer Stelle »Deutschland will Dänemark besetzen«. Ich fügte hinzu: »Wenn ihr solche Dinge ernst nehmt, dann können wir uns allerdings nicht verständigen.«

Ich hatte nicht den Eindruck, als ob Marius Moutet heute noch die Emigranten ernst nähme. Ihre Autorität dürfte seit der Saarangelegenheit wohl restlos geschwunden sein.

Die Rheinlandfrage

Wir kamen dann auf die Rheinlandfrage zu sprechen, und Marius Moutet wollte meine Ansicht über diese Frage wissen. Ich sagte: »Die Rheinlandfrage ist eine vollendete Tatsache. Damit müßt ihr euch abfinden. Eine Diskussion hierüber ist unmöglich, und das frühere System des Kuhhandels (marchandage) kommt auch nicht mehr in Frage.«

Die Politik der vollendeten Tatsachen

Marius Moutet fragte mich dann: »Warum betreibt denn Hitler die Politik der vollendeten Tatsachen? Man fragt sich immer: Was hat Deutschland jetzt wieder vor?«

Ich sagte: »Herr Moutet, Sie sollten eigentlich froh sein, daß bezüglich der militärischen Klauseln vollendete Tatsachen geschaffen sind. Denken Sie doch einmal an die Erledigung der anderen Probleme von Versailles, die Frage der Rhein- und Ruhrbesetzung, die Saarfrage, die Reparation, das alles konnte auf die Manier Stresemann, d. h. durch gütliche Verhandlungen auf Konferenzen geregelt werden. Wie schwer auch das war, wissen Sie doch noch. Sie kennen die verpaßten Gelegenheiten, die Konzessionen und das Feilschen und Handeln. Aber ich habe mich auch in früheren Jahren immer gefragt, wie man denn eigentlich die militärischen Klauseln des Versailler Vertrages gerecht liquidieren sollte, und Sie werden zugeben müssen, daß es eine andere Lösung als die durch einfaches

Handeln (fait accompli) gar nicht gab. Ihre Staatsmänner sollten sich freuen, daß sie heute der Verantwortung enthoben sind, vor der öffentlichen Meinung des Landes die Konzessionen zu verteidigen, die sie eventuell Deutschland in dieser Hinsicht sonst hätten machen müssen.«

Die wirtschaftliche Seite
Ich fügte noch hinzu, man vergäße in Frankreich fortgesetzt, daß die deutsche Wiederaufrüstung auch eine sehr starke wirtschaftliche Seite habe. Das Rheinland, mit einer Bevölkerung, die die Bevölkerung von Belgien übersteigt, habe auch einen Anspruch darauf, an dem wirtschaftlichen Aufstieg teilzunehmen, den das übrige Deutschland durch die Wiederaufrüstung bekommen habe. Das sei eine durchaus verständliche und berechtigte Forderung der Städte des Rheinlandes gewesen.

Die Unterhaltung verlief in der freundschaftlichsten Form, und Marius Moutet erklärte, daß er gern bereit sei, wenn die Fragen weiter geklärt wären, sich wieder in dieser privaten und unverbindlichen Form mit mir auszusprechen.

Die Aussprache fand im Kolonialministerium statt.

GESPRÄCH MIT MINISTERPRÄSIDENT
LÉON BLUM
AM DIENSTAG, DEM 23. JUNI 1936
IM SENAT

Ich hatte mich um dieses Zusammentreffen nicht bemüht, sondern die Begegnung mit dem Ministerpräsidenten war rein zufällig. Der Senator Henry Haye, Bürgermeister von Versailles, der politisch zu den Rechtsparteien gehört und auch im Comité France-Allemagne sich betätigt, hatte mich eingeladen, am Dienstag nachmittag in den Senat zu kommen, wo der Ministerpräsident die außenpolitische Erklärung abgeben würde.

Ich hatte eine sehr eingehende Ausprache mit Henry

Haye, der mir seine Auffassungen über die Lage und die Frage der deutsch-französischen Verständigung mitteilte. Nachdem der Ministerpräsident seine Erklärung abgegeben hatte, wollte Herr Haye sich zur Kammer begeben, wo die Aussprache über die außenpolitischen Fragen noch im Gang war. Ich begleitete ihn, und da plötzlich ein Schauerregen einsetzte, blieben wir auf der Treppe, die von der großen Wandelhalle des Senats zum Hof führt, einen Augenblick stehen. Wir waren dort ganz allein, als plötzlich der Ministerpräsident sein Kabinett verließ. Er wollte sich auch zur Kammer begeben. Herr Haye begrüßte ihn und sagte, der Ministerpräsident möge die Gelegenheit nicht versäumen, mich einmal anzuhören. Ich sei Mitglied des Reichtags, und es wäre sicherlich für ihn interessant, meine Bekanntschaft zu machen. Der Ministerpräsident lachte und sagte, das sei gar nicht nötig, er kenne mich schon, und zwar aus der Ruhrkampfzeit her. Er begrüßte mich auf das freundschaftlichste und sagte, ich wüßte ja wohl, wie er gesonnen sei, und daß er eine deutsch-französische Annäherung und Aussprache durchaus begrüße. Er erinnerte an die gemeinsame Arbeit in der Ruhrkampfzeit, bei der Durchführung des Londoner Abkommens und der Befreiung der Ruhrgefangenen. Er sagte: »Damals haben doch meine Freunde Sie sogar an der Ruhr besucht.« Ich sagte: »Jawohl, es war Marius Moutet, und ich habe diese Zeit keineswegs vergessen, sondern namentlich Herrn Marius Moutet eine große Dankbarkeit bewahrt.«

Herr Henry Haye sagte darauf, heute sei eine ganz andere Zeit, und heute sei es doch viel leichter, sich mit Deutschland zu verständigen. Léon Blum meinte, die Probleme wären keineswegs einfacher. Ich sagte, sie waren vielleicht damals einfacher, aber heute ist die Hoffnung auf eine endgültige Verständigung durchaus nicht von der Hand zu weisen.

Ich erinnerte noch an unsere gemeinsame Polemik, die wir mit Herrn Poincaré gehabt hatten anläßlich eines Artikels, der in Léon Blums Zeitung »Populaire« erschienen war. Der Ministerpräsident entsann sich auch sofort dieser Sache und erklärte: »Sie wissen, Herr Grimm, ich stehe Ihnen jederzeit zur Verfügung.«

Ich hielt es nicht für klug, dieses Gespräch weiter auszudehnen. – Wir gingen dann gemeinschaftlich zur Tür nach dem Hof und warteten einen Augenblick auf die Autos. Es kam dann noch als vierter hinzu der Baron von Rothschild. Dann fuhren die Wagen vor, und die Herren begaben sich einer nach dem anderen zur Kammer.

Jedenfalls hatte ich aus diesem zufälligen Zusammentreffen den Eindruck, daß der Ministerpräsident Blum keineswegs ablehnen würde mich zu empfangen, um einmal rein privatim mit mir zu sprechen.

DIE OLYMPIADE 1936

Ein starker Einfluß auf die öffentliche Meinung in Frankreich wurde durch Augenzeugenberichte während der Olympiade erreicht. Die technische Vollkommenheit der Spiele machte viele Franzosen zwar etwas mißtrauisch, wenn sie daran dachten, daß diese Organisationskunst auch auf militärischem Gebiet geübt werden könnte. Aber die heitere, um nicht zu sagen glückliche Stimmung, die über den Berliner Veranstaltungen lag und durch keinen Zwischenfall getrübt wurde, wirkte sich auch außenpolitisch sehr stark aus.

Das deutsche Volk, von dem Friedenswillen Hitlers überzeugt und entschlossen, auch dem westlichen Nachbarn einen ehrlichen Frieden anzubieten, überschüttete die französischen Gäste mit besonderem Beifall, der nicht »befohlen« war, sondern aus dem Herzen kam. Der Einzug der französischen Olmypia-Mannschaft in das Stadion wurde zu einer gewaltigen Demonstration des Friedens. Nicht nur die französischen Sportler, sondern auch die zahlreichen Gäste gewannen den Eindruck, daß dem deutschen Volke die deutsch-französische Aussöhnung ein echtes Anliegen wäre. Auch an den Parteitagen der NSDAP in Nürnberg nahmen starke französische Delega-

tionen teil, die sich davon überzeugen konnten, welcher
Volkstümlichkeit sich Hitler damals erfreute.

BERICHT 31. AUGUST 1936

Ich hatte am 29. und 30. August 1936 den Besuch von Herrn
René Martel. Herr René Martel sprach sich sehr besorgt
über die internationale Lage aus. Er meinte u. a., daß die
Wiedereinführung der zweijährigen Dienstzeit in Frankreich sehr schlecht aufgenommen worden sei und nunmehr
die Regierung durch gewisse Rechtskreise und die Kommunisten gezwungen würde, Gegenmaßnahmen zu ergreifen. Das Gefährliche der augenblicklichen Entwicklung in
Frankreich für Deutschland sieht er darin, daß man in
rechtsgerichteten Kreisen, die bisher für eine deutsch-französische Verständigung eingetreten seien, jetzt immer
mehr von dieser Linie abrücke und zu einer anti-deutschen
Stellung überging. Diese Kreise verbänden sich mit den
Kommunisten in einer Rußland-freundlichen und Deutsch-
land-feindlichen Haltung.

Demgegenüber sei zu beachten, wie stark die sozialistische Partei, und zwar sowohl die S.F.J.O. wie die nicht mar-
xistischen Sozialisten an dem Gedanken des Friedens und
der Verständigung mit Deutschland festhielten. Darin sieht
er vorläufig die einzige Garantie für die Aufrechterhaltung
des Friedens.

Er äußerte sich auch besorgt über eine gewisse Ver-
schärfung des Tones in der deutschen Presse Frankreich
gegenüber und sagte, es würden manchmal Meldungen
gebracht, die in Frankreich als tendenziös und feindlich
empfunden würden, und die auch nicht richtig seien. So
zeigte er mir einen Abschnitt des Völkischen Beobachters
vom 27. August 1936, Seite 8 mit einem Bild, auf dem Marguerite Nelken abgebildet ist, und das die Unterschrift
trägt: »Eine französische Sozialistin hetzt in Toledo.« In
der Unterschrift heißt es dann: »Die sozialistische Abgeordnete des französischen Parlaments Marguerite Nelken,

nach Namen und Aussehen eine Jüdin, ... ist nach Toledo gefahren und hält jetzt vor den dortigen Kommunisten große Brandreden.«

Dazu bemerkte René Martel, daß es weibliche Abgeordnete des französischen Parlaments überhaupt nicht gibt. Marguerite Nelken ist auch keine Jüdin.

Von Doriot, meinte René Martel, daß dieser wohl nicht die Zukunft für sich habe. Er sei korrumpiert und brauche viel Geld für persönliche Ausgaben, Weibergeschichten und dergleichen. Er habe auch nicht die nötige Energie, sich zu entscheiden. Zwei Jahre habe er geschwankt, ob er sich zu den Kommunisten schlagen sollte oder nicht, und er habe noch am 14. Juli, bei dem großen Umzug der Kommunisten, sich zu diesen gesellen wollen. Es sei auch zu offensichtlich, daß er heute von der Schwerindustrie bezahlt würde und andererseits habe man den Verdacht, daß er, wenn er die Masse hinter sich gebracht hätte, schließlich doch noch diese zum Kommunismus führen würde.

BERICHT ÜBER DIE LAGE IN PARIS VOM 13. BIS 15. OKTOBER 1936

Der erste Eindruck

1. Der erste Eindruck, den man in Paris empfing, ist besser, als man erwartet hatte. Die Presse in Deutschland, aber auch die französische Presse, gibt die Stimmung nicht richtig wieder, wie sie augenblicklich in Frankreich herrscht. Die Stimmung ist wesentlich besser als sie uns erscheint. Es ist für den Augenblick jedenfalls eine gewisse Entspannung eingetreten.
2. Bei meinem Eintreffen erlebte ich zwar um Mitternacht in der Nähe des Ostbahnhofes eine Straßendemonstration, so wie wir sie früher in Deutschland auch gekannt haben. Die Polizei wurde aber sehr schnell mit den

Demonstranten fertig, und ich hatte nicht den Eindruck, daß die Demonstration sehr gefährlich gewesen sei.

3. Die Stimmung ist überhaupt nicht revolutionär. Sie ist nicht zu vergleichen mit der Stimmung nach dem 6. Februar 1934, auch nicht mit der Stimmung im Juni dieses Jahres. Die Menschen sind mürbe, man weiß nicht, was man will. Man hat nicht den Eindruck, als ob es in der nächsten Zeit zu Barrikadenkämpfen käme, weil weder die Leute von rechts noch die Leute von links den Mut haben, auf die Straße zu gehen.

4. Man hat mir Ende Juni in Paris gesagt, daß jetzt eine Pause eintreten würde, bis die Teuerung der Lebenshaltung als Folgeerscheinung des Experimentes Blum (Lohnerhöhungen etc.) sich fühlbar machen werde. Man sagte, daß Ende August, nach den Ferien, die Streiks wieder beginnen würden. Dies ist auch genauso eingetreten.

Immerhin war interessant, was Ende August die Arbeiter in Lille sagten: Wir sind betrogen. Ihr habt uns im Mai eine Lohnerhöhung von 20% gewährt. Wir stehen heute schlechter da, weil die Teuerung der Lebenshaltung schon mehr als 20% beträgt.

Die neue Pause in der revolutionären Bewegung, die durch die Genfer Tagung bedingt war, scheint jetzt durch eine längere Pause erweitert zu werden. Diese Pause ist wohl auf die Abwertungsmaßnahmen der Regierung zurückzuführen.

Man hat den Eindruck, die Revolution ist vorläufig abgeblasen. Wohl hört man noch von Streiks. Es laufen auch Gerüchte um, z. B. hieß es plötzlich, es sollte am kommenden Sonntag in Paris ein gefährlicher Kellnerstreik ausbrechen. Dieses Gerücht scheint aber nicht richtig zu sein. Im allgemeinen nimmt man die Streiks nicht mehr ernst.

Die Schilderung, die die französischen Besucher in Nürnberg machten, wo sie die Lage ganz scharf darstellen, als ob ein unmittelbarer Zusammenbruch, eine bolschewistische Revolution in Frankreich bevorstände, hat sich jedenfalls nicht bewahrheitet.

Vor zwei bis drei Wochen noch verlangten Ausländerinnen in Paris die sofortige Herstellung einer letzten Robe, weil die Revolution unmittelbar vor der Tür stände, und sie Paris verlassen müßten; sie sind heute noch da und haben sich inzwischen beruhigt. Die Revolution findet nicht statt. So sagten sie. Dieser Fall, der mir erzählt wurde, scheint mir typisch für die jetzige Lage.

Folgen der Abwertung

Eine Teuerung ist für den Fremden in Paris noch nicht bemerkbar.

Die Hotels und Restaurants scheinen gut besucht. Zum ersten Mal seit längerer Zeit hätte ich beinahe in meinem Hotel kein Zimmer bekommen. Man sagte mir aber gleich, daß dies auf besondere Umstände zurückzuführen sei, nämlich auf die Automobilausstellung und die Tatsache, daß jetzt die Provinz Einkäufe in Paris mache und dergleichen.

In den Warenhäusern und Geschäften ist eine große Geschäftsbelebung festzustellen. Dies scheint aber in erster Linie der Ausverkauf der jetzigen Bestände zu sein. Ein Rennen nach Sachwerten (Hamsterei und dergleichen) hat begonnen. Man sieht die gleichen Erscheinungen wie bei uns in der Inflationszeit.

In den Warenhäusern finden sich überall Plakate, in denen die Geschäftsinhaber verkünden, daß sie sich verpflichtet haben, trotz der Abwertung die Preise nicht zu erhöhen. In der Presse steht aber, daß diese Erklärung natürlich nur vorläufige Bedeutung habe, und man sagte mir, daß in den Warenhäusern auch kleinere Plakate angebracht oder verbreitet würden, in denen steht, daß die Preise erhöht werden müßten, wenn die neuen Vorräte kämen.

Vor einem größeren Warenhaus hörte ich, daß man im allgemeinen sagen könnte, daß die jetzigen Vorräte einen guten Monat reichten. Wenn das Rennen nach den Sachwerten noch stärker wird, sind die Vorräte noch schneller erschöpft. Dann wird schlagartig eine sehr starke Preissteigerung einsetzen und dann wird die Bevölkerung zum zweiten Mal rufen: Wir sind verraten!

Man muß zwischen zwei Haussen unterscheiden. Die erste Hausse ist die Auswirkung des Experiments Blum vom Mai/Juni dieses Jahres (Lohnerhöhungen und dergleichen). Diese Hausse hatte sich bis Anfang September schon ausgewirkt, und man kann sagen, daß die Verbesserung im Einkommen der Arbeiter, Angestellten und Beamten durch die erste Hausse schon aufgezehrt ist.

Kritischer und für das Schicksal der Regierung Blum einschneidender wird die zweite Hausse, nämlich die Abwertungshausse. Einer meiner Freunde, der die wirtschaftlichen Dinge sehr genau kennt und scharf zu rechnen versteht, sagte mir, daß trotz aller Vorsichtsmaßnahmen die Lebenshaltungspreise in der ersten Woche nach der Abwertung schon um 3% gestiegen seien. Er meinte, daß man in 4–6 Wochen mit einer Steigerung von 10–15% rechnen könnte.

Die Ansichten darüber, ob ein dauernder Vorteil durch die Abwertung bleiben wird oder ob die Abwertungsmarge durch Teuerung völlig aufgezehrt wird, sind verschieden. Die meisten, die ich gehört habe, beurteilen die Aussichten sehr pessimistisch. Sie sagen, es geht bei uns nicht wie in England und auch nicht einmal wie in Belgien, denn das französische Volk ist nicht diszipliniert und läßt sich preisregelnde Maßnahmen der Regierung überhaupt nicht gefallen.

Die Hausfrauen auf dem Markt bemerken die neue Teuerung schon jetzt.

Dazu kommt eine gewisse Unordnung in der Lebensmittelversorgung durch die Blockade, die die Schiffer in den Zufahrthäfen über Paris verhängen. Der Schifferstreik schien allerdings jetzt auch beendet zu sein, wenigstens vorläufig.

De la Rocque – Doriot

De la Rocque macht wieder von sich reden. Die Regierung
hat die Dummheit gemacht, ein Verfahren gegen ihn ein-
zuleiten. Mir sagte ein sehr guter Kenner der Verhältnisse
und großer Deutschenfreund, der auch ein absoluter Gegner der Volksfront ist, daß es schon ein Unglück wäre,
wenn man von de la Rocque wieder redete. De la Rocque
sei ein Unglück für Frankreich, aber auch für die deutsch-
französischen Beziehungen. Er sei es, der allein die Volksfront zusammengebracht hätte, und er sei es, der die
Volksfront immer wieder zusammenkitte, wenn ein Riß
entstände. Man nennt ihn schon den Cimenteur, den
Zusammenkitter der Volksfront. Jedesmal, wenn de la
Rocque wieder erscheine, werde der Einfluß der extremen
Linken in der Volksfront wieder größer.

Die Regierung Blum

Die Regierung Blum ist fester, als man das vielleicht
geglaubt hätte, trotz aller Fehler, die begangen worden
sind. Das persönliche Prestige von Blum in den Arbeitermassen ist noch ziemlich groß, obwohl in allen Schichten
der Bevölkerung geschimpft wird.

Immerhin spricht man heute schon ganz offen vom Sturz
der Regierung und von den Nachfolgern. Das ist in Frankreich ja üblich. Das Besondere an der Regierung Blum war,
daß man im Juni dieses Jahres noch nicht sofort von den
Nachfolgern sprach. Als voraussichtliche Nachfolger der
Regierung Blum werden jetzt bezeichnet: Chautemps und
Daladier, vielleicht auch Paul Reynaud als Finanzminister.
Einige sprachen sogar von Herriot. Dieser hat aber sehr
stark an Prestige verloren. Man sieht zu sehr, daß die
Kommunisten für ihn eintreten, obwohl sich Herriot
anscheinend jetzt bemüht, sich seinerseits etwas von den
Kommunisten zu distanzieren.

Chautemps selbst hält sich geschickt zurück. Er hat

zunächst einmal bei der Abwertungsdebatte im Senat die Regierung gerettet und sich dann in einer stark bemerkten Rede am letzten Sonntag wiederum zur Volksfront bekannt.

Blum hat erklärt, daß, wenn er sähe, daß sein Experiment nicht gelänge, er sich zurückziehen würde. Er scheint aber heute an der Regierung festhalten zu wollen.

Ein anderer meiner Freunde, der zur Volksfront gehört, sagte, wenn die Regierung Blum gestürzt wird, gibt es sofort einen Generalstreik, und die Massen marschieren. – Ich glaube weder an das eine noch an das andere. Es wird sich in Frankreich genau das wieder vollziehen, und zwar diesmal etwas langsamer, was seit dem Kriege dort noch immer eingetreten ist, wenn eine Linkswahl stattgefunden hatte. Die Linke wird gewählt, und die Mitte regiert schließlich. Die Linke muß immer den Arbeitern und Angestellten zu große Zugeständnisse machen und bringt dann das Budget in Unordnung. Dann kommt die Reaktion, und zuletzt bildet sich eine Regierung der nationalen Konzentration.

So war es 1926, als 1924 das Linkskartell gewählt worden war, und 1926 Poincaré berufen wurde, um den Franken zu retten; ebenso war es nach den Maiwahlen von 1932, als eine Linksmehrheit gewählt worden war, die dann schließlich nach dem 6. Februar 1934 durch eine Regierung der nationalen Konzentration abgelöst wurde.

Genauso wird es auch diesmal wieder werden. Es wird nur nicht so schnell gehen. Es wird vielleicht ein paar Zwischenkabinette geben, und die Regierung des Equilibre, d. h. der nationalen Konzentration, wird voraussichtlich erst im nächsten Jahre als stabile Regierung zustande kommen.

Ob die Regierung Blum noch lange bleibt, hängt hauptsächlich von ihrer Einstellung zu den Kommunisten ab. Eine gewisse Besserung der Lage der Regierung Blum ist in der öffentlichen Meinung festzustellen, weil die Regierung Blum den Kommunisten gegenüber immerhin eine gewisse Energie gezeigt hat. Man ist gegen die Fabrikbesetzungen eingeschritten. Merkwürdigerweise ist aber die Stimmung in Frankreich so mürbe, daß sie sich gegen die Bestimmungen der sogenannten Neutralisation der Fabriken nicht einmal mehr wehrt. Kein Mensch allerdings weiß, wie die Neutralisation dann durchgeführt werden soll.

Die starke Zurückhaltung von Chautemps ist verständlich, aber die Autorität von Chautemps wächst wieder mehr. Diejenigen Kreise, die mit Chautemps gehen, und die den Sturz der Regierung Blum betreiben, halten augenblicklich zurück. Sie wollen, daß das Land noch klarer sieht und die zweite Hausse (Abwertungshausse) sich bemerkbar macht. Erst dann wird der ganzen Bevölkerung die Einsicht kommen, daß das Experiment Blum völlig gescheitert ist.

Der Kommunismus hat in Frankreich außerordentlich verloren. Wenn jetzt Wahlen ausgeschrieben würden, rechnet man damit, daß die kommunistische Partei mindestens 40% ihrer Stimmen, die sie bei den Maiwahlen erhalten hat, verlieren würde. Ein Teil ihrer Wähler ist noch mehr radikalisiert, man bezeichnet sie als Anarchisten, z. T. sind sie auch Trotzkisten geworden. Jedenfalls sind sie gegen die Kommunistische Partei Frankreichs und gegen Moskau. Ein großer Teil ist aber zu den Sozialisten zurückgekehrt.

BERICHT ÜBER DIE PARISER REISE
VOM 4.–11. NOVEMBER 1936

Doriot und die Freiheitsfront
Das Ansehen von Doriot wächst weiter, Doriot fährt fort, nach dem Beispiel des Führers zu trommeln, und er ist unermüdlich. Seine Idee, eine Freiheitsfront zu gründen (front de la liberté), wird von allen als glücklich gehalten. Schon der Ausdruck ist glücklich, und der Augenblick ist ebenso gut gewählt. Am Montag, dem 24. Mai, also zum Zeitpunkt der offiziellen Eröffnung der Ausstellung, wird

die Zeitung »La Liberté« unter Leitung von Doriot erscheinen. Seine Wochenzeitung wird sehr beachtet, und seine
letzten Flugschriften, besonders: Le »Front de la Liberté
face au Communisme« ist überall ausgelegt. Man ver-
gleicht die jetzigen Vorgänge mit dem Versuch, in
Deutschland eine Harzburger Front zwischen den Deutsch-
Nationalen (Hugenberg) und Hitler zu bilden. Auch Franzosen sagten mir das. Sie verglichen La Rocque mit
Hugenberg und die Feuerkreuzler mit dem Stahlhelm,
Doriot dagegen mit Hitler und seiner Bewegung. Man soll
zwar sich davor hüten, die deutschen Verhältnisse auf
Frankreich zu übertragen, trotzdem ist hier ein gewisser
Vergleich berechtigt. Doriot hat die meisten Aussichten. Er
hat den Elan im Kampf gegen den Kommunismus und die
Einwirkung auf die Masse. Er hat es fertiggebracht, Arbei-
ter hinter sich zu bringen. Vier Parteien sind schon zur
Freiheitsfront gestoßen.

Die Einstellung von Doriot
Ich habe selbst der großen Kongreßrede Doriots in St.
Denis beigewohnt und daraus den Eindruck gewonnen, daß
Doriot aufrichtig die neue Form des Nationalismus
erstrebt, die sich von dem reaktionären, bürgerlichen
Chauvinismus abwendet und die Rechte des Gegners
suchen will. Ich habe aber immer die Besorgnis gehabt, daß
in den Kreisen der bürgerlichen Rechten, die sich in den
beiden letzten Jahren Deutschland näherten, der Geist der
Tradition schlummert und eines Tages neu aufwachen
muß. Diese Kreise sind natürlich am meisten in den Reihen
von de la Rocque und den verwandten Rechtsorganisationen vertreten. Die jetzige Forderung von Kerillis muß zur
Auseinandersetzung zwischen den Rechtsparteien führen.
Mit der Richtung Doriot können wir uns verständigen, mit
der Richtung Kerillis niemals. Es kommt darauf an, welche
Tendenz triumphieren wird.

Die Doriot-Bewegung

Über die Doriot-Bewegung hörte ich von einem Industriellen, der seine Fabrik in der kommunistischen Gegend von Paris (Malakoff) hat, folgendes Urteil:

»Doriot wird nicht siegen wie Hitler oder Mussolini. In Frankreich wird es nie zu einer Diktatur kommen. Wir haben eine Diktatur gehabt, Napoleon I. Wir haben davon genug. Wir sind und bleiben Republikaner. Aber Doriot wird in den kommenden Ereignissen trotzdem eine Rolle spielen. Sein Einfluß auf die Arbeitermassen wächst. Doriot klärt die Arbeiter auf. Wir Arbeitgeber merken schon jetzt, wie der Geisteszustand in der Arbeiterschaft sich verändert. Sie wollen die Streiks nicht mehr.«

Ich habe am 11. November 1936 in St. Denis dem ersten Kongreß der Partei Doriot beigewohnt. Ich habe die verschiedensten Redner, auch Doriot selber, mit angehört. Mit Hilfe des Namens Bertrand de Jouvenel, der mich dorthin führte, bekam ich einen sehr guten Platz mitten unter Arbeitern. Niemand wußte, wer ich war. Es war die Nachmittagssitzung, in der Doriot zum Präsidenten gewählt und das Direktorium konstituiert wurde. Die Sache hat auf mich einen tiefen Eindruck gemacht. Der Theatersaal von St. Denis war überfüllt mit Menschen. Die ganze äußere Aufmachung war der Hitlerbewegung nachgeahmt, trug aber ein französisches Gepräge. Um die Rednertribüne waren etwa 60 Fahnen aufgestellt. Der Saal war entsprechend mit Aufschriften geschmückt, eine große Begeisterung herrschte. Die Redner wußten die Menschen mitzureißen. Das Ideengut ähnelte in manchen Punkten dem Geist der Hitlerbewegung: Volksgemeinschaft, Überwindung des Klassengegensatzes und des Marxismus, Kampf dem Bolschewismus, Appell an die echte Vaterlandsliebe, die nicht chauvinistisch ist.

Man sah bei den Arbeitern einen frohen, zuversichtlichen Geist, ständige Betonung des Optimismus und des Glaubens. Die Menschen waren freundlich und höflich. Immer wieder erhob sich spontan die Menge zum Gruß mit Handaufheben. Immer wieder wurde der Ruf laut: »Doriot, au pouvoir!« Man sang begeistert die Marseillaise. Ich sah Arbeiter, die vor Ergriffenheit weinten.

Ich habe einer der ersten Francisten-Versammlungen beigewohnt, wo ich trotz der Verherrlichung von Hitler und Mussolini das Chauvinistische heraushörte. Ich habe die de la Rocque-Bewegung gesehen, die eine Bewegung der feinen Leute ist. Doriot ist das Volk, und, wenn er die Provinz erobert, könnte die Doriot-Bewegung etwas Ähnliches wie die Hitler-Bewegung werden.

BERICHT ÜBER DIE PARISER REISE
VOM 10.–15. JANUAR 1937

Besprechung mit Paul Reynaud

Die Besprechung mit Paul Reynaud wurde durch einen gemeinsamen Bekannten vermittelt. Ich kannte Reynaud allerdings auch schon deshalb persönlich, weil ich 1930/31 Vertreter deutscher Firmen in Sachlieferungsfragen war, und damals mit ihm, als er Finanzminister war, beruflich verhandelt habe. Paul Reynaud erklärte sich sofort bereit, mich zu empfangen, und sagte, daß er sich sehr gern einmal mit mir über die deutsch-französischen Beziehungen unterhielte. Er käme soeben aus Deutschland zurück. Das Ergebnis der Besprechung hat mich einigermaßen erschreckt. Es lief darauf hinaus, daß er jede Verständigung für unmöglich hielt und den Krieg für unvermeidlich erklärte. Er hatte eine etwas überhebliche, hochmütige Art. Ich gewann den Eindruck, daß es sehr gefährlich wäre, wenn Paul Reynaud ans Ruder käme. Man sagte mir, daß Paul Reynaud unter russischem Einfluß stände und eine ähnliche Aktion betreibe wie Kerillis, Mandel, Herriot und Pierre Cot.

Es ist aber schwer, sich aus einer einzelnen Unterredung, die im übrigen persönlich durchaus korrekt und loyal war, ein Urteil zu bilden. Es gibt viele Franzosen, die, wenn sie Deutschen gegenübertreten, das Bedürfnis haben, den starken Mann zu spielen, in der Erwartung, daß die Deutschen dann in Deutschland sagen, die Franzosen würden sich doch nicht viel gefallen lassen, sondern den deutschen Forderungen scharf gegenübertreten.

Paul Reynaud ist außergewöhnlich intelligent, und es ist sehr wohl möglich, daß er in den parlamentarischen Kreisen infolge seiner Beredsamkeit einen großen Einfluß ausübt. Seine Argumente waren ähnlich wie die von Franklin Bouillon. Doch scheint mir Paul Reynaud gefährlicher zu sein als Franklin Bouillon, der gerade wegen seines Polterns auf Massen wirkt, aber weniger auf politische Kreise.

Die Besprechung fand in der Wohnung des Herrn Reynaud statt. Herr Reynaud ist ein Mann, der offensichtlich Wert darauf legt, schon durch sein Äußeres zu imponieren, sowohl durch die Kleidung wie durch die Wohnungseinrichtung, die sich durch ihre Eleganz wesentlich von den französischen Durchschnittseinrichtungen unterscheidet.

Herr Reynaud sagte mir mit liebenswürdigen Worten, daß er sehr erfreut sei, mich zu sehen und daß er die Gelegenheit begrüße, sich mit mir als Deutschem einmal offen auszusprechen. Er entsann sich sehr wohl noch unserer Verhandlungen, die ich im Jahre 1930, als er Finanzminister war, mit ihm wegen der deutschen Sachlieferungen geführt habe. Er begann das Gespräch damit, daß er erklärte, er sei kürzlich ebenfalls in Deutschland gewesen und habe Gelegenheit gehabt, sich mit führenden Persönlichkeiten, wie z. B. Herrn Dr. Goebbels, auszusprechen. Er fragte mich, ob ich sein Interview mit dem Vertreter der Presse gelesen hätte, und insbesondere die Stellungnahme der Frankfurter Zeitung zu diesem Interview. Ich mußte dies verneinen. Er fuhr fort: »Es ist schade, daß Sie das Interview nicht kennen. Ich habe darin meinen Standpunkt klargelegt. Die Deutschen sollen jetzt einmal die Gesamtheit ihrer Forderungen angeben. Dieser Zustand geht nicht weiter, daß wir von Jahr zu Jahr Konzessionen machen und dadurch den Eindruck der Schwäche erwecken und doch nichts erreichen, weil die Deutschen immer wieder mit neuen Forderungen kommen. Sagen Sie«, so fuhr er fort, »was hat uns die vorzeitige Rheinlandräumung genützt und der Erlaß der Reparationen und alles das? Damals, als die Deutschen es forderten, war es für die Deutschen ungeheuer viel, und als es einmal bewilligt war, sollte es auf einmal gar nichts mehr gewesen sein.«

Ich erwiderte: »Herr Minister, das ist keineswegs der Fall. Ich verkenne nicht die Größe der Entspannung, die durch die Rheinlandräumung und die Regelung der Reparationsfrage herbeigeführt wurde. Ich habe das auch z. B. in meinen Veröffentlichungen, wie Sie leicht feststellen können, durchaus anerkannt. Aber es diente doch alles nur der Entspannung und hielt sich im Rahmen des Versailler Vertrages.«

Reynaud entgegnete: »Gott sei Dank, daß ich auch einmal einen Deutschen gefunden habe, der wenigstens das Gute an der Rheinlandräumung usw. anerkennt. Wie groß war z. B. unser Opfer bei der Reparationsfrage!«

Ich sagte: »Herr Minister, ich bin gerade darüber besonders gut unterrichtet. Sie werden doch zugeben müssen, daß die Reparation, die uns astronomische Ziffern auferlegte, geradezu ein Wahnsinn war, und wenn man den Wahnsinn schließlich auf die Hälfte, auf ein Viertel und endlich auf ein Zehntel herabminderte, so war dies immer noch wahnsinnig genug. Sie wissen doch, daß Lloyd George selbst gesagt hat, daß die Alliierten gar nicht bedacht hätten, als sie die Reparation schließlich festsetzten, daß man von Deutschland immer noch das Dreieinhalbfache des gesamten Goldvorrates der Erde forderte. Die Reparationsfrage hat schließlich Verwirrung genug angerichtet, und ist an dem ganzen Durcheinander von heute schuld.«

Reynaud: »Ich sehe keine andere Möglichkeit, als daß Deutschland jetzt die Gesamtheit aller Forderungen vorlegt, damit wir endlich einmal Ruhe haben. Was meinen Sie dazu?«

Ich sagte: »Es ist schwer, darauf etwas zu sagen, denn das haben mir die Franzosen schon seit vielen Jahren gesagt. Das alles liegt daran, daß Clemenceau in Versailles so zahlreiche Schwierigkeiten und Probleme geschaffen hat, daß diese Probleme auf einmal eben überhaupt nicht gelöst werden können. So kam es, daß diejenigen Franzosen, die verständig waren, in den ersten Jahren nach dem Kriege uns immer rieten, wir sollten doch zu allem ja und amen sagen, und zunächst einmal immer nachgeben. Später, wenn die Vernunft wieder eingekehrt sei, würde sich schon alles regeln. Das hat den Eindruck erweckt, als ob wir eine unehrliche Politik trieben, aber die Franzosen wollten es doch selbst so.«

Reynaud: »Nun sagen Sie einmal als Deutscher, was Sie eigentlich wollen. Versailles ist doch erledigt.«

Ich sagte: »Jawohl, Versailles ist erledigt, aber es bleibt doch noch viel von dem Trümmerfeld aufzuräumen, das uns Versailles hinterlassen hat.«

Reynaud: »Also, was fordern Sie? Fangen Sie einmal an.«

Ich sagte: »Ich fordere gar nichts. Ich habe auch keinerlei Mission, etwas zu fordern, oder irgendwie eine offizielle oder auch nur offiziöse Meinung auszudrücken.«

Reynaud: »Das ist selbstverständlich. Es bleibt eine rein unverbindliche und private Aussprache zwischen Gentlemen. Nur möchte ich einmal die ganz offene und ehrliche Meinung eines Deutschen über diese Frage hören. Sie begreifen, daß uns dieser ständig wachsende Appetit der Deutschen Unruhe einflößt. Wie ist es mit den territorialen Fragen?«

Ich erwiderte: »Zunächst können Sie über zwei Punkte einmal völlige Beruhigung haben. Niemand in Deutschland will wegen dieser Fragen einen Krieg beginnen und sodann, unsere Forderung geht keineswegs auf Wiederherstellung des Status quo ante. Wir haben in Deutschland erkannt, daß unsere früheren Grenzen durch dynastische oder sonstige Gründe bestimmt waren. Das ist alles überwunden. Wir wollen z. B. die polnischen Teile von Polen den Polen keineswegs wieder abnehmen. Was polnisch ist, soll polnisch bleiben. Wir wollen in keiner Weise fremdes Volkstum verletzen, aber wir hegen den Wunsch, daß auch unser Volkstum und der Wille unseres Volkstums respektiert wird. Wir würden in Deutschland schon sehr befriedigt sein, wenn wir nur die Überzeugung gewännen, daß Frankreich uns wenigstens gestattete, uns mit unseren übrigen Nachbarn über diese Frage friedlich zu verständigen. Wir wissen doch, daß die Schwierigkeiten, die wir mit den anderen Nachbarn haben, hauptsächlich auf die französische Politik in Versailles zurückzuführen sind.«

Reynaud: »Aha, ich beginne zu verstehen. Sie meinen, daß Clemenceau rings um Deutschland territoriale Probleme geschaffen hat.«

Ich sagte: »Nehmen Sie z. B. Eupen-Malmedy. Auch das ist kein deutsch-belgisches Problem. Die Belgier möchten sich ja gern mit uns verständigen. Einmal war es schon bald soweit, aber Poincaré gestattete den Belgiern nicht, sich mit uns zu verständigen. – Ich war in Schleswig. Dort sagten mir meine deutschen Landsleute, daß sie keinen Haß gegen Dänemark haben, das seien ihre Vettern und Freunde. Aber sie sagten: ›Wir haben Haß gegen Tardieu. Er ist es, der uns mit Gewalt von unserem deutschen Vaterland abgetrennt hat.‹ So ist es überall.«

Reynaud: »Wie ist es nun mit Oberschlesien und dem Korridor?«

Ich sagte: »Sie wissen, daß wir den Versuch machen, uns unmittelbar mit Polen zu verständigen. In Deutschland wird das Abkommen mit Polen so strikt innegehalten, daß über diese Frage überhaupt nicht mehr geredet wird.«

Reynaud: »Wie ist es aber, wenn die 10 Jahre abgelaufen sind, und wie denken Sie sich dann überhaupt die Lösung?«

Ich erwiderte: »Das ist schwer zu sagen. Es muß eben irgendeine freiwillige Lösung gefunden werden, die alle befriedigt, womöglich einschließlich Litauen.«

Reynaud: »Das alles muß irgendwie zum Kriege treiben. Nach meiner Auffassung gibt es keine territoriale Revision ohne Krieg. Grenzpfähle werden nicht ohne Krieg versetzt.«

Ich erwiderte: »Das ist eine zu pessimistische Auffassung. Man darf die Hoffnung nicht sinken lassen, daß es schließlich doch zu einer allgemeinen Verständigung und einem neuen Frieden kommt. Das war auch Wilsons Gedanke, der hoffte, daß durch den Völkerbund schließlich ein Frieden der Verständigung allmählich gebildet würde, wenn erst Haß und Unvernunft verschwunden wären. Es müssen eben alle Völker zusammengebracht werden und erst über den Wirtschaftsfrieden und dann über den politischen Frieden verhandeln. Wenn wir die Hoffnung nicht hätten, daß das möglich ist, dann könnten wir uns ja alle eine Kugel durch den Kopf schießen.«

Reynaud: »Das ist richtig. Aber Sie haben in Deutschland ohne Krieg zu viele Vorteile gehabt. Das ist immer gutgegangen, und da haben Sie geglaubt, das würde auch weiterhin so gutgehen. Aber denken Sie nur einmal, wie der kommende Krieg aussehen würde. Rußland ist unendlich groß. Sie stoßen da ins Leere. Ob da ein paar Millionen Menschen getötet werden oder nicht, das macht für Rußland nichts aus. Rußland bleibt immer noch ein Millionenreich. Dagegen Deutschland und Frankreich würden sich ruinieren. Sie können weitere Millionenopfer nicht mehr ertragen. Wir sind nun einmal davon überzeugt, daß Deutschland den Krieg will. Ist es nicht so, daß Ihre führenden Leute dem deutschen Volke erklärt haben: ›Wollt Ihr Butter oder Kanonen?‹ Das bedeutet aber, daß Deutschland Kanonen macht, um sich die Butter gewaltsam zu holen. Deutschland legt seinem Volke ungeheure Entbehrungen auf, und das muß ja eines Tages losplatzen. Denn lange erträgt ein Volk solche Entbehrungen nicht. Dann will es auch von den Kanonen Gebrauch machen.«

Ich erwiderte: »Wenn Sie das Wort eines deutschen Ministers so zur Propaganda gebrauchen und ihm eine so tendenziöse Bedeutung beilegen, dann können wir nicht diskutieren. Sie sind doch nun selbst in Deutschland gewesen. Haben Sie nicht überall Butter vorgefunden? Haben Sie gesehen, daß das Volk Entbehrungen gelitten hat?«

Reynaud: »Nein, aber Ihre übersteigerte Aufrüstung (armement frénétique) erschreckt uns. Warum rüsten Sie denn so schnell und so gewaltig auf? Sie müssen doch Krieg führen wollen.«

Ich sagte: »Herr Minister, wir müssen doch die 15 Jahre nachholen. Glauben Sie wirklich ernstlich, daß die deutsche Aufrüstung schon so weit fortgeschritten ist, daß sie eine ernste Bedrohung für Frankreich darstellt, das seit dem Kriege fortgesetzt seine Bewaffnung und militärische Ausbildung systematisch fortgesetzt hat? Es ist doch klar, daß, wenn man unter solchen Umständen aufrüstet wie Deutschland, die Aufrüstung zunächst einmal etwas forciert werden muß, um Versäumtes nachzuholen, besonders auf technischem Gebiete. Was braucht Sie das zu beunruhigen?«

Reynaud: »Aber Sie sehen wie die ganze Welt beunruhigt darüber ist, ganz besonders England. Sie haben es fertiggebracht, die englische Aufrüstung zu erzwingen. Das vergißt England nicht. Auch Amerika ist gegen Sie. Erfahren Sie denn in Deutschland nichts von den Reden von Roosevelt, der sich immer wieder gegen Hitler richtet? Die Lage ist ernst. Deutschland wird einmal vor der Geschichte eine große Verantwortung tragen.«

Ich erwiderte: »Wenn Sie von der Verantwortung vor der Geschichte sprechen, dann meine ich schon, daß, wenn es noch einmal zu einem Verhängnis käme, die Verantwortung diejenigen tragen, die in Versailles keinen Frieden geschlossen haben, sondern den ewigen Krieg organisierten, wie Jacques Bainville gesagt hat. Glauben Sie wirklich nicht, daß wir uns in Deutschland nicht der Verantwortung vor der Geschichte, aber auch vor Europa bewußt seien. Ich habe selbst einen Sohn, der gerade seiner Militärdienstpflicht genügt. Glauben Sie wirklich, daß ich leichten Herzens da einwilligen würde, daß dieser Sohn in den Krieg ziehen muß? Und warum das alles? Wir wissen genauso wie Sie, daß das die Zerstörung der europäischen Zivilisation bedeuten würde.«

Reynaud sagte: »Nun ja, wir wollen die Hoffnung nicht aufgeben. Man kann solche Besprechungen ja auch fortsetzen. Vielleicht ist es möglich, zunächst sich auf dem wirtschaftlichen Gebiet zu verständigen, später auf dem politischen.«

BESPRECHUNG MIT HERRIOT
AM 20. MAI 1937

Da Herriot während meines Aufenthaltes im März 1937 in Lyon krank war, hatte ich ihn in Lyon nicht sprechen können. Herriot hatte dieserhalb Herrn Valayer gegenüber sein Bedauern ausgesprochen und ihm gesagt, er würde sich gern einmal mit mir unterhalten. Er lud mich deshalb zum 19. Mai zum Mittagessen nach Paris ein, wo am 20. Mai nachmittags die Kammer nach den Pfingstferien wieder zusammentrat. Im letzten Augenblick entstanden Schwierigkeiten. Das Essen wurde erst auf den 19. abends, dann auf den 20. mittags verlegt.

Ich wurde von Herrn Valayer im Hotel abgeholt, und wir fanden uns um 12.30 Uhr im Palais de la Présidence de la Chambre ein, das zwischen der Kammer und dem Quai d'Orsay liegt. Hier war ich schon 1924 von Painlevé empfangen worden.

Wir wurden von Herriot zunächst sehr herzlich in einem Vorraum begrüßt, wo wir den Apéritif einnahmen. Außer Herriot und Valayer war nur noch der Kabinettschef von Herriot, der Präfekt Agulbon, zugegen.

Herriot begrüßte mich mit den Worten, daß er es sehr bedauert habe, mich in Lyon nicht haben sprechen zu können. Dann entschuldigte er sich, daß er im letzten Augenblick die Einladung habe verlegen müssen. In Lyon sei ein Streik der städtischen Angestellten ausgebrochen, den er habe beilegen müssen. Das sei erst in der Nacht vom 19. zum 20. Mai nach 12 Uhr gelungen, so daß er einen Nachtzug nach 1 Uhr benutzt habe, der sehr überfüllt gewesen sei. So sei er in letzter Stunde vor dem Zusammentritt der Kammer in Paris eingetroffen.

Ich dankte für die freundliche Einladung und fragte ihn, ob er sich entsinne, daß er mich im Mai 1924, also genau vor 13 Jahren, im Quai d'Orsay empfangen hätte. Er sagte: »Jawohl, sehr gut. Sie wissen doch, was ich damals für die Räumung des Ruhrgebiets getan habe. Haben die Deutschen das vergessen?«

Ich sagte: »O nein, Herr Präsident! Besonders wir Rheinländer nicht, die damals für unser Land gekämpft haben. Ich weiß nicht, ob Sie mein Buch über die Ruhrbesetzung kennen, das ich damals unmittelbar nach dem Kampf geschrieben habe, aber Sie werden finden, daß wir uns damals bemüht haben, gerade Ihren Bestrebungen gerecht zu werden.«

Herriot: »Ich habe damals geglaubt, daß eine neue Zeit angebrochen sei, daß es wirklich möglich sei, einen wahren Frieden zwischen unseren Ländern herbeizuführen.«

Ich: »Ich weiß. Wir glaubten das alle. Es ist schade, daß das Ziel nicht erreicht wurde. Aber wir dürfen nicht verkennen, daß es eine Etappe zum Frieden, eine wirkliche Entspannung gewesen ist.«

Ich übergab Herriot nunmehr ein Exemplar meines Ruhrbuches, und er las sofort das Kapitel, das die Überschrift trägt: Das Aufkommen der Regierung Herriot und das Londoner Abkommen. Er las es laut vor in deutscher Sprache und war von dem Inhalt offenbar sehr befriedigt.

Wir schritten dann zum Essen, das in einem anderen Zimmer serviert war.

Zunächst wurde von Lyon, von der Ausstellung und einigen lokalen Dingen gesprochen. Dann kam man auf das neue Buch von Valayer: »La guerre qui rôde« zu sprechen.

Valayer vertrat die Meinung, daß die Kriege hauptsächlich durch wirtschaftliche Gegensätze hervorgerufen würden.

Herriot widersprach dem lebhaft: »Man überschätzt heutzutage sehr die wirtschaftlichen Dinge. Die Kriege kommen nicht wegen des Eisens oder der Kohle oder anderer Rohstoffe. Sie haben immer eine psychologische Basis, und sie brechen schließlich aus wegen eines Mißverständnisses, wenn die psychologischen Bedingungen dasind.

Ich war oft in Deutschland, auch vor dem Kriege. Ich habe Deutschland immer sehr geschätzt. Das deutsche Volk wollte den Krieg nicht. Die Völker wollen den Krieg überhaupt nicht. Aber da waren die psychologischen Mißverständnisse: Die Emser Depesche, die Flieger von Nürnberg. Die Völker sind sicher bei Kriegsausbruch alle des guten Glaubens gewesen, daß sie im Recht wären und für eine gute Sache kämpften.

Ich war vor dem Kriege zur Hygieneausstellung in Dresden. Es war zur Zeit der Agadir-Krise. Ich traf im Hotel in Dresden mit Jules Cambon zusammen. Er war sehr pessimistisch und glaubte an Krieg. Aber als ich mit den Leuten in Dresden sprach, war ich sehr beruhigt. Ich merkte, daß man in Deutschland damals den Krieg nicht wollte.

Später wurde die Stimmung immer schlechter. Wir wollten auch eine Hygieneausstellung machen. Zuerst hatten die Deutschen angenommen, sich zu beteiligen. Später wollten sie nicht mehr, weil die politische Lage zu gespannt sei.«

Das Gespräch war erst schleppend und zurückhaltend. Herriot ging aber immer mehr aus sich heraus, je mehr er persönliche Erinnerungen auffrischte.

Plötzlich sprachen wir vom Ruhrkampf. Herriot sagte: »Herr Grimm, Sie sind aus Essen. Ich habe Ihren früheren Oberbürgermeister Dr. Luther gekannt und schätzen gelernt. Es war zuerst in London, als wir über den Dawesplan verhandelten. Sie kennen meine Einstellung zur Ruhrbesetzung. Ich habe bei dem Entschluß, daß die Ruhr besetzt wurde, nicht mitgewirkt. Ich habe die Ruhr geräumt. Ich kam dadurch in Gegensatz zu Poincaré.

Ich hatte übrigens persönlich nichts gegen Poincaré. Im Gegenteil. Ich schätzte ihn sehr. Er war ein Mann der Linken, ein treuer Republikaner. Er hatte sich nur die Ruhrgeschichte in den Kopf gesetzt. Man hat ihn ›Poincaré la guerre‹ genannt. Er war darüber sehr unglücklich. Aber ich glaube nicht einmal, daß er so sehr den Kriegsausbruch wollte. Ich weiß z. B., daß er, als die Truppen 12 Kilometer von der Grenze zurückgezogen wurden, persönlich dafür sorgte, weil der Befehl nicht ganz klar war, daß auch die Kavallerie davon betroffen wurde.

Als schließlich Parker Gilbert kam und sagte, Deutsch-

land müsse jetzt von seinen Fesseln befreit werden und
der neue Plan müsse aufgestellt werden, war Poincaré fest
davon überzeugt, daß jetzt der Zeitpunkt gekommen sei,
mit Deutschland endgültig den Frieden zu schließen, und
daß er berufen sein könnte, ›Poincaré la paix‹ zu werden. Ich entsinne mich noch der vielen Essen, die er ganz
allein mit Parker Gilbert gehabt hat, und wie Parker Gilbert damals immer auf ihn einredete.

Also meine persönlichen Beziehungen zu Poincaré
waren gut, und seine Witwe hat mich deshalb gebeten, bei
der Beerdigung direkt hinter dem Sarg zu schreiten.

Von London muß ich Ihnen, Herr Grimm, übrigens auch
etwas erzählen, was Ihnen sicher auch nicht bekannt ist.

Sie wissen vielleicht, daß in London nur die Einführung
des Dawesplans auf dem Programm stand, nicht die Räumung des Ruhrgebietes.«

Ich erwiderte: »Jawohl, z. B. stand auch die Befreiung
der Ruhrgefangenen nicht auf dem Programm, und wir
haben sie doch erreicht. Herr Reichskanzler Dr. Marx hatte
mich damals gebeten, mit nach London zu kommen. Man
glaubte, daß es schwierig sei, die Befreiung der Ruhrgefangenen zu erreichen. Ich sagte aber Herrn Marx: Sie
irren sich, Sie brauchen die Freigabe der Gefangenen nur
zu verlangen. Ich entsinne mich noch, wie glücklich Herr
Marx war, als er von der ersten Besprechung mit Ihnen
und Macdonald kam und sagte: Sie haben recht gehabt,
wir werden die Gefangenen freibekommen.

Damals wurde ein Juristenkomitee eingerichtet. Bei
Ihnen war es Herr Fromageot, bei uns Herr Gaus.«

Herriot: »O ja, Gaus. Ich entsinne mich noch. Ich habe
ihn sehr geschätzt. Überhaupt waren die Juristen damals
gut. Wenn die Juristen eingesetzt wurden, ging alles gut.
Sie erleichterten sehr die Arbeit der Politiker. Haben Sie
auch mit Fromageot verhandelt? Er ist jetzt in Haag.«

Ich sagte: »Ja. Er war sehr loyal in der Frage der Ruhrgefangenen. Später habe ich in Haag vor ihm einen Prozeß
für Danzig geführt.«

Herriot: »Herr Grimm, Sie wissen aber sicher eines noch

nicht, nämlich wie ich in London die Frage der Räumung des Ruhrgebiets erörtert habe. Macdonald hatte mir einen Brief geschrieben. Er sagte, die Räumung des Ruhrgebietes stehe nicht auf dem Programm. Aber die öffentliche Meinung verlange die Erörterung dieser Frage. Da habe ich den Generalstabschef von Foch, General Destieber, kommen lassen und ihn gefragt, was Foch darüber denke, wenn ich die Erörterung über die Räumung des Ruhrgebietes zuließe. Deutlich sagte er mir: ›Da brauche ich gar nicht erst die Meinung des Marschall Foch einzuholen. Die kenne ich ganz genau. Der Marschall Foch hat gegen die Räumung des Ruhrgebietes nichts einzuwenden.‹ So war ich gedeckt.

Überhaupt kennen Sie in Deutschland den Marschall Foch nicht. Er war es doch, der den Waffenstillstand annahm, weil er kein weiteres Blutvergießen wollte. Die Rheinlandbesetzung hatte für ihn militärischen Wert, aber nicht die Besetzung des Ruhrgebiets mit seinen vielen Fabriken, Eisenbahnen, Kanälen usw. Wir würden im Falle eines Konfliktes das Ruhrgebiet sofort geräumt haben.«

Ich erwiderte, daß mir der General Degoutte damals ähnliches gesagt hätte.

Herriot fuhr fort: »Als ich dann nach Paris kam, wurde ich in der Kammer scharf angegriffen, weil ich der Räumung des Ruhrgebietes zugestimmt hätte. François Ponçet hatte mich damals in der Kammer angegriffen. Das ist offiziell. Sie können es noch in dem Journal offiziell nachlesen.

Man machte mir den Vorwurf, daß ich ein Freund der Deutschen, ein Anwalt der Deutschen sei.

Aber ich bin doch in erster Linie ein guter Franzose, wie Sie ein guter Deutscher sind, und Sie haben vollkommen recht, wenn Sie in Lyon gesagt haben, die guten Deutschen müssen mit den guten Franzosen verhandeln.

Ich bin dann dafür eingetreten, daß Deutschland in den Völkerbund aufgenommen wurde, und ich habe dann in Lausanne die Reparationsfrage liquidiert.

Aber die wirkliche Versöhnung mit Deutschland ist doch nicht gekommen.

Es kam die Abrüstungskonferenz. Ich gebe Ihnen zu, Herr Grimm, daß die Deutschen in dieser Frage im Recht sind. Die deutsche Abrüstung sollte in der Tat ein Anfang für eine allgemeine Abrüstung sein. Ich war für die allgemeine Abrüstung. Aber es hat andere Franzosen gegeben, die die Abrüstung nicht wollten. Deutschland war im Recht, als es die Konsequenzen daraus zog und die Abrüstungskonferenz verließ.

Aber warum ist es auch aus dem Völkerbund ausgetreten? Warum will Deutschland heute, wo es die volle Gleichberechtigung hat, nicht wieder in den Völkerbund eintreten?

Man muß doch den Eindruck gewinnen, daß Deutschland etwas im Schilde führt, daß es sich den internationalen Gesetzen nicht mehr unterwerfen will. Das ist die Auffassung in allen demokratischen Ländern, auch in England.«

Ich erwiderte: »Wir haben zu dem Völkerbund, wie er jetzt ist, kein Vertrauen. Wir sehen in ihm ein Instrument zur Aufrechterhaltung des Status quo von Versailles. Wir sind zu jeder Mitarbeit zur Organisation des Friedens bereit. Der Führer hat dies immer wieder gesagt. Er ist nicht einmal gegen den Gedanken des Völkerbundes. Aber der Völkerbund muß von Versailles gelöst werden.

Wir haben den Völkerbundsgedanken verfolgt. Wir wissen, was Wilson gewollt hat. Es sollte ein Instrument zur Schaffung des gerechten Friedens werden. Dazu sollte die Revisionsklausel des Art. 19 dienen. Man hat davon nie Gebrauch gemacht. Im Gegenteil. Wir kennen die Denkschrift von Gabriel Hanotaux. Danach sollte der Versailler Vertrag eine Art neuer Westfälischer Frieden werden und der Völkerbund der Garant für den Status quo und die dauernde Niederhaltung Deutschlands.«

Herriot: »Es ist richtig, daß der Völkerbund ein Kind von Versailles ist und seiner Mutter gleicht. Aber wenn einmal die Nabelschnur abgeschnitten ist, bekommt doch das Kind ein selbständiges Leben, es kann sich anders entwickeln. Der Völkerbund muß von innen aus reformiert werden. Ihr müßt wieder eintreten. Habt Ihr nicht Vorteile vom Völkerbund gehabt, z. B. die Räumung des Saargebietes?«

Ich antwortete: »Sie irren. Man weiß anscheinend in Frankreich nicht, welche Erfahrungen wir mit dem Völkerbund gerade im Saargebiet gemacht haben. Bis zum letzten Augenblick hat man uns dort schikaniert. Das Völkerbundsregime an der Saar hat den Völkerbundsgedanken im deutschen Volke, soweit er noch vorhanden war, völlig getötet.

Dazu kommt heute der Eintritt Rußlands in den Völkerbund und die Art, wie Litwinow dort Politik macht.«

Herriot: »Ich weiß, der Russenpakt! Man wirft mir meine Rußlandpolitik vor. Aber ich habe doch nur einen Nichtangriffspakt mit Rußland geschlossen. Der Pakt in seiner jetzigen Gestalt ist von einem Minister der Rechten, Laval, unterzeichnet worden. Ich habe mit Rußland verhandelt. Jawohl! Wie die Deutschen in Rapallo. Man konnte ein Volk wie die Russen nicht länger von der Mitarbeit ausschließen, als sie bereit waren, sich den internationalen Gesetzen zu unterwerfen und in den Völkerbund einzutreten. Ich sagte mir, die Russen haben auch Anspruch auf einen Platz an der Sonne. Das war nicht gegen Deutschland gerichtet. Aber ich gebe zu, daß meine Enttäuschung über die Haltung Deutschlands gegenüber meiner Entspannungspolitik mich mitbestimmt hat.

Aber Deutschland konnte doch beitreten. Wir wollten doch die deutsche Mitarbeit, und ich bin auch heute noch zur Zusammenarbeit mit Deutschland bereit.

Ich bin kein Kommunist. Ich bin Gegner des Kommunismus. Ich bin ein französischer Bourgeois. Ich will meine Zigarre nach dem Mittagessen rauchen. Ich will meine Ruhe haben wie alle meine Landsleute.

Ich will mich nicht in deutsche Angelegenheiten einmischen. Das deutsch-französische Verhältnis ist keine Angelegenheit von Parteien. Ich bin bereit, mit jedem Regime zu verhandeln. Mag jedes Volk die Regierungsform wählen, die ihm beliebt. Das geht mich nichts an.

Aber ich will den Frieden, und der Friede ist unteilbar.

Man muß dafür auch eine Prozedur wählen. Diese Prozedur besteht im Völkerbund.

Aber die Art, wie heute Reisen unternommen werden, wie man Bündnisse sucht und sich auf Teile der öffentlichen Meinung in anderen Ländern zu stützen versucht, muß zum Kriege führen.«

Ich erwiderte: »Verzeihung, Herr Präsident, diese Reisen und das neue Paktsystem sind von Barthou begonnen worden, und wir bedauern diese Politik aufs tiefste. Sollte es nicht doch möglich sein, mit diesen Methoden der Vorkriegszeit zu brechen? Wir haben eine große Verantwortung vor der Zukunft. Wir kennen den Krieg. Unsere Kinder kennen ihn nicht.

Herriot: »Ja, ja, die Jugend wird sich wieder in den Krieg stürzen. Sie wird nichts gelernt haben. Der Krieg aber bedeutet die Zerstörung der europäischen Zivilisation.«

Herriot kam immer wieder auf seine Lieblingsidee, den Völkerbund, zu sprechen. Er sah darin die einzige Garantie für eine internationale Zusammenarbeit. Nur wenn Deutschland in den Völkerbund zurückkehrt, meinte er, könne man zu ihm Vertrauen haben. Ich erwiderte darauf, daß wir es sehr bedauerten, daß gerade die Linksparteien in Frankreich, die nach dem Ruhrkampf so sehr zu Entspannung beigetragen hätten, sich heute derartig auf eine Prozedur festlegten. Auf die Prozedur käme es doch nicht an, und wir hätten nun einmal kein Vertrauen zu Genf. Vertrauen aber ließe sich doch nicht mit Gewalt herbeiführen. Die Reden des Führers zeigten, wie sehr Deutschland zum Frieden und zu einer wirklichen Zusammenarbeit bereit sei.

Herriot sagte, daß der Völkerbund ja revidiert werden könnte. Es käme ja auch nicht darauf an, daß er unbedingt in Genf tage.

Ich sagte, ich hätte gegen Genf an sich nichts, ich hätte dort studiert, und ich liebe die Stadt, aber es sei nun einmal durch den bisherigen Völkerbund dort ein Lokalgeist entstanden, und es schiene mir notwendig, den Völkerbund von Genf wegzulegen und einen ganz neuen Völkerbund zu gründen, und wenn er meine private Meinung wissen wolle, so müsse ich ihm sagen, daß ich es für notwendig hielte, als eine allererste Maßnahme das gesamte Personal des bisherigen Völkerbundes zu entlassen, einschließlich der Büroangestellten. Die Leute könnten ja eine gute Pension bekommen, das berühmte Pécule, das wir vom Saargebiet her kennten, aber das gesamte Personal des Völkerbundes sei nun einmal ungeeignet für eine wirkliche Friedensarbeit in Europa. Die guten und die schlechten, sie seien alle für den Völkerbund untragbar.

Herriot meinte, ob der Völkerbund dann nicht nach Locarno gelegt werden könnte. Ich sagte, dies sei eine gute Idee.

Herriot fuhr fort, daß zum Völkerbund aber alle europäischen Staaten zugelassen werden müßten, und es dürfte keiner ausgeschlossen werden, auch nicht Rußland. Im übrigen sei es möglich, eine vollständige Erneuerung des Status des Völkerbundes auf Grund der bisher gemachten Erfahrungen vorzunehmen. Nur an der Idee als solcher müsse man festhalten.

Wir kamen dann auf die inneren Schwierigkeiten Frankreichs zu sprechen, auf die Streiks und die Gefahr des Kommunismus. Herriot sagte: Frankreich ist nicht kommunistisch und wird nicht kommunistisch werden. Ich fürchte den Kommunismus nicht. Wir werden natürlich große Schwierigkeiten haben, aber meine Methode, den Kommunismus zu bekämpfen, ist die, daß ich an den gesunden Menschenverstand appelliere und den Leuten die Möglichkeit zu auskömmlichem Leben gebe. Dann wird sich schon alles wieder beruhigen und Frankreich bleibt demokratisch.

Zum Schluß sagte Herriot: »Es ist außerordentlich schwierig, aus dem ganzen Wirrwarr heute herauszukommen und die Möglichkeit zu finden, wie man auch Deutschland befriedigt.«

Ich sagte: »Die Schuld liegt bei Versailles. Versailles ist die Basis für alles Übel und die Hauptverantwortung trägt Clemenceau.«

Er sagte: »Jawohl, Clemenceau. Wir wissen, wie er gedacht hat. Er hat auch mir' während des Krieges die größten Vorwürfe und Schwierigkeiten gemacht; und er wollte mich behandeln wie Caillaux oder Malvy. Man warf mir vor, daß ich ein Anwalt der Deutschen sei. Herr Grimm, Sie wissen doch, wie ich Deutschland gegenüberstehe, und wie ich immer für eine Besserung der Beziehungen zu Deutschland gearbeitet habe. Sehen Sie meine Haltung im Ruhrkampf und dann später in der Reparationsfrage und meine Bemühungen, Deutschland in den Völkerbund zu bekommen. Welche Enttäuschung für mich, daß alles schließlich nicht geglückt ist, und daß anscheinend meine Gegner in Frankreich recht behalten haben, die mir immer prophezeiten, daß alles Entgegenkommen Deutschland gegenüber falsch sei.«

Ich sagte: »Herr Präsident, es ist noch nicht zu spät. Die Verständigung ist auch heute noch möglich. Sie müssen aber auch die Lage des deutschen Volkes verstehen. Welche Enttäuschungen uns durch Versailles und auch nach Versailles immer wieder bereitet worden sind. Das deutsche Volk und der Führer werden niemals etwas fordern, was ungerecht ist.

Es war inzwischen halb vier geworden und der Präsident wurde abgerufen. Wir blieben noch mit dem Präfekten kurze Zeit zusammen. Er sagte: »Sehen Sie meine Herren, dieser Mann ist Frankreich. Mit welcher Offenheit und Wärme hat er gesprochen! Und so denkt die Mehrheit des französischen Volkes. Lassen Sie sich nicht durch falsche Freunde ein falsches Bild von Frankreich aufdrängen. Das wahre Frankreich ist immer noch das radikalsozialistische Frankreich, so wie es durch Herriot repräsentiert wird. Dieses Frankreich wird sich durchsetzen. Mit diesem Frankreich werden sie immer zu rechnen haben. Es ist Ihnen aufgefallen, wie sehr der Präsident an dem Gedanken der kollektiven Sicherheit und des unteilbaren Friedens festhält. Es interessieren Sie da vielleicht einige Einzelheiten, die auf den Präsidenten Herriot einen so besonders tiefen Eindruck gemacht haben: Es war in Lausanne, als die Reparationsfrage gelöst wurde. Nach Abschluß der Verhandlungen sagte Ihr damaliger Reichskanzler, von Papen, zu Herriot:

›Nun sind wir bereit, vollständig mit Ihnen zusammenzugehen, aber Sie müssen uns freie Hand nach dem Osten geben.‹

Sehen Sie, das kann Herriot nicht und das will er nicht, und das fürchtet auch das französische Volk. Wir können nicht zulassen, daß Sie nun über Rußland und die anderen Oststaaten herfallen. Dann glauben wir, daß das so erstarkte Deutschland schließlich auch seine Revanche gegen Frankreich nehmen wird. Das ist der Kern des Problems. Aber, Herr Grimm, Sie können versichert sein, wir stehen Ihnen immer wieder zur Aussprache zur Verfügung, wenn das der Sache des Friedens und der Zusammenarbeit dienen kann.«

BESPRECHUNG MIT DEM KOLONIAL-MINISTER MARIUS MOUTET AM 22. JULI 1937

Herr Marius Moutet hatte mich gebeten, am 22. Juli um 18 Uhr zu ihm ins Kolonialministerium zu kommen. Er versichterte mir, daß er mehr als je die deutsch-französische Annäherung begrüßen würde. Er sprach sich sehr befriedigt über die letzten Verhandlungen aus, die er mit dem deutschen Botschafter, dem Grafen Welczek, gehabt habe, und auch über das Frühstück, an dem er zusammen mit dem deutschen Botschafter teilgenommen hätte. Er habe bei den Handelsvertragsverhandlungen besonderes Gewicht darauf gelegt, daß auch die Kolonialfragen besprochen würden, und das sei für ihn ein großes Opfer gewesen. Er habe aber geglaubt, daß er eine Geste Deutschland gegenüber machen müsse, und er hoffe, daß diese Geste auch entsprechend auf deutscher Seite gewürdigt werde. Bei den Handelsvertragsverhandlungen habe er Deutschland in den Kolonien genau so gestellt, als ob

Deutschland Mitglied des Völkerbundes wäre. Dabei sei doch Deutschland aus dem Völkerbund ausgetreten, und ich wisse ja, wie sehr er an dem Völkerbundsgedanken hänge. Wenn er Deutschland gleichwohl wie eine Völkerbundsmacht in den Kolonien behandelt hätte, so sei dies eben von seinem Standpunkt aus ein großes Entgegenkommen. Er kam dann auf die Kolonialfrage im allgemeinen zu sprechen, und er sagte mir: »Herr Grimm, Sie kennen ja meinen Standpunkt. Ich habe schon beim vorigen Mal Ihnen meinen grundsätzlichen Standpunkt auseinandergesetzt. Ich kann unter keinen Umständen Deutschland in den Kolonien politische Konzessionen machen, derartig, daß die Souveränitätsfragen verändert werden.« Bei diesen Worten erhob er seine Stimme und wurde leidenschaftlich − »Das geht unter keinen Umständen, das führt zu viel zu großen Schwierigkeiten! Die Friedensverträge sind uns einmal gemacht worden, und die Gebietsverteilungen müssen so bleiben, aber ich habe volles Verständnis für die Rohstofffrage. Wir wollen Deutschland in weitestem Maße entgegenkommen. Wir fühlen uns nur als Sachwalter oder comptables, und wir wissen, daß die Rohstoffe in den Kolonien für die Allgemeinheit da sind. Wir verwalten sie zu treuen Händen und wollen Deutschland gern daran teilnehmen lassen. Wir sind zu jedem Entgegenkommen nach dieser Richtung hin bereit.«

Von der Kolonialfrage kam Marius Moutet dann sehr bald auf das Thema Spanien. Er sagte: »Herr Grimm, die Spanienfrage wird immer ernster. Wir haben nun einmal die Überzeugung, daß Italien und Deutschland da etwas Böses vorhaben und ein gefährliches Spiel treiben, vor allen Dingen Italien.« Er fügte mit großer Energie hinzu: »Italien ist unser größter Feind. Wir fürchten, daß wir eine dritte Grenze zu verteidigen haben, und daß uns der Weg zu unseren Kolonien abgeschnitten wird. Das können wir unter keinen Umständen dulden!«

Ich erwiderte: »Ich glaube, daß Sie sich hier in einem großen Irrtum befinden. In Deutschland denkt niemand an solche Pläne in Spanien. Ich bin jedesmal überrascht, wenn ich nach Frankreich komme, hier solche Aufregung und Nervosität zu finden. In Deutschland ist alles ruhig und man spricht nur vom Frieden, und das ganze Volk wird auf den Gedanken der Versöhnung und des Friedens hingeleitet. Deutschland liegt da wie eine Insel des Friedens. Sobald ich aber nach Frankreich komme und hier die Zeitungen lese, gleichgültig von rechts oder von links, lese ich immer nur von Krieg. Das ist ja ein schrecklicher Zustand und man gewinnt den Eindruck, als ob systematisch die französische Öffentlichkeit für den Krieg vorbereitet, bzw. da hineingehetzt würde.«

Moutet entgegnete: »Ich will Ihnen sagen, was die Hauptsorge unserer öffentlichen Meinung ist. Ich kann das auf eine einzige Formel bringen. Unsere öffentliche Meinung hat die Besorgnis, daß die autoritären Staaten, Italien und Deutschland, der Meinung sind, daß die Friedensliebe der demokratischen Staaten so groß ist, daß sie uns von Konzessionen zu Konzessionen treiben können, bloß um des lieben Friedens willen. Aber ich fürchte, daß sie sich hier in einem großen psychologischen Irrtum befinden. Wir sind zwar sehr friedensliebend und besonders die jetzige französische Regierung, aber der Zeitpunkt kommt, wo der Bogen überspannt ist, und es heißt: ›Bis hierher und nicht weiter!‹ Dann ist die ganze französische Nation, so zersplittert sie jetzt auch erscheinen mag, einig. Sie haben das doch wohl an der Haltung der Rechtspresse gesehen, an Kerillis, an d'Ormesson, an Figaro und letzthin sogar an dem Jour, der innenpolitisch unser schlimmster Gegner ist. Sobald es sich um nationale Fragen handelt, sind sich die Franzosen alle einig, und Sie werden das in Deutschland sehr bald merken.«

Ich erwiderte: »Herr Moutet, ich habe daran niemals gezweifelt, aber was mich in Frankreich so besorgt macht, das ist das Systematische in der Pressehetze, die ewigen Tendenzmeldungen, die geduldet werden, selbst wenn sie offenbar lügenhaft sind. Man findet sich in der französischen Presse ja überhaupt nicht mehr zurecht. Da lese ich z. B. gestern in einer französischen Linkszeitung, daß

Krupp über Holland und eine andere Macht seine Kanonen an die spanische Linksregierung liefern soll, im Paris Soir stand dagegen gestern Abend, mit allen Einzelheiten gemeldet, daß Creuzot jetzt seine Kanonen an Franco liefere. Creuzot aber ist heute nationalisiert, also gleichzusetzen dem französischen Staat. Ich erinnere weiter an die Meldungen über die deutschen Kanonen, die Gibraltar beunruhigen sollen, an die Fehlmeldungen aus England über das deutsche U-Boot 27 ?. Diese Meldung ist dann ja sofort in korrekter Weise von der englischen Admiralität dementiert worden. Aber was nützt das Dementi? Der böse erste Eindruck hat doch seine Wirkung getan. So wird durch diese systematische Pressehetze, von der man nicht weiß, ob sie aus England oder Frankreich kommt, die Stimmung systematisch vergiftet, bis schließlich die gefährliche Atmosphäre da ist, die zum Kriege treibt.

Fast noch gefährlicher sind die kleinen Meldungen, mit denen täglich die Presse genährt wird. Da las ich vor einigen Tagen eine Zeitungsnotiz aus Rouen mit der Überschrift: ›Was wollen die Deutschen in Rouen?‹ Es wurde gemeldet, daß ein Deutscher, der natürlich Reserve-Offizier gewesen war, mit einem schönen Mercedeswagen und sehr schönen Fotoapparat sich seit einigen Tagen in Rouen bemerkbar mache und dort auch viel Geld ausgäbe. In einer darauffolgenden Spalte in derselben Zeitung las ich dann, die Deutschen hätten den Plan, die Stickstoffabriken in der Gegend von Rouen in die Luft zu sprengen. Was soll diese systematische Brunnenvergiftung? Kann man denn dagegen nichts tun?«

Herr Moutet meinte, daß er das nicht so tragisch nähme. Frankreich sei nun einmal das Land der Pressefreiheit, und da würde das alles nicht so genau genommen.

Ich erwiderte: »Sie sollten einmal nach Deutschland kommen und sehen, mit welch peinlicher Genauigkeit darauf geachtet wird, daß jede Veröffentlichung unterbleibt, die der deutsch-französischen Verständigung und damit dem Frieden schaden könnte. Ich kann Ihnen einige Beispiele zitieren: Da ist z. B. ein ausgezeichnetes Drama von dem Dichter Dr. Cremers geschrieben worden über die Separatistenschlacht in der Eifel. Es ist ganz objektiv auf Grund meiner Akten geschrieben. Auch der französische Standpunkt wird gewürdigt. Es könnte in Paris aufgeführt werden, aber Herr Dr. Goebbels hat die Veröffentlichung verboten, weil dieses Drama die Menschen so bewegt, daß der deutsch-französischen Verständigung geschadet werden könnte. Um die gleiche Zeit, als ich von dem Verbot Kenntnis erhielt, konnte man in Paris allenthalben die großen Plakate des Herrn Kerillis lesen, mit der Überschrift: ›Die deutsche Armee ist im Schwarzwald aufmarschiert.‹«

Marius Moutet sagte: »Die Plakate des Herrn Kerillis müssen Sie nicht so ernst nehmen. Die sind viel zu lang, die liest ja doch kein Mensch.«

Ich sagte: »Herr Moutet, Sie lesen sie nicht, aber die Massen lesen sie und irgendwie wirkt das Gift doch.«

Moutet erwiderte: »Ähnliche Vorwürfe müssen wir aber auch der deutschen Presse machen; so ist z. B. unsere Maßnahme, als wir die Kontrolle an der Pyrenäen-Grenze aufhoben, von der deutschen Presse falsch wiedergegeben worden.«

Ich erwiderte: »Ich habe gestern in einer französischen Zeitung gelesen, daß die Schuld an dieser falschen Wiedergabe bei der Agence Havas lag, und der erste Bericht, den die französische Agentur nach Deutschland gab, in der Tat falsch aufgefaßt werden konnte.«

Marius Moutet erwiderte: »Ja, aber wir haben die Sache dann richtiggestellt, und diese Richtigstellung ist in Deutschland dann nicht veröffentlicht worden.«

Ich erwiderte: »Herr Moutet. Sie müssen sich hier irren; denn ich habe in Deutschland doch davon gelesen und woher sollte ich die Kenntnis haben?«

Herr Moutet sagte: »Herr Grimm, das wäre gut, wenn Sie mir das beweisen könnten, daß die Richtigstellung in Deutschland loyal erfolgt ist. Bei mir und meinen Ministerkollegen ist der Eindruck verblieben, als ob Deutschland hier die Richtigstellung nicht gebracht hätte.«

Diesen Beweis habe ich ihm dann geliefert.

BESPRECHUNG MIT FLANDIN
BERLIN, DEN 25. AUGUST 1937

Ich hatte am 22. August eine sehr eingehende und interessante Besprechung mit Flandin in Paris in seiner Wohnung. Flandin ist der Typ des eleganten, gebildeten französischen Bürgers aus guter Familie. Er gilt als ganz besonders englandfreundlich, als Mann des Auslandes und besonders Englands. Insofern ist seine politische Einstellung ähnlich wie diejenige von Paul Reynaud. Er ist aber nicht so schroff und so ablehnend wie Paul Reynaud. Er gleicht in seinem persönlichen Auftreten etwas dem Typ, wie wir ihn bei Cuno gehabt haben. Es ist sehr angenehm, mit ihm zu sprechen, viel angenehmer jedenfalls als mit Paul Reynaud.

Flandin sagte mir, daß er sich freute, sich mit mir einmal auseinandersetzen zu können, weil er das deutsch-französische Problem als das wichtigste Problem der Jetztzeit betrachtete.

Die große Verstimmung sei eingetreten mit dem 16. März 1935. Durch diesen einseitigen Schritt Deutschlands sei damals alles verdorben worden. Man wäre auf dem besten Wege der Verständigung gewesen, aber dieser einseitige Akt habe alle Türen zugeschlagen, und von diesem Tage ab datiere die völlige Umkehrung der Politik, sowohl in London wie in Paris. Er entsinne sich noch sehr wohl, daß er mit Laval um die Wende 1934/1935 völlig darin übereingestimmt hätte, daß man die Saarfrage so anständig wie möglich liquidieren müßte, um dann Deutschland entgegen zu kommen und auch für die Abrüstung zu gewinnen. Wir müßten doch zugeben, daß die Saarfrage anständig geregelt worden sei.

Am 2. oder 3. Februar 1935 sei er dann mit Laval nach London gefahren und habe mit Eden und Simon konferiert, und sie seien dann übereingekommen, Deutschland gewisse Vorschläge in der Abrüstung zu machen, die doch sehr entgegenkommend und anständig gewesen wären, und dann wäre plötzlich der Faustschlag vom 16. März erfolgt.

Ich erwiderte: Ganz so lägen die Dinge dann doch nicht, und ich könnte mich der Zusammenhänge auch noch recht gut erinnern. Was die Saarfrage anbetreffe, so wüßte ich sogar sehr genau Bescheid, weil ich bis zum letzten Augenblick im Saarkampf gestanden hätte und bis zum letzten Augenblick hätten wir von Frankreich, ich wollte nicht sagen von der französischen Regierung, doch die allergrößten Schwierigkeiten im Saargebiet gehabt, und selbst von Herrn Laval seien damals in Genf zusammen mit Litwinow und Benesch Worte gefallen, die den Separatisten an der Saar ein böses Stichwort gegeben hätten, (Möglichkeit einer zweiten Abstimmung,) so daß uns selbst die Haltung von Herrn Laval damals nicht sehr klar gewesen wäre.

Flandin erwiderte: Sie haben Recht, es hat so verrückte Menschen bei uns gegeben, die bis zum letzten Augenblick glaubten, ein Status quo-Regime an der Saar aufrechterhalten zu können, besonders Herr Jacques Bardoux und gewisse Industrielle, Militärs usw. Sie haben mich damals überlaufen mit Forderungen, aber Sie sehen doch, daß wir dann alles trotzdem loyal bereinigt haben.

Ich erwiderte: Gewiß, das wird auch anerkannt, aber wieviel besser wäre es gewesen, wenn man sich über die Saar vorher verständigt hätte, wie der Führer es gewollt hat. Aber es hat eben Interessenten gegeben, die das alles sabotiert haben.

Flandin sagte: Das ist leider wahr.

Ich erwiderte dann: Was nun die Abrüstungsfrage anbetrifft, so waren wir erschreckt in Deutschland, daß unmittelbar nach der Rückkehr der Saar plötzlich die Abrüstungsfrage in so scharfer Form aufgeworfen wurde, und zwar in einer Form, die uns keineswegs freundlich erschien. Trotzdem hat doch der Führer auf die französisch-englische Note von Anfang Februar sehr entgegenkommend geantwortet, aber dann kam das englische Weißbuch, in dem gegen Deutschland böse Vorwürfe erhoben wurden. Dazwischen hatte aber Rußland seinen Heeresetat um Milliarden erhöht, war das russisch-französische Protokoll unterzeichnet worden, und letzten Endes erfolgte doch am 15. März die Einführung der zweijährigen Dienstzeit. Da war die Tat des Führers vom 16. März doch mehr als gerechtfertigt. Wir sind in Deutschland jedenfalls absolut davon überzeugt, daß wir in dieser Frage im Recht sind, und ich habe darüber auch eine Broschüre geschrieben, die ich Ihnen gern geben würde. Sie ist allerdings nur in deutscher Sprache erschienen.

Flandin erwiderte: Ich verstehe leider zu wenig deutsch, als daß ich sie lesen könnte, aber warum hat der Führer denn diese Form gewählt. Das war doch nicht nötig. Tatsächlich rüsteten Sie doch schon auf und wir hatten uns mit der Tatsache der Wiederaufrüstung abgefunden.

Warum also diese Erklärung, die alle weiteren Verhandlungen nun unmöglich machte. Sie hat doch an den tatsächlichen Verhältnissen gar nichts geändert.

Ich erwiderte: War nicht diese loyale und freie Erklärung im Gegenteil ein Vorteil? Wäre es nicht viel schlimmer geworden, wenn wir bloß tatsächlich aufgerüstet hätten und man Deutschland fortgesetzt den Vorwurf der Heimlichkeit gemacht hätte? War es nicht sogar für Ihre Staatsmänner besser, daß sie vor eine vollendete Tatsache gestellt wurden, und also nichts vor ihren Wählern zu rechtfertigen hatten? Ich bin der Auffassung, daß wir in den Problemen von Versailles zwei Gruppen zu unterscheiden haben. Die eine, die durch Verhandlungen gelöst werden konnte, wie die Rheinlandräumung, die Reparation etc. und die andere Gruppe, die mit der Wehrfrage zusammenhängt, die überhaupt nicht durch Verhandlungen gelöst werden könnte.

Flandin: Ich bin nicht dieser Auffassung, und warum hätte man nicht auch die Wehrfrage durch gütliche Verhandlungen regeln können? Jedenfalls ist jetzt das Mißtrauen da und wir haben Deutschland gegenüber das unruhige Gefühl, was wird der nächste Ziegel sein, den die Deutschen uns auf den Kopf werfen. Wir wollen doch in Ruhe und Frieden leben, aber die Deutschen kommen immer wieder mit neuen Forderungen.

Ich sagte, der Führer habe doch erklärt, daß nach der Wiederbesetzung des Rheinlandes die Zeit der Überraschungen vorbei sei, und tatsächlich sind doch keine Überraschungen mehr gekommen. Ich verstehe nicht, was Sie Deutschland immer vorwerfen.

Flandin erwiderte: Es mag sein, es ist tragisch. Es ist vielleicht letzten Endes immer nur ein psychologisches Mißverständnis. Als Ihr Führer sein Programm der 13 Punkte veröffentlichte, da haben die Deutschen wohl gemeint, daß das etwas Großes sei, eine wichtige Tat, die ungeheueren Eindruck in der Welt erwecken müßte. Tatsächlich ist der Eindruck gleich Null gewesen, sowohl in England wie in Frankreich. Die Franzosen haben diese verschiedenen Punkte gelesen und haben sie beiseite gelegt, und haben gesagt: Was ist denn das? Das ist doch nichts, das sind alles nur leere Worte. Das ist eben ein rein psychologisches Phänomen. Es ist leider so, daß die Gelegenheiten immer wieder verpaßt werden. Die eine große Gelegenheit, die Deutschland verpaßt hat und die ich miterlebte, war Februar 1935, als wir die Abrüstungsfrage mit Deutschland regeln wollten, und die andere vorher, unter Brüning, als 1931 die große Finanzkrise entstand. Da war ich mit Laval darüber einig, daß wir Deutschland helfen müßten. Der Reichskanzler Brüning kam nach Paris, und ich entschloß mich, den Deutschen eine Anleihe von 10 Milliarden zu geben für 10 Jahre. Sie sollten auf keine ihrer nationalen Forderungen verzichten, sondern nur darein willigen, daß sie 10 Jahre lang diese Forderungen nicht geltend machten, also eine Art 10jährigen Waffenstillstand oder Gottesfrieden abschließen. Laval verstand sogleich, was ich wollte, aber er meinte, die Sache wäre so wichtig, wir müßten sie einem Ministerrat unterbreiten. Wir haben den Ministerrat gehabt und ich habe schließlich den Plan durchgesetzt. Als die Deutschen kamen, habe ich den Vorschlag Brüning unterbreitet. Die Deutschen zogen sich zurück und berieten über eine halbe Stunde sehr ernsthaft. Dann kam Brüning zurück und sagte, daß er zu seinem großen Bedauern den Plan nicht annehmen könnte. Offenbar war Brüning sehr bewegt.

Dann kam der 16. März 1935 und der 7. März 1936. Wie konnten Sie das machen? Wie konnten Sie einseitig das Rheinland besetzen?

Ich sagte: Herr Flandin, das Rheinland ist meine Heimatprovinz. Wir sind da bei uns. Wie können Sie uns verdenken, daß wir in unserem eigenen Lande die Herren sein wollen. Es ist doch das natürlichste der Welt. Wir haben Ihnen doch damit nichts getan.

Flandin: Das ist gleich. Wir trauen Ihnen jetzt nicht mehr. Wir denken immer: Was werden die Deutschen morgen tun? Was haben sie jetzt wieder vor?

Ich erwiderte: Das ist ja ein erschreckender Zustand. Man kann doch das Vertrauen nicht erzwingen. Man muß doch irgendeinen Ausweg finden.

Flandin: Ich sehe keinen Ausweg. Ich sehe auch keine Möglichkeit, Deutschland weitere Konzessionen zu machen. Nehmen Sie z. B. die Kolonialfrage. England hat sich festgelegt. Ich habe viel mit meinen englischen Freunden darüber gesprochen, noch kürzlich, aber ich glaube, daß die Meinung in England sich nicht gewandelt hat. England wird Ihnen keine Konzessionen in der Kolonialfrage machen und glauben Sie, daß sich ein französischer Minister finden wird, der, wenn England nicht will, in der Kolonialfrage ein größeres Entgegenkommen Deutschland gegenüber üben würde? Er würde sofort gestürzt werden.

Ich habe Ihnen das alles so freimütig auseinandergesetzt weil ich heute ein freier Mann bin, und weder nach rechts noch nach links gebunden bin. Ich bedauere das alles sehr, sicherlich, ich würde nichts sehnlicher wünschen, als zur deutsch-französischen Verständigung beizutragen. Aber ich sehe keine Möglichkeit.

Ich erwiderte: Das Ganze sieht aus nach einem Circulus vitiosus. Die Franzosen versteifen sich immer auf gewisse Gedanken. Die Leute von links z. B. kommen immer mit der Forderung, daß Deutschland wieder in den Völkerbund eintreten müßte und halten an ihrer Ideologie von der kollektiven Sicherheit und dem unteilbaren Frieden fest.

Flandin erwiderte: Das betrachte ich nicht als das Wesentliche. Das scheint mir auch nicht die Anschauung der Mehrheit des französischen Volkes zu sein. Man kann auch andere Formen der internationalen Zusammenarbeit finden. Das muß nicht gerade der Völkerbund sein. Aber das Wesentliche ist eben das Mißtrauen. Wir haben Furcht. Wir haben Besorgnisse. Was will Deutschland? Wenn wir eine Konzession machen, kommt morgen eine weitere Forderung, und wir wollen davor sicher sein und unsere Ruhe haben.

WELTAUSSTELLUNG 1937

Die große Pariser Weltausstellung von 1937 bot eine günstige Gelegenheit, um die technische Entwicklung und die großen Planungen, die damals in Deutschland verwirklicht wurden, der Weltöffentlichkeit vorzustellen. Sicherlich nicht ohne Absicht standen sich auf dem Ausstellungsgelände die Bauten der beiden mächtigen weltanschaulichen Gegner Deutschland und Sowjetunion gegenüber. Der deutsche Pavillon wurde von einem Hoheitszeichen gekrönt. Vor dem russischen Pavillon stand das Denkmal eines revolutionären Paares, das seine Fäuste in Richtung des deutschen Pavillons ballte.

Die deutsche Ausstellung fand außergewöhnliches Interesse. Sie zeigte Modelle der Reichsautobahnen und der großen inzwischen in Angriff genommenen Bauten. Künstlerische Darbietungen weltbekannter deutscher Dirigenten und Orchester waren stark besucht. Auch eine Veranstaltung der Deutsch-Französischen Gesellschaft fand große Beachtung.

Auf die deutsche Ausstellung ist Professor Grimm in dem folgenden Bericht nicht eingegangen. Dagegen hat er über die Schwierigkeiten berichtet, die sich für die französischen Veranstalter ergaben.

WELTAUSSTELLUNG 1937

Der Ausgang der Ausstellung

Ich habe den letzten Tag der Ausstellung in Paris noch mitgemacht. Es herrschte eine ausgesprochen melancholische Stimmung. Es ist ein heftiger Streit darüber entbrannt, ob die Ausstellung im nächsten Jahr wieder aufgebaut werden soll. Die Kosten, die dadurch entstehen, sind aber so hoch, daß es wohl zur Wiedereröffnung der Ausstellung nicht kommen wird.

Man versucht, eine vorläufige Bilanz über die Ausstellung zu machen. Die Ausstellung 1937 war nur 185 Tage geöffnet, d. h. weniger als alle Ausstellungen seit 1878. Die Weltausstellung um 1900 war 212 Tage geöffnet. Es kommt aber hinzu, daß in der Hälfte der Zeit, wo die Ausstellung formell geöffnet war, sie in Wirklichkeit ja nicht fertig war.

Das zeigt sich auch bei den Ergebnissen. Die Weltausstellung 1900 hatte 48 Millionen Besucher, die von 1937 nur 30 Millionen. Die Weltausstellung 1900 hatte 126 Millionen Goldfranken Kasseneinnahmen, die Ausstellung 1937 400 Millionen Papierfranken Kasseneinnahmen. Trotzdem läßt sich nicht leugnen, daß die Ausstellung in den letzten Monaten ein Erfolg war, nicht in finanzieller, aber in politischer und moralischer Hinsicht.

Als die Ausstellung schließlich fertig war, war sie durch das Wetter sehr begünstigt und hatte in der letzten Zeit einen relativ sehr großen Besuch. Es ist schwer, die Zahl der Ausländer genau zu ermitteln. Die Statistiken stützen sich auf die Angaben der Hotels, die weder vollständig noch genau sind. Man spricht von etwa 800 000 Fremden, die nach Paris wegen der Ausstellung gekommen sein sollen, darunter 120 000 Engländer, 80 000 Deutsche, 70 000 Belgier, 60 000 Nordamerikaner. Ich nehme an, daß die Zahl der Deutschen zu gering geschätzt ist.

Der große Besuch der Deutschen hat im Ergebnis der deutsch-französischen Annäherung genützt. Die Deutschen sind gut aufgenommen worden, und umgekehrt sind auch bei den deutschen Besuchern manche Vorurteile beseitigt worden. Was also die Volksfrontregierung letzten Endes von der Ausstellung politisch erwartete, ist, wenn auch verspätet, schließlich doch noch in starkem Maße eingetreten.

Die Bedeutung der Ausstellung

So bekommt die Ausstellung eine ganz ausgeprägte Bedeutung für die gegenwärtige politische und soziale Auseinandersetzung in Frankreich. Die Anhänger des Front Populaire haben erklärt, daß die Ausstellung »das große Wunder der Volksfront« werden würde. Auf dieses große Wunder schaut jetzt das ganze Land. Die einen sind erfüllt vor Scham und Entsetzen über den Verlust an Prestige, den Frankreich durch die Nichtfertigstellung der Ausstellung erleidet. Die anderen versuchen, mit dieser Tatsache für ihre extreme Politik nach Rechts oder Links Geschäfte zu machen. Wenn man in die Nähe des Ausstellungsgeländes kommt, bietet sich überall der gleiche jämmerliche Eindruck. Überall Gerüste, Schutthaufen, kurz, die Ausstellung ist nicht fertig, und man sieht auch nicht, wann sie fertig werden wird, und keiner vermag es einem genau zu sagen. Das Trostwort, daß bisher noch keine Ausstellung rechtzeitig fertig geworden sei, zieht nicht mehr. Die Nichtfertigstellung der Ausstellung ist so grotesk und auffallend, daß sie jeder als ein völliges Versagen oder als bewußte Sabotage empfindet.

Besuch auf der Ausstellung

Am 19. Mai sollte als erster Pavillon der Pavillon des vins de France eingeweiht werden. Dazu erschienen Minister und höchste Regierungsvertreter. Ich hatte auch eine Einladung erhalten und traf 10 Minuten vor der angesetzten Stunde ein. Obwohl an dem Pavillon sehr wenig zu tun war, und er in allerkürzester Frist hätte hergestellt werden können, war selbst dieser Pavillon noch nicht richtig fertig.

Auch der Zugang war nicht frei gemacht. Man mußte durch Bretter, Schutthaufen und Steine sich hindurchwinden. An dem Holzturm, der vor der kleinen Halle lag, schwebte noch ein Gerüst. Das Seil des Gerüstes wurde einige Minuten nach der festgesetzten Eröffnungsstunde überhaupt erst abgeworfen. Das Publikum war schon längst in der Halle, als die Mädchen, die in den verschiedenen Kostümen den Wein kredenzen sollten, erst anfingen, ihre Sachen auszupacken und zu reinigen. Trotzdem war die Besuchermenge freudig gestimmt. Man hörte hin und wieder die Worte »Sabotage«, aber die Menschen waren im übrigen zufrieden und warteten geduldig. Die Arbeiter, die ich bei dieser Gelegenheit sah, arbeiteten auch fleißig.

Die Eröffnung der Ausstellung

Am 24. Mai soll nun die feierliche Eröffnung sein. Damit die Fotografen, die den feierlichen Eröffnungsvorgang, Besichtigung des Trocaderos durch den Präsidenten, zeigen, nicht eine allzugroße Blamage für Frankreich darstellen, ist in letzter Stunde angeordnet worden, daß vor den Hauptgebäuden die Gerüste abgenommen werden müssen. Sie werden dann zwei Tage danach wieder aufgestellt. Dadurch allein entstehen unnütze Kosten, über die die Bürger heftig debattierten. Die einen beziffern sie mit Millionen, die anderen mit Hunderttausenden. Das Ganze ist eine große Täuschung: Potemkinsche Dörfer.

DIE JAHRE DER TERRITORIALEN REVISION
(1938–1939)

Die Jahre 1938/39 sind gekennzeichnet durch den Versuch der deutschen Staatsführung, die eigentliche territoriale Revision des status quo (Österreich, Danzig und der Korridor, Sudetenfrage, Memel) in Angriff zu nehmen. Es kam alles darauf an, diese Politik so durchzuführen, daß dadurch kein neuer Krieg, besonders kein neuer allgemeiner Krieg, entstand, dem das deutsche Volk genau so wenig gewachsen sein konnte wie 1914–1918.

Erhaltung des Friedens als höchstes Ziel

Ich habe also auch in den Jahren 1938/1939 in meiner Berichterstattung die Erhaltung des Friedens als höchstes Ziel vor Augen gehabt und immer wieder an meiner Ansicht festgehalten, die ich schon in meinen größeren Denkschriften von 1932 und 1933 zum Ausdruck gebracht hatte, daß Art. 19 V.V., wenigstens dem Grundsatz nach, die Grundlage der deutschen Revisionspolitik werden müsse und das beste moralische und rechtliche Argument für diese Politik abgebe. Ich habe mich auch bemüht, alle auf den Frieden gerichteten Bestrebungen in Frankreich durch meine Berichterstattung zu unterstützen. Meine Berichte waren also 1938/1939 von dem gleichen Bestreben nach Objektivität Frankreich und der französischen Politik gegenüber getragen wie vorher.

Es wurde aber auch in den Jahren 1938/1939 immer deutlicher, daß die öffentliche Meinung in Frankreich und England gespalten war, so daß man mehr und mehr von einer Kriegs- und Friedenspartei sprechen konnte. Diese Spaltung ging quer durch die Parteien der Linken und Rechten. Die Regierung Daladiers wurde als besonders günstig für eine friedliche Lösung angesehen. Ich bemühte mich also ihre Stellung in Deutschland möglichst zu festigen, obwohl der Innenminister Sarraut dieser Regierung als Anhänger der Kriegspartei galt.

Die Politik der vollendeten Tatsachen

Nachdem sich in den Jahren 1934–1937 herausgestellt hatte, daß die demokratischen Regierungen nicht gesonnen, aber mit Rücksicht auf ihre Innenpolitik auch gar nicht in der Lage waren, die berechtigten Forderungen der deutschen Regierung auf territoriale Revision des status quo durch freiwillige Zugeständnisse zu erfüllen, blieb als einzige Lösung die Politik der »vollendeten Tatsachen«. Diese Politik brauchte noch nicht zum Kriege führen. Sie hatte für die demokratischen Staatsmänner den Vorteil, daß sie diese Vorgänge nicht innenpolitisch zu verantworten hatten. Verständige Franzosen empfahlen deshalb, solche für den endgültigen Frieden als notwendig erkannten Lösungen durch »Druck« und »ohne Krieg« herbeizuführen, während die Gegenpartei diese Mittel der deutschen Politik als »Bluff« oder »chantage à la guerre« oder »Gewaltstreiche« in der öffentlichen Meinung der Feindländer zu diskreditieren versucht.

Die Gefahren der »Politik der Überraschungen«

Die Gefahren, die diese Politik mit sich brachte, lagen auf der Hand. Die Verantwortung für diese Gefahrenlage tragen diejenigen, die in Versailles statt Frieden zu schließen, den ewigen Krieg organisiert und es dann verabsäumt haben, mit dem demokratischen Deutschland, so lange es noch Zeit war, den wahren Frieden zu schließen.

Mit besonderer Sorge verfolgte ich die Tatsache, daß die Linksparteien, die ich als die wichtigsten Stützen der deutsch-französischen Verständigung ansah, sich immer mehr von ihrem Friedensideal entfernten und aus ideologischer Abneigung gegen Hitler bellizistisch wurden.

Der Fehler von Prag

Die Politik der »vollendeten Tatsachen« konnte nur dann zu einem Erfolg ohne Krieg führen, wenn die so geschaffenen neuen Tatsachen auch von der öffentlichen Meinung der Gegnerstaaten hingenommen wurden. Das setzte voraus, daß die Franzosen die Notwendigkeit der Lösung dieser Probleme und auch die Gerechtigkeit dieser Lösung einsahen. Deshalb hätte sich die deutsche Politik peinlich genau an das Nationalitätenprinzip halten müssen. Sie durfte nur Gebiete beanspruchen, die wirklich deutsch waren. Dies wurde am 15. März 1939 bei der Besetzung von Prag nicht beachtet. Darin liegt der entscheidende Fehler der nationalsozialistischen Politik.

München und der Frieden

Das Münchener Abkommen bedeutete einen unerhörten Erfolg für Hitler. Man mußte jetzt nach dem Grundsatz verfahren, daß einem geschlagenen Feind goldene Brücken zu bauen seien. Man mußte die französische Sensibilität schonen, die Staatsmänner von München stützen und dem französischen Prestigegefühl Rechnung tragen.

In der Saarbrücker Rede verfuhr Hitler genau umgekehrt. Er wandte sich zwar nicht gegen Frankreich, sondern gegen England. Aber es war das England Chamberlains. Die Rückwirkung dieser Rede auf Frankreich war deshalb verheerend. Sie stärkte die Kriegspartei und entwaffnete die Freunde einer Verständigung. Sie war Wasser auf die Mühlen der Kriegshetzer, die dem französischen Volk jeden Tag einredeten, daß es in München »gedemütigt« worden sei. Ich gab die Hilferufe unserer Freunde nach Berlin weiter und trat dafür ein, daß jetzt deutscherseits eine Geste gemacht werden müßte, die die Friedenspartei wieder stärken könnte. Diese Geste sollte der Ribbentrop-Besuch und der Pakt Ribbentrop-Bonnet sein. Die Wirkung aber wurde durch die Art, wie gleichzeitig Italien seine Forderungen erhob, wieder aufgehoben.

Die französische Politik geriet in immer größere Abhängigkeit von England. Der Erfolg von München war nur möglich, weil England noch nicht fertig war. England leitete auch die Pressehetze. Es war mir klar, daß es alleine auf England ankomme. Der Krieg würde ausbrechen, wenn England auf den Knopf drücke. Man glaubte, daß 1940 das Jahr des Kriegsausbruches sein würde und nannte dies das »englische Jahr«.

Der entscheidende Fehler der deutschen Politik lag in der Besetzung von Prag. Der 15. März 1939 ist der Tag des virtuellen Kriegsausbruches. An diesem Tag wurde der Rubicon überschritten. Damit wurde die Gefahr ausgelöst, die man in München vermieden hatte. Der Bogen war überspannt. Der politische Fehler war so offenbar, daß viele die Maßnahme als eine rein strategische ansahen. Ich habe die Auswirkungen dieses Fehlers so schonungslos und deutlich zum Ausdruck gebracht, daß niemand über die Lage ab Ende März 1939 mehr im unklaren sein konnte. Von jetzt ab war jeder weitere Versuch der deutschen Staatsführung, einseitig eine neue territoriale Revision von Versailles durchzuführen, ohne allgemeinen Krieg unmöglich geworden. Ich habe diese Ansicht in meinen Berichten ganz klar zum Ausdruck gebracht. Die Lage war nicht mehr wie 1938 in der Septemberkrise. Die bisherigen Methoden der Politik der »vollendeten Tatsachen«, d. h. des »Druckes« und »Erfolge ohne Krieg«, die in München so wirksam gewesen waren, konnten nicht mehr angewendet werden. Prag hatte uns den Weg nach Danzig verbaut. Eine Lokalisierung des Krieges auf Polen war unmöglich geworden.

BESPRECHUNG MIT P. E. FLANDIN AM 15. FEBRUAR 1938 UM 11 UHR IN DER WOHNUNG VON FLANDIN, BOULEVARD MALESHERBES

Herr Flandin hatte mir geschrieben, daß er mich zu einer Rücksprache in seiner Wohnung am 15. Februar empfangen könnte. Der Empfang war außerordentlich freundlich. Ich hatte Flandin am 22. Mai 1937 in seiner Wohnung zum ersten Male gesprochen und verweise auf den damaligen Bericht. Damals war Flandin noch ausgesprochen pessimistisch. Ich hatte Paul Reynaud am 13. Januar 1937 gesprochen. Flandin war schon damals weniger ablehnend als Paul Reynaud, aber seine Grundhaltung Deutschland gegenüber auch noch pessimistisch. Er sagte: »Ich sehe keine Möglichkeit der Verständigung.«

Dann hat uns Flandin am 14. Dezember 1937 in Berlin besucht, und ich hatte in der Deutsch-Französischen Gesellschaft auch eine Aussprache mit ihm; aber auch da war er noch zögernd. Nach seinem Besuch in Deutschland hatte er dann einen Artikel über seine Eindrücke in Deutschland verfaßt, der in Frankreich großes Aufsehen erregt hat und als eine Änderung seiner Einstellung Deutschland gegenüber aufgefaßt worden ist.

Man sieht jetzt allgemein in ihm den Mann, der die deutsch-französische Verständigung durchführen will.

111

Diese seine Haltung wurde dann auch durch die neue Aussprache, die ich in Paris mit ihm hatte, voll und ganz bestätigt. Ich sah ihn optimistisch und zuversichtlich. Er glaubt an die deutsch-französische Verständigung. Er glaubt, daß er berufen sei, die Politik Frankreichs in diese Bahnen zu lenken.

Das Gespräch begann mit der gleichen Frage, die ich in diesen Tagen überall zu hören bekam: »Was ist denn eigentlich in Deutschland los?« Ich hatte ihn sehr schnell beruhigt, und er nahm die zahlreichen Pressemeldungen auch gar nicht tragisch. Er sagte mir: »Jawohl, unsere Presse ist schlecht, aber Ihr macht auch Dummheiten. Ihr solltet unsere Presse nicht zu ernst nehmen. Wenn Ihr einmal einen ganzen Monat über diese Presseergüsse schweigen würdet, dann wäre es schon besser, aber Ihr beißt bei dem Köder, den man Euch hinwirft, immer an. Das wollen doch diese Journalisten gerade wie diese Geneniève Tabouis oder Herr Kerillis etc. Wenn Ihr darauf antwortet, gebt Ihr Ihnen doch nur Autorität hier im Lande, als ob sie etwas darstellten, und als ob Ihr sie beachten müßtet.«

Ich erwiderte darauf: »Herr Präsident, Sie haben mir die Frage gestellt: ›Was ist in Deutschland los?‹ Ich glaube es ist richtiger zu fragen: ›Was ist in Frankreich los? Warum macht man diese Hetze?‹ Darin liegt doch System und dahinter steckt doch eine bestimmte Macht, die das Volk zum Kriege aufhetzen will.«

Flandin: »Nun ja, wir wissen ja, die große Informationspresse ist vollständig in den Händen der Juden, aber ich glaube, daß das alles nicht entscheidend ist. Das Entscheidende sind die wirtschaftlichen Dinge, dies ist die große Krise, die immer noch nicht überstanden ist. Sehen Sie, das Finanzproblem ist noch nicht gelöst. Es ist allerdings ein Gesundungsprogramm im Gange, auch bei der Arbeiterschaft.

Als man bei uns vor 4 Jahren mit unpopulären Maßnahmen begann, weil man die Notwendigkeit zu Sparmaßnahmen erkannte, da ist die Deflation in zu harter Form durchgeführt worden. Unsere Wirtschaftskreise hatten nicht die nötige Einsicht. Man nahm Arbeiterentlassungen in brutaler Form vor, bloß um die Löhne herabzusetzen. Das hat die Arbeiterschaft zu stark verbittert.

Heute beginnen die Massen zu erkennen, daß es so auch nicht weitergeht. Man kann nicht einfach soziale Maßnahmen beschließen und die Mittel hierfür durch Finanzoperationen, wie die Deflation, sich beschaffen. Das sind vorübergehende Maßnahmen, die am Ende schlecht ausfallen müssen. Heute haben wir alle erkannt, daß die verschiedenen Abwertungen nutzlos waren, und daß wir heute an einem Punkt angelangt sind, wo es nicht mehr weitergeht.

Vor einem Jahr sagte man mir noch, die Devalvation der ersten Etagen ist nicht schlimm, nur die letzte Etage, die wird schlimm, und jetzt sind sie an der letzten Etage angelangt. Der Franken steht auf 9 centimes und ist weniger als die Hälfte vom Poincaré-Franken. Es besteht ernstlich die Gefahr, daß wir den gleichen Weg gehen wie Sie, und daß die Währung völlig zusammenbricht. Aber ich glaube das doch nicht.

Vielleicht gibt es noch ein oder zwei kleine Geldentwertungen, und dann wird im letzten Augenblick der Franken gerettet. Allerdings, wir sind noch nicht ganz so weit. Wir leben jetzt in einem Zustand des Übergangs (transition). Die Stunde ist noch nicht ganz gekommen, aber sie wird kommen.«

Ich: »Sie haben jetzt, Herr Präsident, in Bordeaux einen Vortrag gehalten, der allgemein besprochen wird. Ich beglückwünsche Sie dazu.«

Flandin: »Ja, aber er wird auch sehr angegriffen. Das berührt mich nicht, das muß ja so sein.«

Ich: »Es fällt mir auf, daß die Preise wieder ansteigen, und die Krise sich wieder mehr bemerkbar macht.

Besonders die Beamten sind schlecht daran. Sie haben doch wohl nur 10 % Gehaltsaufbesserung erhalten und die Preissteigerung beträgt schon 60 %.«

Flandin: »Jawohl, bei den Beamten fängt es an, aber das ist nicht so schlimm, denn die Beamten haben ein verhältnismäßig hohes Gehalt bezogen. Sie bemerken es noch nicht so sehr. Entscheidender ist die Lage der Arbeiter, und Sie wissen ja, daß bei der Inflation die Preissteigerung immer langsamer vor sich geht als die Geldentwertung. Es bleibt da eine gewisse Marge und die bewirkt, daß bei der Inflation vorübergehend die Kaufkraft der Arbeiter steigt und sie das Gefühl eines gewissen Wohlstandes bekommen, während bei der Deflation, zumal wenn sie brutal vorgenommen wird, es umgekehrt ist.

Die Preissenkung folgt der Lohnverkürzung nach. Deshalb ist die Deflation so schwer durchzuführen und so unpopulär. Dazu kommt noch, daß wir überhaupt durch unsere zu starke Zentralisation ein falsches System haben. Der Briefträger auf dem Lande bekommt das gleiche Gehalt wie der Briefträger in Paris. Da kann der Briefträger auf dem Lande natürlich gut von leben, aber nicht der Briefträger in Paris.

Wir haben auch viel zu viel Beamte. Die passive Handelsbilanz nehme ich nicht so sehr tragisch. Hier findet durch den Touristenverkehr schon ein gewisser Ausgleich statt. Die sinkende Produktion ist schon ernster zu nehmen. Das Entscheidende aber ist, daß wir das Budget nicht in Einklang bringen können. Wir brauchen im Jahre 1938 mindestens 3 Milliarden Papierfranken monatlich und wir wissen nicht, woher wir sie nehmen sollen.«

Ich: »Liegt das dran, daß die Steuerzahler kein Vertrauen haben und die Steuern nicht richtig hereinkommen?«

Flandin: »Nein, es liegt nicht am schlechten Willen, sondern die Leute können einfach nicht mehr, denn es sind keine Ersparnisse mehr da. Wir werden deshalb zu unpopulären Maßnahmen schreiten müssen. Wir müssen Ersparnisse machen und das Land wird es verstehen.«

Ich: »Wie denken Sie sich denn die Weiterentwicklung? Bei uns in Deutschland nennt man oft zwei Namen aus Ihrer Partei, nämlich Ihren Namen und den von Paul Reynaud, und wenn man den Namen von Paul Reynaud nennt, so knüpfen wir daran gewisse Besorgnisse.«

Flandin: »Ja, wir sind beide von der gleichen Gruppe, trotzdem, es ist eigenartig, sind wir eigentlich in allen Punkten verschiedener Ansicht. Das ist delikat auszusprechen, aber ich möchte Ihnen gegenüber ganz offen sein. Es ist ja auch bekannt.«

Ich: »Die Besorgnisse, die wir bei Paul Reynaud haben, liegen darin, daß er offenbar in der Frage Deutschland-Frankreich zu pessimistisch eingestellt ist.«

Flandin: »Jawohl, das ist seine fixe Idee. Er meint, die kriegerische Auseinandersetzung mit Deutschland müsse doch einmal kommen, und so sehen wir ihn im Bunde mit Männern wie Kerillis und Mandel. Welch merkwürdige Freundschaft! Paul Reynaud ist so intelligent und Kerillis ist so wenig intelligent! Bei Mandel versteht man den Deutschenhaß.

Das Land empfindet das alles, und ich glaube, daß es sich deshalb allmählich von Reynaud abwendet. Er hat neulich große Schwierigkeiten bei seiner Wiederwahl gehabt, und doch ist er Kandidat im 2. Arrondissement von Paris, der als der sicherste Wahlbezirk gilt, er ist aber nur mit größten Schwierigkeiten gewählt worden.

Er entwickelt sich eben zu stark nach der Linken

und seine eigenen Freunde und Wähler werden an ihm irre. Das Land will einen anti-deutschen Kurs nicht. Aber auch sein Eintreten für die Devalvation hat ihm letzten Endes mehr geschadet als genützt; denn heute erkennt man, daß auch die sogenannte dirigierte Devalvation die Lage nicht gemeistert hätte und heute nur noch Sparmaßnahmen und eine wirkliche Sanierung uns retten kann.«

Wir kamen dann auf die Außenpolitik und die Beziehungen zu Deutschland zu sprechen.

Flandin: »Man muß nur genau sehen, was Deutschland will.«

Ich: »Der Führer habe doch genug Garantien gegeben und erklärt, daß es keine territoriale Frage gäbe, so wichtig sie sein möge, die einen Krieg wert wäre. Das müsse doch genügen. Er habe in Deutschland gesehen, wie weit der Verständigungswille gediehen sei, und daß insbesondere in der deutschen Jugend und in der Frontkämpferbewegung starke Faktoren für den Verständigungswillen gegeben seien.«

Flandin: »Ich begrüße sehr die deutsch-französische Verständigung.«

BESPRECHUNG MIT MINISTERPRÄSIDENT CHAUTEMPS
MITTWOCH, DEN 16. FEBRUAR 1938
18.30 UHR IM HOTEL MATIGNON

Die Unterredung war durch Herrn Rechtsanwalt Ribardière vermittelt, der ein persönlicher Freund von Chautemps ist. Herr Ribardière begleitete mich. Chautemps war an einer Grippe erkrankt und hatte vorher einige Tage das Bett hüten müssen. Trotzdem hatte er sich für den Abend frei gemacht. Er stand mir zu einer längeren Aussprache zur Verfügung. Der Empfang war herzlich.

Wir unterhielten uns zunächst über persönliche Dinge,

namentlich über die Prozesse, die ich vor dem TAM geführt hatte. Ich sagte ihm, daß ich Dutzende Male in diesem selben Raum, in dem wir uns befanden, plädiert hätte und schon 1921 an der gleichen Stelle in dem großen Prozeß Pont à Mousson gegen Thyssen die These von der deutschen Vaterlandsliebe im Kriege als Force majeure morale verfochten hätte.

Er sagte, das sei alles sehr interessant und freue sich, daß ich in diesem Haus kein Unbekannter sei. Ob ich das Haus verändert fände?

Ich sagte, es ist jetzt alles viel sauberer und neu gemacht, aber sonst hat sich nichts geändert. Er sagte, früher habe der Ministerpräsident sein Büro im Quai d'Orsay gehabt, und ich bemerkte, ich kenne auch diese Räume. Ich sei dort 1923/1924 von Poincaré und Herriot hintereinander empfangen worden. Wir sprachen dann von Poincaré und Herriot. Poincaré habe alle Prozesse gekannt, er sei der ausgesprochene Jurist gewesen, mit fabelhaftem Gedächtnis. Herriot aber sei 1924 zu der großen Entspannung berufen gewesen, die man damals als eine neue Aera empfunden hätte.

Chautemps sagte: »Ich war 1924 auch Minister und ich entsinne mich dieser Entspannung noch sehr genau. Schade, daß die Entspannung noch keine vollständige sein konnte. Die Zeit war damals noch nicht reif.«

Nach dieser Unterhaltung, die mehr persönlichen Charakter trug, kamen wir auf die neuen Vorgänge zu sprechen. Chautemps fragte mich: »Was hat sich denn eigentlich in Deutschland am 4. Februar ereignet?« Ich sagte: In Deutschland hätte sich alles in größter Ruhe vollzogen. Es sei nur ein Personalwechsel vorgenommen, wie man das in anderen Ländern auch oft gehabt hätte. Das sei doch der natürlichste Vorgang von der Welt und ein rein innerer Vorgang. Wir hätten uns darüber gewundert, daß man sich hierüber in Frankreich so aufgeregt hätte. Jedenfalls könnte ich versichern, daß, abgesehen von dem Personalwechsel, alles andere, was die französische Presse berichtet hätte, Wort für Wort falsch sei.

Er sagte: »Nun ja, die Presse, wir wissen das! Alles konzentriert sich jetzt auf die Behauptung, daß sogenannte Reinigungskommissionen bei Ihnen in Deutschland in der Armee tätig seien. Das wäre also dasselbe wie bei uns in der Kaiserzeit, als auch die Beamten und Soldaten auf ihre staatsbürgerliche Gesinnung untersucht wurden. Aber ich weiß, daß das ja alles nicht richtig ist.

Von all diesen Pressenachrichten sehe ich vollständig ab. Wir haben nur eine Besorgnis, nämlich die, daß jetzt bei Ihnen eine dynamische Jugend, ohne die nötige Erfahrung, allzu großen Einfluß gewinnen könnte, und es dann zu überstürzten Entscheidungen käme.«

Ich sagte: »Herr Ministerpräsident, wir empfinden die heutige Kritik in Frankreich als etwas Widerspruchsvolles. Hitler ist, als er zur Macht kam, sehr vorsichtig vorgegangen. Er hat die verschiedenen Dienste, die technische Erfahrung verlangten, zunächst unberührt gelassen. Damals sagte man: »Ja, Hitler will sicher den Frieden, aber er ist Gefangener der Reichswehr und der reaktionären Beamten. Heute sagt man: »Die Leute, die jetzt gegangen sind, waren doch immerhin konservative Elemente, die eine gewisse Mäßigung garantierten.«

Chautemps (lächelnd): »Das ist allerdings fein bemerkt, ich glaube, Sie haben recht.«

Wir kamen dann auf die neuesten Vorgänge in Österreich zu sprechen. Chautemps fragte mich: »Herr Grimm, wissen Sie Näheres über die Vorgänge in Österreich?« Ich erklärte: »Ich weiß nichts Näheres. Ich bin ja schon eine Woche in Frankreich. Ich kann nichts anderes sagen, als daß wir die Erklärung des Führers am 20. Februar abwarten müssen, und ich bin gewiß, daß die Worte des Führers eine große Klärung herbeiführen werden. Wenn nur die Presse nicht wäre, die immer alles verdirbt.«

Chautemps: »Jawohl, die Presse ist schlecht, aber ich kann es jetzt kaum ändern. Da ist eine besondere Angelegenheit, die mich beunruhigt, und ich möchte Sie ganz persönlich bitten, mir hier einen Dienst zu erweisen. Da ist hier in Paris so eine antideutsche Ausstellung. Davon hat

Ihre Presse in Deutschland großes Aufheben gemacht, und der Völkische Beobachter hat schon mehrere Artikel geschrieben. Ich habe wirklich alles getan, was in meiner Macht steht, um da einzuschreiten, aber Sie kennen doch unsere Gesetzgebung, ich kann so etwas nicht verbieten. Dann müßten erst unsere Gesetze geändert werden. Ich sehe das ja auch ein, daß das sehr unangenehm ist, und ich möchte gern die Gesetze ändern lassen, aber wir müssen da langsam vorgehen. Alles, was ich habe tun können, war, daß ich zunächst einmal einen Polizeibeamten dorthin geschickt habe.

Der hat ein paar belanglose Schriftstücke beschlagnahmt und ein Hitlerbild, das man da aufgestellt hatte, um dadurch zum Ausdruck zu bringen, daß alles das, was in den Schriftstücken stand, auf Hitler zurückzuführen sei, aber die Untersuchung hat ergeben, daß es sich um eine recht kleine Angelegenheit handelt. Sie brauchen nicht besorgt zu sein. Wir haben das ja nun einmal in Frankreich, im Lande der Freiheit. Denken Sie nur z. B. an die Weißrussen. Das ist eine große Kolonie, fast ein Staat im Staate. Schließlich haben sie sogar militärische Übungen gemacht, bis wir eingreifen konnten. Die Ausstellung geht von einem kleinen Kreis aus, und ist wirklich eine ganz unbedeutende Angelegenheit. Wenn Sie in Deutschland davon so viel schreiben, machen Sie doch dafür Reklame, und dann geben Sie der extremen Presse bei uns Anlaß, wieder Artikel über deutsche Einmischung etc. loszulassen, und der Krach ist da.«

Ich erwiderte: »Herr Präsident, ich kenne Ihre Gesetzgebung und sehe das alles ein, aber man darf diese Vorgänge doch auch nicht zu gering einschätzen. Die Tätigkeit dieser Comités ist geeignet, die Beziehungen zwischen Deutschland und Frankreich aufs schwerste zu vergiften.«

»Jawohl«, sagte Chautemps, »da ist so ein Thälmann-Comité und noch andere Comités und letzthin hat man auch mit Konferenzen begonnen. Da kommt aber kaum jemand hin, und mehr als 150 Personen kümmern sich nicht darum. Da hat, glaube ich, Moro Giafferi gesprochen oder sollte sprechen.«

Ich: »Jawohl, Moro Giafferi findet man überall. Ich kenne diese Bestrebungen deshalb so genau, weil ich in zwei antideutschen internationalen Prozessen plädiert habe, in Kairo und Chur, und es sind immer dieselben Kräfte, die da antideutsche Propaganda treiben. Moro Giafferi ist immer dabei.«

Chautemps: »Der hat aber doch nicht plädiert.«

Ich: »Aber in der Presse steht es, und das Ganze dient der Propaganda und Reklame. Wir haben in der Schweiz dieselben Erscheinungen vielleicht in noch stärkerem Maße gesehen, diese bösartigen Emigrantenartikel, und auch dort sagten die obersten Behörden mit Bedauern: Wir können es nicht ändern, weil die freie Gesetzgebung uns daran hindert. Aber ich meine, es müßten doch Mittel gefunden werden, diese ständige Vergiftung der öffentlichen Meinung zwischen zwei befreundeten Ländern zu verhindern. Da ist in Paris ein Comité, das sich Lica nennt (Ligue internationale contre l'Antisemitisme), das der Hauptdrahtzieher dieser Hetzpropaganda ist. Diese Lica hat ein kleines Wochenblättchen, ohne jede Bedeutung, »Le droit de vivre«, aber da kann man die Methoden dieser Hetze ganz genau feststellen.«

Chautemps: »Sie können versichert sein, daß ich die Dinge durchaus ernst nehme und Ihnen mein ganzes Interesse angedeihen lasse, ebenso der Präsident der Republik. Soeben hat mich noch der Präsident der Republik angerufen und mich gefragt, ob es denn keine Mittel gäbe, mit dieser antideutschen Ausstellung fertig zu werden. Sie können versichert sein, wir werden unser Möglichstes tun, aber ich bitte Sie persönlich, tragen Sie diese Sache doch auch einmal Herrn Reichsminister Dr. Goebbels vor, ob es nicht möglich sei, auf die besondere Lage hier Rücksicht zu nehmen und die scharfen Artikel, wie sie im Völkischen Beobachter standen, zu unterlassen.«

Die ganze Unterhaltung verlief in herzlicher Weise. Die Haltung des Ministerpräsidenten stach stark ab gegen die

120

aufgeregte Haltung der meisten Abgeordneten in diesen Tagen. Ich hatte nicht den Eindruck, daß Herr Chautemps durch die Vorgänge wegen Österreich irgendwie beunruhigt oder aufgeregt sei.

DER ANSCHLUSS ÖSTERREICHS
1938

Österreich war stets ein Kernland des deutschen Reiches gewesen und hatte ihm bis 1815, anschließend dem Deutschen Bunde bis 1866 angehört. Der 1938 vollzogene Anschluß war seit 1918 vom Volk unter jeder Regierung gefordert worden. Bereits 1919 hatten nach dem verlorenen Krieg die Deutsch-Österreicher unter einer sozialdemokratischen Führung auf Grund des von Wilson proklamierten Selbstbestimmungsrechts der Völker den Anschluß verlangt. Er war von den Siegermächten entgegen dem Willen der Bevölkerung aus machtpolitischen Erwägungen verboten worden. Noch 1931 hatte Frankreich den Wunsch des Deutschen Reiches, mit Österreich wenigstens eine Zollunion zu bilden, ebenfalls abgelehnt.

Der österreichische Staat, der sich 1938 auf Grund einer Volksabstimmung dem Dritten Reich anschloß, war vorher keineswegs eine Demokratie gewesen. Es handelte sich vielmehr um eine Diktatur, deren Träger, Bundeskanzler Dollfuß, mit Artillerie auf linksgerichtete Arbeiter und deren Wohnviertel hatte schießen lassen, ein Vorgang, für den sich bei dem Umbruch in Deutschland keine Parallele gezeigt hatte. Diese Diktatur erfreute sich nur deshalb der Wertschätzung der Westmächte, weil durch ihr Weiterbestehen der Anschluß und damit ein Machtzuwachs für das Deutschland Hitlers verhindert wurde.

Nun nahm man in einem Teil der Presse der Welt nicht davon Kenntnis, daß der Anschluß Österreichs von einem beispiellosen Sturm der Begeisterung begleitet und als Erfüllung einer Sehnsucht empfunden wurde, der auch der *Kardinal Innitzer bewegte Worte widmete. Für die französische Propaganda war es »die Vergewaltigung eines kleinen Volkes«. Auch die Augenzeugenberichte führender ausländischer Journalisten, die in Hitlers Wagenkolonne mitfuhren und die überwältigenden Freudenkundgebungen miterlebten, traten gegenüber den ablehnenden Berichten so in den Hintergrund, daß sie keine Wirkung ausübten.*

Für den Durchschnitts-Bürger in Frankreich stellte der Anschluß einen neuen Beweis für die Behauptung dar, daß Hitler durch seine Politik der Überraschungen den Frieden Europas gefährde, und daß es notwendig wäre, ihn in seine Schranken zurückzuweisen. Professor Grimm hatte größte Mühe, diesen Vorgang der Einigung, den das in dieser Hinsicht glücklichere Frankreich schon Jahrhunderte vorher erlebt hatte, als ein selbstverständliches Recht des deutschen Volkes darzustellen.

BERICHT ÜBER REISE NACH FRANKREICH AM 10. UND 11. OKTOBER 1938

I. Die internationale Lage

Der Rückschlag

Die öffentliche Meinung in Frankreich steht vollständig im Zeichen des Rückschlags. Die einen nennen das »malaise«, die anderen nennen es »Katzenjammer«. Es handelt sich um eine Erscheinung, wie ich sie bei jedem Besuch in Frankreich nach den großen außenpolitischen Entscheidungen und Etappen der Nachkriegszeit festgestellt habe. Nur ist der Rückschlag *nie so stark* gewesen wie heute.

Das ewige malaise

Dieses ewige malaise ist ein psychologisches Problem, begründet in der Psyche des französischen Volkes. Jeder, der die Entwicklung der letzten 20 Jahre in Frankreich verfolgt hat, mußte den Eintritt des malaise voraussehen.

Es hat sich auch prompt eingestellt nach jedem Fortschritt unserer Außenpolitik in den letzten 20 Jahren. So war es nach dem Londoner Abkommen und nach Locarno. Man sagte damals, Locarno sei auf Eis gelegt worden. So war es in besonders starkem Maße nach der Rheinlandräumung und den Septemberwahlen 1930. So war es aber auch nach der Saarabstimmung, wo sich doch alles so ruhig vollzog, und der Führer am 1. März 1935 in Saarbrücken eine so begütigende Rede gehalten hatte, immer wieder trat dieser moralische Rückschlag in Paris ein. Ich habe ihn auch 1935 sehr stark empfunden. Man hatte den Eindruck, daß das französische Volk schmollte (boudait) über den großen *Erfolg, den Deutschland in der Saarabstimmung erzielt* hatte.

Die Euphorie

Die Periode der Euphorie, d. h. der Freude über den erhaltenen Frieden, hat in Frankreich diesmal nur wenige Tage gedauert. In diesen wenigen Tagen, sagte man mir, hättet Ihr handeln müssen, hättet Ihr alles erreichen können. Das französische Volk war zu allen Opfern und zu jeder Verständigung mit Deutschland bereit. In dieser Zeit der Euphorie wagte keine Opposition die Freude zu stören. Alle hatten sich mit den Tatsachen abgefunden. Aber am 4. Tage setzte die Opposition schon ein.

Die Saarbrücker Rede

Der Rückschlag erreichte am Montag, dem 10. Oktober, den offensichtlichen Höhepunkt, als die Saarbrücker Rede des Führers bekannt wurde. Die Opposition nahm, anscheinend auf englischen Einfluß hin, der in der Pariser Presse groß ist, die Führerrede zum Anlaß einer scharfen Hetze. Man sagte: »Wir haben eine Entspannung und freundschaftliche Erklärung des Führers erwartet, und wir hören nun eine scharfe Rede, die zwar nicht gegen Frankreich, aber gegen England gerichtet ist. Aber diese Rede wird an der Grenze von Frankreich gehalten. Man erklärt, daß man die Grenzbefestigungen ausbauen wolle. Nunmehr werden alle diejenigen Lügen gestraft, die für den Frieden und die Verständigung gearbeitet haben.«

Bestürzung in den Kreisen der Verständigung

Es läßt sich nicht leugnen, daß diese Hetze in den Kreisen der Freunde des Friedens und der Verständigung eine große Bestürzung hervorgerufen hat. Man sagte: »Was macht Ihr? Ihr gebt ja unseren Feinden Waffen in die Hand. Wenn das so weitergeht, ist die Politik der Verständigung in Frankreich aus, und wir kommen schließlich doch noch zum Krieg.«

Die Hetze

Man gab aber auch zu, daß die Hetze offenbar von Moskau ausgehe. Sie hat schon vor der Saarbrücker Rede begonnen und die Saarbrücker Rede war nur eine Antwort auf diese Hetze.

Schwere Stellung der Regierung

Die Regierung Daladier, die in der ersten Freude über den erhaltenen Frieden eine starke Stellung hatte, ist heute wieder bedroht. Die Stimmung des Landes ist umgeschlagen. Jedenfalls in Paris. In der Provinz ist es noch nicht so schlimm. Es ist nun einmal so, daß in Frankreich die Stimmung schnell umschlägt. Genauso wie sie in den entscheidenden Tagen vor München sich plötzlich für den Frieden entschied, ist sie jetzt wieder ins Gegenteil umgeschlagen. Man sagt: Jetzt haben wir genug. Der Bogen ist überspannt. Wenn es denn sein muß, ziehen wir in den Krieg. Deutschland können wir nicht mehr trauen. Deutschland belügt uns, Deuschland ist nie zufrieden. Wenn man eine Konzession macht, kommt sofort die nächste Forderung. Deutschland erstrebt die Hegemonie. Unsere Freiheit ist bedroht.

Propaganda um die Saarbrücker Rede

Die Propaganda um die Saarbrücker Rede wird daraufhin abgestellt, daß Deutschland nunmehr den Anspruch erhebe, die demokratischen Staaten zu bevormunden und ihnen das Gesetz des Handelns aufzuzwingen. Man habe sich gegen die Opposition in England gewandt. Man wolle also den demokratischen Ländern verbieten eine Opposition zu haben. Das sei unmöglich. In England und Frankreich herrsche nun einmal die Meinungsfreiheit, und die Opposition müsse durch die gegenteilige Meinung des Landes selbst korrigiert werden. England und Frankreich würden sich nicht gefallen lassen, daß man sich in ihre inneren Angelegenheiten mische. Es gehe jetzt um die letzte Auseinandersetzung zwischen der Achse der autoritären Staaten und der Achse der demokratischen Staaten, und wenn der Kampf unvermeidlich sei, müsse er jetzt aufgenommen werden. Die Achse Berlin–Rom habe den Sieg davongetragen, nunmehr müsse die Lage wiederhergestellt werden.

Der Fall Flandin

Typisch für den radikalen Umschwung ist der Fall Flandin. Flandin, dessen mutiges Verhalten zur Rettung des Friedens zunächst allgemeine Anerkennung fand, ist in der öffentlichen Meinung in Ungnade gefallen, seitdem bekannt wurde, daß er ein Glückwunschtelegramm an den Führer gerichtet hat. Dieses Glückwunschtelegramm und das Antworttelegramm ist durch die Indiskretion marxistischer Postbeamten in die Hände des sozialistischen elsässischen Juden Grumbach gefallen, der den Inhalt der Telegramme in der Sitzung des Auswärtigen Ausschusses der Kammer verlesen hat. Die Telegramme wurden auch in der Humanité veröffentlicht. Die öffentliche Meinung ist erbost. Man schreit, das sei Verrat. Daß Flandin gleichzeitig auch an Macdonald und Chamberlain ein Telegramm gerichtet hat und an Mussolini, worin er lediglich seiner Freude über den aufrecht erhaltenen Frieden Ausdruck geben wollte, wird nicht mehr gehört. Bezeichnend sind die Austrittserklärungen aus der Kammergruppe Flandins, der Alliance démocratique. Jedenfalls sieht es im Augenblick so aus, als ob Flandin politisch erledigt wäre.

Einschüchterung der Friedenspolitik

Dieses Schicksal Flandins steht allen anderen Politikern warnend vor Augen, die am Frieden mitgearbeitet haben. Sie sind eingeschüchtert und wagen gegen den Umschwung der öffentlichen Meinung nicht aufzutreten. Sie erklären, es muß jetzt irgend eine Manifestation von Deutschland kommen, die die Lage wiederherstellt, sonst ist die Fortführung einer Friedenspolitik in Frankreich unmöglich.

Die Greuelpropaganda

Die Greuelpropaganda ist wieder im schönsten Gang. In der Woche vor München war es gelungen, das Volk einmal auf die Gefahr der falschen Nachrichten hinzuweisen. Jetzt ist der Gegenstoß da. Die Hetzer von links sagen dem französischen Volk »Siehst Du, was es mit den falschen Nachrichten auf sich hatte! Das war eine Ente von Deutschland, und die wirklichen Fälscher der öffentlichen Meinung werden von Deutschland beeinflußt. Das wahre Deutschland habt Ihr jetzt kennengelernt.«

Sudetendeutsche Hetze

Besonders schlimm ist die Presseagitation auf dem Gebiete des Sudetenproblems. Von der großen Freude der Bevölkerung über die Befreiung liest man in der Presse sozusagen nichts, dagegen kann man selbst in der Tagespresse die Meldung lesen: »Die deutschen Truppen fahren im besetzten Gebiet der Tschechen fort, sehr scharfe Requisitionen durchzuführen an Vieh, Lebensmitteln und dergleichen, wobei sie niedrige Preise zahlen. Die Sudetendeutschen sind darüber entsetzt. Sie rufen: Das hat uns aber Konrad Henlein nicht versprochen! Daß noch am Sonntag von den abrückenden Truppen drei Sudetendeutsche ermordet worden sind, findet man in der französischen Presse nicht. Dagegen wird bezüglich der Tschechen eine bewußte Mitleidspropaganda getrieben.

Mitleidspropaganda

Von dem Elend der Sudetendeutschen hat die französische Öffentlichkeit fast nichts erfahren. Dagegen sieht man täglich Bilder über die tschechischen Flüchtlinge. Sammlungen wurden veranstaltet, und zwar durch das Rote Kreuz. An der Spitze hat der Präsident Lebrun für die armen tschechischen Flüchtlinge 50 000 Franken gezeichnet.

Alle Deutschen sind nicht Nazis

Das Oeuvre veröffentlicht einen Artikel »Alle Deutschen sind nicht Nazis«, worin behauptet wird, daß 200 000 Sudetendeutsche, Sozialisten, Liberale und Katholiken, mit der Besetzung des Sudetenlandes durch die Deutschen nicht einverstanden seien und nunmehr ein neues Emigrationsproblem entstehe. Zum mindesten seien es über 50 000, die durch das deutsche Konzentrationslager bedroht seien, und die die Tschechoslowakei heute auch habe aufnehmen müssen. Für diese 50 000 sudetendeutschen Flüchtlinge müsse etwas geschehen.

Es ist kaum möglich, alle diese Lügen sofort zu berichtigen. Man hat den Leuten den Kopf schon wieder so verdreht, daß sie die Wahrheit gar nicht hören wollen.

Die Rundfunkpropaganda

Einer meiner Freunde sagte mir, es wäre höchste Zeit, daß die großen deutschen Sender regelmäßig, aufklärende, gute Berichte in französischer Sprache verbreiteten. Das französische Publikum sehnte sich ordentlich nach wirklicher Aufklärung über die Verhältnisse im Sudetengebiet, in der Österreichfrage usw. Man sei erstaunt, daß, wo wir doch die großen Möglichkeiten der Aufklärung hätten, hiervon so wenig Gebrauch gemacht würde.

Der wirkliche Grund für das malaise

Der wirkliche Grund für den Rückschlag der Stimmung in Frankreich ist nicht allein die kommunistische Hetzoffensive von Moskau, von der man mir sagte, daß sie mit sehr viel Geld neu eingeleitet sei. Es ist auch nicht der Ärger über die Saarbrücker Rede, die vielmehr Vorwand ist als eigentlicher Grund, der wirkliche Grund liegt in der Psyche des französischen Volkes. Nachdem die Kriegsgefahr beseitigt ist, wird dem Volk erst klar, was sich ereignet hat. Man bemerkt, daß die französische Politik eine ungeheure Niederlage erlitten hat und den wichtigsten strategischen Machtposten eingebüßt hat, den die französische Politik in Mitteleuropa durch die Tschechoslowakei besaß. Man empfindet es als Demütigung, als Abdankung, als Prestigeverlust, und man verlangt dafür eine Gegenleistung, die bisher nicht eingetreten ist.

Bildpropaganda

Die Lügenpropaganda zeigt sich auch in illustrierten Zeitungen, so z. B. bei der »Illustration«. Die »Illustration« hatte 1932, vor der Lausanner Konferenz, gefälschte Bilder über die Prachtbauten in Deutschland, besonders im Ruhrgebiet gebracht. Daraufhin hatte die Kölnische Illustrierte Zeitung auf meine Veranlassung eine Nummer herausgebracht, in der diese Fälschungen der Bilder der »Illustration« durch Gegenbilder klargestellt wurden. Der Hetzer gegen Deutschland war damals Ludovic Nodeau. Genauso gemein sind jetzt wieder die Hetzartikel von Ludovic Nodeau in der »Illustration«. Sie sind deshalb so gefährlich, weil sie in vornehmer Form präsentiert werden, und die »Illustration« in die weitesten Kreise dringt. So wird z. B. zum Artikel von Ludovic Nodeau vom 1. Oktober 1938 in der »Illustration« ein Bild gezeigt, das die Unterschrift trägt: »Tschechisches Geschäft in Cheb (Eger) geplündert durch die Deutschen«. Das Bild zeigt eine völlig zertrümmerte Fensterscheibe. Daneben befindet sich die Aufschrift: Miedersalon Else Riesenfeld, Anfertigung nach Maß. Es ist also offensichtlich ein deutsches Geschäft.

Mein Buch: Hitler et la France

In der nächsten Woche erscheint mein Buch: Hitler et la France bei der Librairie Plom. Der Zeitpunkt ist insofern günstig, als die Diskussion über die Erklärungen des Füh-

rers in vollem Gange ist. Wie das Buch sich auswirken
wird, kann man allerdings bei der starken Gegenwirkung,
die die Opposition versuchen wird, nicht übersehen.

BERICHT DER REISE
VOM 13. BIS 20. NOVEMBER 1938

Kriegshetze

Die Kriegshetze nimmt immer mehr zu. Die gegen die
Juden gerichteten Maßnahmen in Deutschland bilden den
Gegenstand einer unerhörten antideutschen Propaganda.
Zwar ist die Propaganda in Amerika und England noch
stärker als in Frankreich, aber die große Welle der Hetze
kommt jetzt auch in Frankreich heran und wird dort immer
heftiger. Man sagte, daß die amerikanischen Juden große
Geldbeträge nach Frankreich gebracht hätten, um im
Anschluß an den Fall vom Rath und die Judenmaßnahmen
in Deutschland eine ganz große Pressehetze zu entfachen.
Selbst eine Zeitung wie der Matin brachte am 13. November einen großen Artikel von Stephane Lauzanne und man
behauptete, daß der Matin allein hierfür 1 Million Franken
bekommen hätte. Auch der Intransigeant sah sich schließlich gezwungen, wenn er nicht in den Verdacht kommen
wollte, für Deutschland gekauft zu sein, ebenfalls einen die
Judenmaßnahmen in Deutschland mißbilligenden Artikel
zu bringen.

Die Kolonialfrage

Um die gleiche Zeit erhebt sich in Frankreich eine auffallend heftige Propaganda in der Kolonialfrage. Früher war
es so, daß die Franzosen scheinbar in der Kolonialfrage
Entgegenkommen zeigten und die Engländer Schwierigkeiten machten, jetzt auf einmal ist wie auf ein Kommando
eine deutsch-feindliche Propaganda in der Kolonialfrage in
Frankreich entfacht worden. Zum 22. November ist eine
Sitzung des Auswärtigen Ausschusses der Kammer einberufen worden, die hauptsächlich den Zweck hat, zu verhin-

dern, daß die Regierung Daladier sich bei dem englischen Ministerbesuch auf eine Diskussion der Kolonialfrage einläßt. Hier wird überhaupt die Regierung Daladier die ersten Schwierigkeiten wegen ihrer Außenpolitik bekommen.

Der Fall vom Rath

Die Überführung der Leiche vom Rath vollzog sich in würdigen Formen. Die französische Regierung und auch die französische Öffentlichkeit haben alles getan, um ihre Teilnahme zu bezeugen. Auch in der Prozeßvorbereitung bemühten sich die amtlichen Stellen, entgegenkommend zu sein. Auf der anderen Seite ist aber schon jetzt erkennbar, daß die Presse und die sonstigen politischen Kreise den Prozeß gegen den Mörder Grünspan zu einer ungeheuren Hetze gegen Deutschland benutzen werden, der rechtzeitig entgegengetreten werden muß.

Revanchestimmung

Die immer stärker werdende Hetze der Kriegspartei bemüht sich, eine Revanchestimmung in Frankreich zu schaffen. Wie man 1866 eine Revanche für Sadowa forderte, so fordert man heute eine Revanche für München. Immer mehr wird dem französischen Volke vorgehalten, daß Daladier in München kapituliert habe, daß Frankreich eine Demütigung erlitten habe, und daß es gar nicht nötig gewesen sei, nachzugeben.

Kriegsstimmung

Von einer Seite, die ich durchaus ernst nehme, hörte ich, daß man geradezu auf den Krieg hinarbeite, und daß weite Kreise in Frankreich sich mit dem Gedanken abgefunden hätten, daß der Krieg im März/April nächsten Jahres losbrechen werde. Die öffentliche Meinung in Frankreich sei so weit, daß man sich sage, wenn jetzt das geringste noch passiert, dann schlagen wir los. Diesmal geben wir nicht mehr nach.

Rückkehr zur Politik von München
Unsere Freunde, die nach wie vor am Gedanken der deutsch-französischen Verständigung festhalten, sagen mir »wir müssen zur Politik von München zurück. Warum zeigt Deutschland kein Entgegenkommen? Die Regierung Daladier ist nur zu halten, wenn sie irgendeinen außenpolitischen Erfolg hat, also irgendeine Erklärung Deutschlands, daß an der Politik von München festgehalten werden soll. Ihr müßt uns die Möglichkeit geben, dem französischen Volke zu sagen, daß die Politik von München doch richtig war und mit Aussicht auf Erfolg fortgesetzt werden kann.«

BERICHT UBER PARISER REISE
VOM 14.–18. DEZEMBER 1938

I. Außenpolitische Lage

Eindruck des Besuches des Reichsaußenminister von Ribbentrop
Der Gesamteindruck war der, daß die öffentliche Meinung in Frankreich noch ganz von dem außenpolitischen Problem beherrscht wird. Der Besuch des Herrn von Ribbentrop und die Unterzeichnung der deutsch-französischen Erklärung hat allgemein einen guten Eindruck hinterlassen.

Die italienische Krise
Die Entspannung, die auf den Besuch des Herrn von Ribbentrop folgte, ist allerdings durch die italienischen Forderungen in bezug auf Tunis und Korsika beeinträchtigt worden. Man fragte, wie es komme, daß gleichzeitig mit der Unterzeichnung der deutsch-französischen Erklärung die Vorgänge in Italien sich ereignet hätten. Man fragte, ob Deutschland das vorher gewußt und gebilligt hätte. Die öffentliche Meinung in allen Kreisen ist Italien gegenüber einig. Die nationale Einheit ist insoweit hergestellt.

Alle sagten mir in gleicher Weise: Gegen Italien würden wir mit Begeisterung ins Feld ziehen, während wir für die Tschechoslowakei uns nicht geschlagen hätten. Man findet die Forderungen von Italien auf der einen Seite lächerlich, auf der anderen Seite ist man darüber wütend. Viel bemerkt wurde der Studentenumzug, wo ein Schild getragen wurde: Venedig gehört uns auch. Aber hinter dem Ulk steht ein bitterer Ernst. Die Empörung gegen Italien ist allgemein.

Weitere Vorsicht für das deutsch-französische Verhältnis
Die Vorgänge in Italien haben der Entspannung doch mehr geschadet, als man auf den ersten Blick meinen könnte. Viele sagten mir, es war ja ganz schön, daß von Ribbentrop gekommen ist, aber wir beginnen allmählich zu begreifen, daß wir nie Ruhe bekommen. Was will denn Deutschland eigentlich? Dieses Wettrüsten, diese ewigen Forderungen! Das muß ja eines Tages doch zum Kriege führen.

Was will Deutschland?
Nun zerbricht man sich überall den Kopf, welches die nächste Forderung sein würde, die Deutschland stelle. Der erste Gedanke ist die Ausbreitung nach dem Osten und am meisten wurde über Memel gesprochen.

BERICHT ÜBER PARISER REISE
VOM 12.–18. MÄRZ 1939

Erster Eindruck
Die allgemeine Stimmung war bei meinem Eintreffen am Montag, dem 13. März, durchaus ruhig. Man erörterte die Probleme, mit denen man sich schon seit Monaten beschäftigt: Spanien, Italienische Forderungen, Präsidentenwahl, die innere Auseinandersetzung über den Fall Marty und die spanischen Flüchtlinge. Die Stimmung war wohl etwas schlechter, als ich sie voriges Mal angetroffen hatte, aber

durchaus ruhig. Die tschechische Frage wurde als überwunden angesehen, jedenfalls sah man sie nicht als einen Gegenstand der Beunruhigung an.

Erste Erörterung der tschechischen Frage

Am Dienstag, dem 14. März, begann man sich schon etwas mehr mit der tschechischen Frage zu beschäftigen. Das geschah aber in durchaus ruhiger Form. Am Mittwoch, dem 15. März, wurde die Diskussion zum ersten Male ernster, und zwar begann diese Diskussion schon am Vormittag, nach Erscheinen der Morgenblätter. Aber der erste Eindruck war auch jetzt noch der, daß diesmal die neue Krise ruhiger aufgefaßt werden würde, als alle früheren. Die Leute sagten: »Was geht uns die tschechische Frage an, ganz gleichgültig was damit passiert, wir sind uninteressiert. Es handelt sich nur um eine natürliche Auswirkung der Ereignisse vom vorigen September.«

Umschlag der Stimmung

Am Mittwoch, dem 15. März, mittags, nach Erscheinen des Paris Midi, schlug die Stimmung um. Ich war noch zum Mittagessen bei Herrn Germain Martin eingeladen. Herr Germain Martin sagte: »Ich habe schon alle möglichen Telefongespräche bekommen. Die Leute fangen an, sich wieder aufzuregen. Ich bin der Auffassung, daß kein Grund zur Aufregung gegeben ist. Wir müssen eben abwarten, man sieht noch nicht klar.«

Vergleiche mit früheren Stimmungen

Ich bin seit Ende des Krieges fast an allen Krisentagen in Paris gewesen und habe die Stimmung miterlebt. Sie war am aufgeregtesten in den Zeiten des Ruhrkampfes 1923. Sie war aufgeregt bei der Wiederbesetzung der Rheinlande am 7. März 1936, zur Zeit des Anschlusses und in den Septembertagen. Diesmal schien sie in der Form und in den Gefühlsäußerungen ruhiger als früher, so daß ein Beobachter, der nicht die Gewohnheit und die Erfahrung hat, die französische öffentliche Meinung zu beurteilen, auf den

Gedanken kommen konnte, daß diesmal alles noch viel besser gehen würde als früher. Dieser Eindruck wurde noch dadurch verstärkt, daß niemand an eine unmittelbare Kriegsgefahr dachte.

In Wirklichkeit aber war der Umschlag der französischen Stimmung viel ernster diesmal und er ist vielleicht tiefgehender als jemals zuvor. Das gilt namentlich für die Stimmung bei unseren Freunden, d. h. bei allen denen, die die deutsch-französische Verständigung wollen und an dem Kurs von München festhalten wollten.

Die Politik von München ist tot

Die öffentliche Diskussion der Tage vom 15.–17. März, die ich in allen einzelnen Phasen miterlebt habe, läßt sich in die Formel zusammenfassen: München ist tot. Es gibt keine irgendwie ernst zu nehmende Gruppe der öffentlichen Meinung in Frankreich augenblicklich, die an der Politik von München noch festhält. Am bittersten sprechen sich gerade unsere Freunde aus. Sie müssen sich heute entschuldigen. Sie ziehen sich darauf zurück, daß sie guten Glaubens gewesen seien; sie beklagen sich, daß sie getäuscht worden seien.

Die Karte Paris

Wenn wir bisher in der internationalen Diskussion noch eine Karte Paris hatten, die bei den Berechnungen der internationalen Politik als ein Positivum gebucht werden konnte, so müssen wir uns darüber klar sein, daß diese Karte heute ausgespielt ist. Wir haben keinerlei Rückendeckung mehr in Frankreich, jedenfalls im Augenblick. Wenn morgen eine neue Septemberkrise eintreten würde, würde weder Flandin noch Pomerat noch irgend jemand in Frankreich es wagen, für den Frieden mit Deutschland einzutreten.

Der 23. März

Man rechnet damit, daß am 23. März nun das entscheidende Ereignis eintritt und Italien mit seinen Mittelmeerforderungen hervortritt. Man sagte mir allgemein, wenn dann Deutschland für Italien eintreten sollte, bedeutet das den allgemeinen Weltkrieg binnen 14 Tagen.

Allgemeiner Fatalismus

Die allgemeine Stimmung in Paris geht dahin: Der Weltkrieg ist unvermeidlich und kommt, wenn nicht ein Wunder geschieht, spätestens im Jahre 1940. Man nennt 1940 die Année anglaise, das englische Jahr, in dem England mit seinen Rüstungen fertig ist und seine Abrechnung mit der Achse beginnt. Man hat sich allgemein mit der Tatsache abgefunden, daß dieser Krieg unvermeidlich sei, wie schrecklich auch die Folgen sein würden. Den jetzigen Zustand der Ungewißheit, der alle Geschäftstätigkeit lähmt, ist man leid. Man glaubt, keine andere Möglichkeit mehr zu sehen, aus diesem Zustand herauszukommen.

Juristische Diskussion

Die juristische Diskussion spielt keine Rolle. Ich bin allerdings wiederholt gefragt worden, wie ich über die Ereignisse denke. Man wirft Deutschland vor,

1. das Münchener Abkommen, 2. den Vertrag von Wien, 3. die Pariser Erklärung vom 6. Dezember 1938 gebrochen zu haben. Man gibt aber zu, daß formaljuristisch alle möglichen Erörterungen möglich seien. Man gibt namentlich zu, daß die Garantieerklärung für die tschechische Grenze nicht definitiv geworden sei und daß es auch zweifelhaft sein könne, ob eine Konsultativverpflichtung im Sinne der Erklärung vom 6. Dezember 1938 bestehe. Das alles ist aber nicht wesentlich. Das wesentliche der Erörterung war immer das psychologische Element. Es ging dahin: Wir haben an Hitlers Erklärung geglaubt, daß er keine neuen territorialen Ansprüche mehr stellen würde und sich auf die Schaffung der deutschen Einheit beschränken würde. Jetzt sehen wir, daß unser Vertrauen getäuscht ist. Jetzt hat Hitler den Rassestandpunkt (das Selbstbestimmungsrecht) verlassen und das gefährliche Gebiet des »Lebensraumes« betreten. Da gibt es kein Aufhalten mehr, das ist

reiner Imperialismus und Eroberungspolitik. Er will jetzt das Heilige Römische Reich Deutscher Nation wiederherstellen. Jetzt können wir auch nicht mehr glauben, daß er nach Eroberung des Ostraumes sich nicht mehr gegen den Westen wendet und Elsaß-Lothringen wieder verlangt.

Gegenargumente

Es war für uns Deutsche schwer, in der Diskussion Gegenargumente vorzubringen, und auch unsere Freunde, wie de Brinon, beklagen sich darüber, daß sie keinerlei Information hätten und keinerlei Argumente, wie man das jetzige deutsche Vorgehen vor der französischen Öffentlichkeit begründen sollte. Die Wohlmeinenden sagten daher, man müsse abwarten, welche Erklärung der Führer in seiner großen Reichstagsrede, die man erwartete, für das deutsche Vorgehen geben würde; vielleicht würde dann noch eine Entspannung möglich sein. Dasjenige Argument, was den Franzosen gegenüber noch am meisten Eindruck machte war das, daß man auf die schweren Fehler von Versailles hinwies und dann hinzufügte, daß die französische Politik einen zweiten Fehler begangen hätte, indem sie es versäumt habe, von der Revisionsklausel des Artikel 19 des Versailler Vertrages Gebrauch zu machen. So sei es schließlich eben zur deutschen Revision gekommen, nachdem die deutsche Politik nach jahrelanger Geduld hätte einsehen müssen, daß sie nur durch eigene Kraft die Revision erzwingen könnte.

Das Comité France–Allemagne

Am Dienstag, dem 14. März, fand eine Vorstandssitzung des Comité France–Allemagne statt. Scapini hat bekanntlich aus innerpolitischen Gründen seinen Vorstandsposten zur Verfügung gestellt. Zur Neuwahl ist es nicht gekommen. Man hoffte aber, daß sie bald stattfinden werde und glaubte, daß Henri Haye voraussichtlich den Vorsitz annehmen würde. Als diese Sitzung stattfand, war die Stimmung noch nicht so schlecht. Ich sprach hinterher mit de Brinon und Jean Goy und beide berichteten mir, daß in der Sitzung doch schon ein sehr starkes malaise geherrscht habe. Insbesondere beschwerte man sich darüber, daß das Comité nicht genügend unterrichtet würde.

Die Haltung von Kerillis

Kerillis schreit am lautesten. Er hat schon im Kammerausschuß für Auswärtige Angelegenheiten die sofortige Abdankung von Bonnet verlangt und wiederholt diese Forderung aufs schärfste in seiner Zeitung Epoque.

Nationale Einigung

Die nationale Einigung ist in Frankreich vollzogen. Man sagte dies schon mit Rücksicht auf die italienischen Forderungen. Jetzt ist dies noch mehr der Fall. Man darf sich darüber keiner Täuschung hingeben.

Strategische Gründe

Bei dem Suchen nach einer Begründung für das Vorgehen Deutschlands wurde mir auch die Meinung vorgetragen, daß nur strategische Gründe die Handlung des Führers bestimmt haben könnten, weil weder wirtschaftliche noch politische Gründe in Frage kommen könnten. Man habe durch die Wegnahme der Tschechei einmal die Grenze verkürzen und ein letztes Widerstandszentrum, das im Falle eines generellen Krieges hätte gefährlich werden können, beseitigen wollen und dabei 1500 Flugzeuge, eine gute Artillerie und eine wichtige Kriegsindustrie gewonnen. Man fragte sich, ob dieser strategisch-militärische Vorteil den politischen Einsatz Wert gewesen wäre und fügte hinzu, daß, wenn strategische Erwägungen die politischen Erwägungen überwogen hätten, das eigentlich ein Zeichen dafür wäre, daß der Weltkrieg schon begonnen hätte.

BERICHT ÜBER
PARISER REISE VOM 17. BIS 19. AUGUST 1939

Stimmung

Der erste Eindruck war wieder derselbe wie das letzte Mal,
nämlich, daß erstaunlicherweise im Gegensatz zu früheren
Jahren die Stimmung in Paris ruhiger war als in Deutschland. Es ist ausgesprochene Ferienstimmung, und die allgemeine Haltung der Bevölkerung ist ruhig und gefaßt.
Man hat sich mit der Möglichkeit des Krieges abgefunden
und ist dazu bereit. Trotzdem glaubt innerlich die Mehrheit der Bevölkerung nicht an den Krieg.

Der Nervenkrieg

Jeder Mensch spricht vom Nervenkrieg, aber alle sagen
das ja schon, diesmal fallen wir nicht drauf rein. Die Sep-
tember-Methoden ziehen nicht mehr. Wenn es zum Krieg
kommt, haben wir den längeren Atem, Geld und Rohstoffe;
dann wird es wieder so werden wie 1914–1918. Und
schließlich werden wir doch siegen.

Das Danziger Problem

Alle sagen, »Ihr habt in Danzig Recht; aber es ist nun mal
seit Prag das Mißtrauen da. Infolgedessen müssen wir
Euch Halt gebieten, selbst, wenn Ihr im Recht seid.« Dieses
Mißtrauen kann man keinem Franzosen ausreden. Es ist
eine Tatsache, mit der wir absolut rechnen müssen. Insofern hat sich die innere Einstellung seit dem letzten Mal
eher noch versteift.

Auf England kommt es an

Alle sagen, auf England kommt es an. Wenn England
Krieg machen will, dann gibt es eben Krieg, und dann ziehen wir mit. Lieber ist es aber allen, wenn England nicht
Krieg machen würde. Es ist ganz offensichtlich, daß die
entscheidende Schlüsselstellung nicht Paris, sondern London ist.

Die Sackgasse

Jeder sagt, wir sind in eine Sackgasse geraten (impasse). Keiner sieht einen Ausweg. Man fängt an zu bereuen, daß man sich so festgelegt und alle Brücken abgebrochen hat, und daß die Polen Blankovollmacht haben, den Krieg zu entfesseln.

Greuelpropaganda

Die Nachrichten über die polnischen Übergriffe werden von vornherein dadurch entwertet, daß man sagt, es handele sich hier um bestellte Arbeit, um Greuelpropaganda, wie wir sie von der Tschechenzeit her schon kennen. Eine gute Aufklärung über die wirklichen Vorgänge in Polen tut not.

1940

Als Professor Grimm im Juni 1940 nach Paris zurückkehrte, fand er eine völlig veränderte Situation vor. Das Ausmaß der Veränderungen ist für alle Leser, die diese Zeit nicht miterlebt haben, unvorstellbar. Die größte Militärmacht des Kontinents, die auch von vielen deutschen Offizieren alter Schule als unüberwindbar angesehen wurde, war in 6 Wochen völlig ausgeschaltet worden. Die mit gewaltigen Kosten errichtete Maginot-Linie hatte sich als unnütz, ja als schädlich erwiesen. Der französische Soldat, der durch seine Tapferkeit 1914–1918 die Hochachtung der deutschen Frontsoldaten erworben hatte, und der bei Verdun, an der Somme und in der Champagne mit größter Todesverachtung gekämpft hatte, hatte diesen Krieg offensichtlich nicht als seine Sache empfunden.

Der Unterschied, der zwischen den geschlagenen und demoralisierten französischen Truppen und den körperlich in hervorragender Form befindlichen, begeisterten und zu allgemeiner Überraschung auch höflichen und hilfsbereiten deutschen Soldaten bestand, war eklatant. Eine schwache Vergleichsmöglichkeit gibt die Begegnung selbstbewußter, wohlernährter amerikanischer Soldaten mit Angehörigen der geschlagenen Wehrmacht im Mai 1945. Aber dieser Gegensatz wirkte nach jahrelangem Bombardement, nach Entbehrungen und einem Ausbluten bis zum letzten Tropfen nicht mehr so überraschend. Für die Franzosen des Jahres 1940 war jedoch unmittelbar aus einem Siegestraum heraus die Welt zusammengebrochen. Nach einem »Drôle de Guerre« hatte sich die angeblich schlecht ausgerüstete, laienhaft geführte und angriffsunlustige Wehrmacht als das modernste Instrument der Kriegsführung erwiesen, das es zu diesem Zeitpunkt auf der Welt gab.

Das Benehmen der Offiziere und Soldaten der Fronttruppe in den Wochen nach dem Sieg war musterhaft. Die Franzosen, die an ihre eigene Greuelpropaganda geglaubt hatten, reagierten auf diese sie überraschende Tatsache mit einem heute ebenfalls unglaubhaften Entgegenkommen. Die Standkonzerte der deutschen Truppen wurden von dichtgedrängten Zuschauermassen mit begeistertem Beifall aufgenommen. In den Quartieren herrschte überwiegend ein freundliches Verstehen, das durch die Hilfsbereitschaft der deutschen Soldaten noch unterstützt wurde. Die Vernichtung eines Teiles der französischen Flotte durch die Engländer bei Oran hatte eine Woge der Englandfeindlichkeit hervorgerufen. Ihre Anfänge entstanden schon bei Dünkirchen, wo sich das englische Expeditionsheer unter dem Schutz französischer Divisionen fast vollständig zurückgezogen hatte.

Hinzu kam, daß die Waffenstillstandsbedingungen großzügiger ausgefallen waren, als die Franzosen es gefürchtet hatten. Im Gegensatz zu dem Waffenstillstand von 1918 enthielten sie keine ehrenkränkenden Bestimmungen. Es gab in diesen Wochen nach dem französischen Zusammenbruch französische Politiker, die ein Eingreifen Frankreichs gegen England an der Seite Deutschlands nicht für unmöglich hielten. Die Anhänger einer deutsch-französischen Verständigung, die nach Kriegsausbruch harten Repressalien ausgesetzt waren, trugen ihren Kopf wieder höher. Sie sahen ihre Beurteilung der deutschen Möglich-

keiten als gerechtfertigt an. Als gute Franzosen hatten sie
nun das Bestreben, ihren Einfluß zur Erreichung eines
günstigen Friedens und zugunsten ihrer gefangenen
Landsleute einzusetzen.

Die territoriale Drohung, die damals über Frankreich
lag, ging nicht vom Deutschen Reich, sondern von Italien
aus. Der ehemalige italienische Verbündete, der »lateini-
sche Bruder«, hatte schon vor Kriegsausbruch Ansprüche
auf Tunis, Nizza und Korsika angemeldet. Diese Kriegs-
ziele Italiens haben klare deutsche Entscheidungen behin-
dert und zu einer Politik der Unentschiedenheit beigetra-
gen, die zu einer ständigen Verstärkung des französischen
Mißtrauens führte.

PROFESSOR GRIMMS RÜCKKEHR NACH PARIS NACH DEM FRANKREICH-FELDZUG

Nach der Besetzung von Paris im Juni 1940 habe ich
meine Tätigkeit als freier Berater der Deutschen Botschaft
in Paris in der gleichen Weise fortgesetzt, wie ich sie
seit Jahren schon vor dem Kriege ausgeübt hatte. Ich
habe Kontakte mit führenden Persönlichkeiten gepflegt,
Ratschläge erteilt, Beobachtungen gemacht und meine
Erfahrungen und Eindrücke in Berichten zusammengefaßt.

Meine Rolle war nach wie vor eine private, obwohl
ich zur Erleichterung meiner Reisen einen diplomatischen
Paß als Generalkonsul erhielt. Ich blieb Rechtsanwalt in
Berlin und kam nicht häufiger nach Paris als vor dem
Kriege.

Arbeitsziel für 1940

Das Ziel aller deutschen Politik in Paris mußte für das Jahr
1940 sein:

Für den deutschen Sieg zu arbeiten, denn es war nun
einmal Krieg.

Den deutschen Besatzungsbehörden mit Rat und Tat

zur Seite zu stehen, damit möglichst wenig Fehler bei der Verwaltung der besetzten Gebiete gemacht wurden.

Einen möglichst gerechten und guten Frieden vorzubereiten.

Demgegenüber habe ich schon am 19. Juni 1940, wenige Tage nach der Besetzung von Paris, in einem ersten Bericht die Forderung aufgestellt: »Ihr müßt den Frieden gewinnen!« In diesem grundlegenden Bericht, der auf deutscher Seite überall starke Beachtung fand, faßte ich meine »Eindrücke und Anregungen«, die ich aus vielen Gesprächen mit bewährten Freunden gehabt hatte, zusammen, und betonte nochmals, daß es mein Bestreben sei, in diesen Berichten die Ansichten der Franzosen, mit denen ich gesprochen hatte, unmittelbar wiederzugeben, und zwar mit möglichster Genauigkeit. Oberstes Ziel für unsere Besatzungspolitik müsse es sein, das Vertrauen des französischen Volkes zu gewinnen. Die französische Öffentlichkeit erwarte von dem autoritären deutschen Staat eine gewisse Strenge. Die Deutschen müßten zeigen, daß sie wüßten, was sie wollten. Aber die Stärke müsse immer gerecht sein und sich in guter Form zeigen.

Das Besatzungsproblem war für mich ein sehr schwieriges Problem, das eine sehr delikate Lage schuf und mit Takt und Zurückhaltung behandelt werden mußte. Es käme darauf an, die französische Gegenliebe und das Prestige zu schonen.

Amnestie für politisch Verfolgte empfohlen

Demgemäß ging die allgemeine Tendenz meiner Berichte dahin, daß man mit Mäßigung und Wohlwollen auftreten, der Bevölkerung gegenüber Entgegenkommen üben und Großmut und Großzügigkeit zeigen solle. So empfahl ich zu Beginn der Besatzung eine Amnestie der politischen Verfolgten einschließlich der Kommunisten. Ich trat immer für die Milderung der Besatzungsbeschwerden und Behebung von Mißständen ein sowie für soziale Gerechtigkeit. Als die Sabotageakte aufkamen und die Frage der deutschen Sanktionen hiergegen akut wurde, erklärte ich mich von Anfang an gegen Kollektiv-Strafen, durch die Unschuldige getroffen würden. Strenge Maßnahmen dürften nur in ganz klaren Fällen getroffen werden.

Offene Kritik an Fehlern der Besatzungsmacht

Deshalb war mein ganzes Bestreben darauf gerichtet, das meinige dazu beizutragen, daß Fehler vermieden oder wieder gutgemacht würden. Immer wieder fragte ich auch, ob Fehler begangen worden wären, und wie ihnen abgeholfen werden könnte. Ich kritisierte offen solche Fehler, wie z. B. bei der Presse und warnte vor übermäßigem Beschlagnahmen von Rohstoffen und vor zu harten Requisitionen. Ich wies darauf hin, daß wir für Arbeitsbeschaffung und Versorgung der Bevölkerung mit Lebensmitteln und Kohlen sorgen und den Schleichhandel und Schwarzen Markt und die Ausplünderung der Bevölkerung durch übertriebenen Einkauf der Soldaten bekämpfen müßten.

Objektive Berichterstattung

Ich bemühte mich in meinen Berichten objektiv zu sein. Ich gab deshalb alle Meinungen, die mir beachtlich schienen, wieder, auch widersprechende Ansichten. Ich war realistisch und gab mich keinen Illusionen hin. Ich bemühte mich, die Dinge so zu schildern, wie sie waren. So meldete ich jede Verschlechterung der Stimmung und die Gründe, die mir hierfür genannt wurden. Ich scheute mich nicht, auf die Schwäche der Kollaborations-Partei hinzuweisen und verhehlte nie den Ernst der Lage. Ich hatte Verständnis für alle Okkupationsbeschwerden, um so mehr als ich die gleichen Probleme anhand der Rhein- und Ruhrbesetzung und an der Saar von der umgekehrten Seite her kennengelernt hatte, also Vergleiche anstellen konnte. Diese Erfahrungen von Rhein und Ruhr usw. ermöglichten es mir aber auch, berechtigte Beschwerde von Meckerei und böswilliger Propaganda zu unterscheiden.

Ich trat besonders dafür ein, daß möglichst bald klare

Verhältnisse geschaffen würden, damit die Franzosen wußten, woran sie wären. Es gab viele Deutsche, die der Meinung waren, man müsse die Franzosen im ungewissen lassen, und dadurch ihre Verwirrung und Ohnmacht steigern. Sie würden dann nie mehr gefährlich werden können. Ich bin dieser Ansicht immer scharf entgegengetreten. Immer wieder wurde uns von wohlmeinenden Franzosen die Frage gestellt: »Was wollt Ihr?« Die Frage war schwer zu beantworten. Ich bemühte mich, eine Antwort hierauf zu geben, so gut es ging und schlug vor, wenigstens klar zu sagen, was wir nicht wollten.

Besondere Aufmerksamkeit schenkte ich der Frage der Kriegsgefangenen und trat dafür ein, daß in diesem Punkte der französischen Bevölkerung gegenüber weitgehendstes Entgegenkommen geübt würde.

Der Politik von Vichy und der Person des Marschalls Pétain, der Clique Alibert und selbst Laval habe ich immer kritisch gegenübergestanden. Es war für mich immer eine Politik des Doppelspiels (double jeu), der gegenüber Vorsicht geboten war.

BESPRECHUNG MIT MINISTERPRÄSIDENT PIERRE LAVAL IM HAUSE VON MARCEL RIBARDIÈRE AM 28. AUGUST 1940

Einführung

Ich wurde von Marcel Ribardière zum Mittagessen eingeladen und traf dort Pierre Laval an. Wir waren 2 $\frac{1}{2}$ Stunden allein. Herr Ribardière zog sich nach dem Essen zurück. Es kam deshalb zu einer sehr gründlichen Aussprache.

Laval begann das Gespräch mit den Worten: Herr Grimm, ich habe schon sehr viel von Ihnen gehört und ich hatte das Bedürfnis, einmal Ihre Bekanntschaft zu machen. Namentlich Eugène Frot hat mir viel von Ihnen erzählt, und er sagte mir neulich in Vichy, daß Sie hier seien. Ich begrüße deshalb die Gelegenheit, mich mit Ihnen auszusprechen. Sie werden verstehen, daß ich mich in einer delikaten Lage befinde. Unser Land ist besiegt, die Niederlage ist so schlimm, wie wir sie in unserer ganzen Geschichte noch nicht erlebt haben. Wir sind uns dessen sehr klar bewußt, ich jedenfalls. Ich weiß, daß Sie Frankreich vollständig zertrümmern können, wir können es nicht verhindern. Ich war von vornherein gegen diesen Krieg. Ich wußte, daß er unser Verderben sein würde. Denken Sie einmal: Ein Volk, das dem Gegner 2 Millionen Gefangene überlassen hat und demgegenüber auf der anderen Seite so wenig Tote und Verwundete, dieses Volk wollte nicht kämpfen. Ich habe das alles ganz klar gesehen.

Kein Kriegsziel
Wir hatten eben kein Kriegsziel. Der französische Soldat schlägt sich gut, wenn er weiß, wofür. Er kämpft, wenn er Haus und Scholle zu verteidigen hat. Das hatten wir nicht. Man sagte den Soldaten: Ihr kämpft für die Demokratie gegen Faschismus und autoritäres System. Damit konnte der französische Soldat nichts anfangen. Außerdem hatte er die Demokratie ja kennengelernt: die Volksfront, Léon Blum, das Judentum und die Freimaurerei. Und so kam es, daß die Leute nicht kämpfen wollten, so kam es zum Zusammenbruch.

Ein Verständigungsfrieden
Nun hängt es allein von Euch ab, was Ihr wollt: einen Verständigungsfrieden oder einen Frieden der Vernichtung. Wenn Ihr das letztere wählt, können wir es nicht hindern, aber es ist noch immer so in der Geschichte gewesen, daß ein Volk – und wenn es noch so niedergebrochen war – schließlich eine Konstellation fand, wo es sich wieder erheben konnte.

Ich persönlich bin immer ein Anhänger des Gedankens der deutsch-französischen Zusammenarbeit gewesen. Ich glaube auch heute noch an die Möglichkeit der Zusammenarbeit, so groß auch die Schwierigkeiten sein mögen.

Meine Antwort:

Ich sagte: »Herr Präsident, auch mein Wunsch geht dahin, daß wir zu einer wirklichen deutsch-französischen Zusammenarbeit kommen möchten. Ich habe in diesem Sinne in der Deutsch-Französischen Gesellschaft gearbeitet, trotz aller bösen Erfahrungen, die ich als Verteidiger meiner Landsleute im Rheinland, im Ruhrgebiet und im Saarland gemacht habe.

Daß sich hier Schwierigkeiten ergaben, ist zu natürlich. Es wäre falsch, diese Schwierigkeiten hier nicht zu sehen. Alle unsere Freunde von früher fragen uns jetzt: ›Was wollt Ihr, was will Deutschland, was will der Führer?‹ Sie werden verstehen, daß man darauf eine Antwort sofort nicht geben kann, denn über uns schwebt ein Ungewißheitsfaktor: Die englische Frage. Solange der englische Krieg nicht entschieden ist, kann eine Klarstellung des deutsch-französischen Verhältnisses nicht eintreten. Das liegt doch auf der Hand.«

Die Ungewißheitslage

Laval erwiderte: »Das sehe ich vollständig ein. Ihr könnt heute eine klare Antwort nicht geben, was Ihr wollt. Alles hängt von der Entscheidung des englischen Krieges ab. Bis dahin müssen wir eben warten.«

Der englische Krieg

»Ich persönlich«, so fuhr der Präsident fort, »bin davon überzeugt, daß England verloren ist. England wird diesen Krieg verlieren, und zwar gründlich, und je klarer die Niederlage für England ist, um so besser für uns. Es gibt jetzt hier viele Leute, die immer noch auf einen Sieg von England hoffen. Diese Stimmung wächst namentlich im besetzten Gebiet, wo die Stimmung erst ganz anders war. Im unbesetzten Gebiet ist die Stimmung gegen England viel schärfer. Aber die Leute, die auf England hoffen, täuschen sich. Ich sage ihnen immer: ›Das ist Unsinn, England wird verlieren, England muß verlieren, das ist auch unser Interesse. Es ist ganz unmöglich, daß England gewinnt. Je länger die Entscheidung herausgezogen wird und je mehr es auf einen Kompromißfrieden mit England hinauslaufen sollte, desto schlimmer für Frankreich.‹«

Kompromißfrieden mit England

Ich erwiderte: »In Deutschland gibt es auch viele Leute, die meinen, daß im Falle eines Kompromißfriedens mit England Frankreich schwerer belastet werden müßte; wenn aber England restlos niedergeworfen wird, man Frankreich gegenüber entgegenkommender sein könnte. Ich muß allerdings betonen, daß das nur private Ansichten sind. Ich bin nicht berechtigt, Ihnen irgend etwas Offizielles oder Offiziöses zu sagen. Ich bin nur Rechtsanwalt, aber wir alle machen uns natürlich unsere Gedanken.

Man hört in Deutschland auch häufig die Meinung vertreten, daß es nicht in Deutschlands Interesse läge, England vollständig niederzuschlagen. England soll ruhig seine europäische Mission in der Welt weiter fortführen, denn wenn es z. B. Indien verlöre, würden nicht wir die Erben sein, sondern Japan. Das nationalsozialistische Deutschland denkt viel europäischer, als das in Eurer Demokratie der Fall war. Was wir aber wollen in Deutschland, das ist, daß England nicht mehr in Europa selbst die unglückliche Politik verfolgt, die man die ›Politik der balance of power‹ nennt, und die immer wieder zu den Kriegen zwischen Frankreich und Deutschland geführt hat.«

Die englische traditionelle Politik

Laval erwiderte: »Das ist auch ganz unsere Auffassung: England war immer der Unruhe-Stifter. Das muß aufhören. Wir haben heute erkannt, daß England unser gemeinsamer Feind ist. Deshalb bin ich der Meinung, daß, wenn Frankreich – das nun einmal den Krieg verloren hat – große Konzessionen machen muß, ihm vielleicht Entschä-

digungen kolonialer Art aus dem englischen Empire
gewährt werden, die es gestatten, Frankreich den Verlust
leichter verschmerzen zu lassen. Wenn Ihr meint, daß man
das englische Empire z. B. in Asien nicht schädigen soll, so
ist doch die Lage in Afrika eine ganz andere. Dort könnte
man zu einer schönen deutsch-französischen Zusammenarbeit kommen auf Kosten Englands, denn der englische
Kolonialbesitz ist ja so groß. Es ist nicht recht, daß ein
40-Millionen-Volk die ganze Welt ausbeutet.«

Der Faktor Italien
Ich sagte, dann müsse man aber auch an Italien denken,
das an Afrika interessiert sei. Laval erwiderte:»Natürlich,
ich meine eine deutsch-französisch-italienische Zusammenarbeit.«

Keine entehrenden Bedingungen
Laval fuhr fort:»Die Hauptsache scheint mir zu sein, daß
für einen soliden späteren Frieden eine Formel gefunden
wird, wodurch die Ehre und das Selbstgefühl des französischen Volkes nicht zu sehr verletzt werden. Sie kennen ja
Frankreich. Sie wissen, wie der Franzose daran hängt. Ich
stehe auf dem Standpunkt: Wir haben in unserer
Geschichte so viele glorreiche Siege erfochten, daß wir
eine Revanche nicht nötig haben. Ich bin dafür, daß der
Gedanke der Revanche für alle Zukunft ausgeschlossen
wird.«

Compiègne
Ich erwiderte:»Sehen Sie, Herr Präsident, das ist das
Große an der Politik des Führers, daß er ganz bewußt alles
vermeidet, was als kleine Rache, Schikane oder unnötige
Demütigung empfunden werden könnte. Ich hatte den
Vorzug, als Zuschauer in Compiègne dabeizusein. Ich
habe diese Szene miterlebt. Diese Genugtuung wollte der
Führer dem deutschen Volk gewähren, aber die Form, in
der sich alles vollzog, war so vornehm und taktvoll.
   Ich habe Versailles miterlebt und die Rhein- und Ruhr-

besetzung, ich kenne den Versailler Vertrag in- und aus-
wendig, mit allen Schikanen und allen Demütigungen und
allen Unmöglichkeiten. Es war meine Lebensaufgabe,
dagegen zu kämpfen – und doch, wie groß ist der Führer
heute, daß er das alles kaum erwähnt. Wir könnten Euch
heute dieses dicke Buch von Versailles, die unerhörte
Fülle seiner Artikel und Paragraphen vorhalten, jeden
Tag. Wir tun das nicht.

Nach München war es genau das gleiche. Sie brauchen
nur den letzten Bericht von François Ponçet im Gelbbuch
zu lesen, wo er anerkennt, daß in Deutschland alles
geschah, um die Eigenliebe der Franzosen zu schonen.
Aber Eure jüdische Propaganda hat nach München
geschrien, daß das eine Abdikation gewesen sei, eine
Demütigung. Wir haben nicht triumphiert. Sie können
deshalb gewiß sein, daß wir alles vermeiden werden, was
unnütz demütigt, aber die öffentliche Meinung muß sich an
einen gewissen Realismus gewöhnen.«

Das Elsaß

Laval fuhr fort: »Ich weiß, wir müssen Opfer bringen. Wir
haben den Krieg verloren. Daß wir das Elsaß verlieren,
verstehen wir vollständig, nicht wahr, das ist doch auch
Ihre Ansicht? Es werden ja schon Maßnahmen im Elsaß
ergriffen, die uns deutlich erkennen lassen, was Deutschland mit dem Elsaß vorhat.«

Ich erwiderte: »Herr Präsident, über die Absichten des
Führers in territorialer Hinsicht kann ich Ihnen keine
Erklärungen abgeben, aber in Deutschland betrachtet man
das Elsaß selbstverständlich als deutsch, weil es deutsch
ist.«

Es fiel mir auf, daß Laval von Lothringen nicht sprach,
und ich vermied es ebenfalls, diese Diskussion weiter
fortzuführen.

Völlige Neuordnung

Ich fügte hinzu, daß wir meiner Ansicht nach vor einer
vollständigen Neuordnung Europas ständen, bei der die

politischen Grenzen sehr viel von ihrer früheren Bedeutung verlieren würden.

Wirtschaftliche Zusammenarbeit

Laval griff diesen Gedanken sofort auf und sagte, auch er sähe die Zukunft Europas in einer Neuordnung, und er sähe ein, daß diese unter deutscher Führung erfolgen müsse, und daß dabei wirtschaftliche Gesichtspunkte die größte Rolle spielen würden. Gegen eine wirtschaftliche Durchdringung Frankreichs durch Deutschland habe man nichts einzuwenden.

Vorläufige Regelung

Laval sagte weiter: »Wir wissen, daß wir heute noch nichts Definitives machen können. Es kommt mir und meiner Regierung zunächst einmal darauf an, für die Waffenstillstandszeit eine möglichst gute Zusammenarbeit zu gewährleisten. Das ist ja wohl in der Geschichte noch nicht dagewesen, daß drei große Nationen einen solchen Krieg geführt haben, und dann eine Nation als besiegt ausscheidet, aber der Krieg mit der 3. Nation noch fortgeführt wird und infolgedessen auch mit der anderen Nation noch kein Frieden geschlossen werden kann, sondern der vorübergehende Zustand des Waffenstillstandes und der Besetzung solange noch fortdauern muß.«

Takt der deutschen Behörden

Laval hob dann rühmend das taktvolle Verhalten aller deutschen Stellen und Behörden hervor, mit denen er zu tun gehabt habe. Er sagte: »Ich sehe überall, daß man die delikate Lage würdigt, in der ich mich als Chef der Regierung befinde. Unsere Gefühle werden nirgends verletzt. Ich will das gerne anerkennen.«

Die Demarkationslinie

»Die größte Schwierigkeit«, so fuhr Laval fort, »ist das Bestehen der Demarkationslinie. Wir müssen doch irgendwie eine einheitliche Regierung für das ganze Land gewährleisten. Es ist nicht gut, daß Frankreich in zwei Teile zerfällt, und dann die Verbindungen hinüber und herüber so schwierig bleiben, wie sie jetzt sind. Man müßte da irgendeine Lösung finden.«

Parlamentarier

Laval erzählte dann im einzelnen, wie er in Vichy den Parlamentarismus abgeschafft habe. Ich sagte: »Ganz sind die Parlamentarier doch noch nicht abgeschafft.« Er erwiderte: »Nein, aber de facto. Die Parlamentarier bestehen noch. Sie bekommen auch ihre Diäten und sind deshalb ganz zufrieden. So hat es ja auch Mussolini mit dem Parlament gemacht. Er hat es noch ein paar Jahre bestehen lassen. Ob wir das nun für einen etwas kürzeren oder längeren Zeitraum machen, weiß ich nicht. Was spielen die paar Millionen, die wir da ausgeben, für eine Rolle gegenüber dem Wohl des Landes?

Sehen Sie, es kam mir darauf an, das Parlament mit Zustimmung des Parlaments aufzulösen ohne Revolution und ohne Blutvergießen, und das ist mir wohl geglückt. Ich bin darüber sehr froh, denn, sehen Sie, das ist doch dasselbe Parlament gewesen, das durch die Volksfrontwahlen von 1936 unter Führung von Léon Blum zustande kam, gleichzeitig mit dem Rufe: ›Laval an den Galgen!‹

Diese selben Parlamentarier haben mir jetzt friedlich die Hand geschüttelt und sind befriedigt nach Hause gegangen. Das ist doch was!«

Chautemps und Daladier

»Sehen Sie, Herr Grimm«, so fuhr Laval fort, »wir haben eine Reihe von höchst unglücklichen Politikern und Parlamentariern gehabt, denen Ihr heute eigentlich Orden verleihen müßtet, weil sie die großartige Lage herbeigeführt haben, die Ihr heute in Europa einnehmt. Das sind sie alle, diese Parlamentarier, Freimaurer, Judenfreunde und Geschäftemacher, die wir nun in Vichy nach Hause geschickt haben. Dazu gehört auch Chautemps.«

Hier versuchte Herr Ribardière, der bei diesem Teil des

Gespräches dabei war, eine Lanze für seinen Freund Chautemps zu brechen. Nunmehr geriet Laval in große Erregung: »Nein, sprechen wir nicht von Chautemps, er ist ein so kluger Mann, und er hätte eine Rolle spielen können, aber er war feige und ein Freimaurer. Daladier hat wenigstens die Entschuldigung für sich, daß er dumm ist und ein Säufer, aber Chautemps war so klug und setzte sich doch nicht durch.

Dieser Mann wollte jetzt nach Spanien gehen, aber Franco hat ihm die Erlaubnis nicht erteilt, und da ist er eben geblieben. Ein Chautemps, ein früherer französischer Ministerpräsident, bringt es nicht einmal fertig, die französisch-spanische Grenze zu überschreiten. Was soll man mit solchen Menschen machen?«

Die Presse

Ich sagte, ich wäre auch einmal sehr enttäuscht gewesen über Herrn Chautemps, als er Ministerpräsident war und mich im Hotel Matignon empfing. Das war am 17. Februar 1938, als ich die große Versammlung in Besançon hatte, kurz nach dem ersten Empfang von Schuschnigg in Berchtesgaden.

Da habe ich Chautemps die Gefährlichkeit der Hetzpresse auseinandergelegt und ihm gesagt, daß es zum Kriege führen werde, wenn er die Judenpresse noch länger so hetzen ließe. Er sagte: »Was wollen Sie, wir haben Pressefreiheit. Da ist nichts zu machen.«

Neue Männer

Laval erklärte darauf: »Ich sehe ein, daß wir neue Männer brauchen, um die Lage zu meistern.« Ich erwiderte: »Das ist es ja eben, was uns so manches Mal bedenklich macht. Wir haben nicht den Eindruck, als ob sich schon viel geändert hätte. Man hört, daß man Ihrer Regierung den Vorwurf macht, daß zu viele Parlamentarier und zu viele Generäle vom alten Stil dabei seien.«

Laval erwiderte: »Nun wohl, ganz kann ich die Parlamentarier ja nicht entbehren. Sie sind ja auch nicht alle im bösen Sinne Parlamentarier. Es gibt da ja auch sehr gute Leute, wie z. B. Marcel Déat, Marquet, Scapini, Eugène Frot.« Ich erwiderte: »Gewiß, im Laufe der Jahre habe ich ja auch sehr viele Parlamentarier kennengelernt und schätze einige sehr hoch.«

Prozeßtätigkeit in Frankreich

Alsdann sprachen wir von meiner Prozeßtätigkeit in Frankreich, von den vielen Prozessen vor dem Tribunal Arbitrale Mixte und von den vielen Politikern, die ich damals kennengelernt hatte: Poincaré, Millerand, Franklin Bouillon.

Für Franklin Bouillon interessierte sich Laval näher und sagte: »Wissen Sie, von wem er immer über Deutschland informiert wurde? Von einem Mann namens Förster.« Er fragte: »Was war das eigentlich für ein Mann, dieser Förster, und was macht er heute?« Ich antwortete: »Das war ein ganz links gerichteter Pazifist und Landesverräter, der in Deutschland von allen anständigen Menschen verachtet wird. Er lebt jetzt, soviel ich weiß, als Emigrant in Lyon.« Laval fügte hinzu: »Und dieser Mann ging bei Franklin Bouillon und Marin aus und ein.«

Rheinischer Separatismus

Wir kamen danach auf den rheinischen Separatismus. Laval fragte: »Was waren das für Leute: Matthes, Dorten?« Ich sagte: »Ganz einfach Verräter, die nichts hinter sich hatten, und auf die damals Poincaré und François Ponçet große Stücke setzten.«

Poincaré und Clemenceau

Wir sprachen dann über Poincaré, Clemenceau und über den Friedensvertrag von Versailles. Laval betonte, daß er zu den wenigen Abgeordneten gehörte, die damals gegen den Friedensvertrag von Versailles gestimmt hätten.

Der Grünspan-Prozeß

Laval interessierte sich auch für den Grünspan-Prozeß und

verurteilte die Dummheit des Oberstaatsanwalts in Bourges, der den Verräter freigelassen hatte, aber sie hätten ja gleich dafür gesorgt, daß Grünspan wieder ausgeliefert wurde.

Das Jahr 1931

Gegen Ende unserer Unterhaltung kamen wir auf die Vergangenheit, insbesondere auf das Jahr 1931 zu sprechen. In diesem Jahr machte Laval als Ministerpräsident seine berühmte Reise mit Briand nach Berlin. Ich sagte, ich erinnere mich noch aller Einzelheiten der damaligen Zeit. Es war eigentlich der Anfang der neuen Krise: Die österreichische Zollunion, der neue Wirtschaftskrieg, die Finanzkrise usw. Von 1924 bis 1931 hatten wir an die Entspannung geglaubt. Nun waren auf einmal alle Schwierigkeiten wieder da. Laval sagte:»Jawohl, ich wollte damals helfen, ich wollte Deutschland eine Anleihe von 10 Milliarden geben. Brüning kam nach Paris, aber die Lage war nicht reif.«

Der Brüning-Besuch

Ich sehe noch Brüning vor mir, wie er sagte:»Es ist das Tragische an dem Schicksal unserer Völker, daß sie niemals das gleiche Wort zur gleichen Zeit finden können. Das hat ebenfalls auf mich tiefen Eindruck gemacht.« Aber ich konnte nicht anders, ich mußte Pfänder verlangen. Die öffentliche Meinung in Frankreich forderte das von mir. Brüning sagte:»Nach den bekannten Erfahrungen läßt das deutsche Volk Pfänder nicht zu. Ich kann Pfänder nicht geben«, – und so konnten wir uns nicht einigen. Ich sehe noch Brüning, wie er den Kopf in die Hand stützte und sagte:»So sind denn unsere Völker zur ewigen Zwietracht verurteilt.«

Wir machten dann, als die Verhandlungen gescheitert waren, ein gemeinsames Kommuniqué, und ich hatte Berthelot beauftragt, zusammen mit den deutschen Bevollmächtigten das Kommuniqué auszuarbeiten. Als es mir Berthelot zeigte, sagte ich:»Das können die Deutschen doch unmöglich unterzeichnen. Aber so war es nun einmal. Es war die höhere Gewalt, die uns hinderte.«

Ich sagte: »Die höhere Gewalt hieß wohl Berthelot?« Er sagte: »Nicht allein, mit Berthelot wäre ich schon fertig geworden, aber es waren andere Kräfte, die die öffentliche Meinung beherrschten.«

Berlin, den 30. Dezember 1940

EIN HALBES JAHR FRANKREICHBESETZUNG

Am 14. Juni 1940 haben die deutschen Truppen Paris besetzt. Am folgenden Tage, dem 15. Juni 1940, kam ich mit Botschafter Otto Abetz nach Paris, wo ich dann bis Ende des Jahres mit viermaliger Unterbrechung Beobachtungen machen, Kontakte pflegen und an rechtlichen und politischen Aufgaben mitarbeiten konnte. Meine Eindrücke und Erlebnisse im Zusammenhang mit dem Besatzungsproblem dieser sechs Monate in Frankreich möchte ich wie folgt zusammenfassen:

Drei Perioden
Ich möchte drei Perioden unterscheiden, zwei vorbereitende, die ich von vornherein als vorübergehende empfand, und die Hauptperiode, in der das Besatzungsproblem in eine gewisse Stabilisation eingetreten ist.

Die erste Periode dauerte nur etwa sechs Wochen, bis Ende Juli oder Anfang August. Ich möchte sie die Periode der »Euphorie« nennen. Es war die Entspannung, die der Aufregung des Krieges, der Niederlage und der Flucht folgte. Die Menschen waren froh, daß sie ein Dach über dem Kopf hatten, daß der Krieg für sie beendet war, und daß die Deutschen nicht die Barbaren waren, wie sie eine zügellose Haßpropaganda ihnen geschildert hatte.

Die Bourgeoisie war noch abwesend. Man hatte mit den Massen allein zu tun. Der deutsche Soldat in seiner anständigen Haltung hatte die Sympathie des französischen Volkes erobert. Es kam zu Verbrüderungen, die das vernünftige Maß überschritten und einen Rückschlag der

Ernüchterung nach sich ziehen mußten, sobald erst die unvermeidbaren Beschwerden einer längeren Besetzung sich fühlbar machen würden.

Die zweite ebenfalls vorübergehende Periode der offenen Reaktion dauerte von August bis November. Die Oberschicht war zurückgekehrt. Das Meckern, die Kritik und Propaganda begann. Man bekam von jedem Franzosen einen »Kalender der Beschwerden« vorgetragen, von der Demarkationslinie bis zu den Kriegsgefangenen, von dem Ausverkauf bis zu den Mängeln unserer Propaganda. Es waren immer die gleichen Beschwerden, deren Vorbringen an sich nicht unnatürlich war, die aber in der Form so übereinstimmend vorgetragen wurden, daß der Rückschluß auf eine einheitliche Propagandaleitung, z. B. durch die Beamten und durch Flüsterpropaganda, nahelag.

Die dritte Periode, die mit Anfang Dezember beginnt und die ich für eine dauernde halte, d. h. solange die Besetzung dauert, zeichnet sich durch eine gewisse äußere Beruhigung aus. Der »Beschwerdekalender« ist verschwunden. Man sagt uns nicht mehr stündlich, was wir alles versäumt und falsch gemacht haben, welche Gelegenheiten wir verpaßt hätten und was wir besser machen müßten. Man schimpft nicht mehr so offen und meckert nicht so fortgesetzt.

Darum ist die Stimmung aber keineswegs besser geworden. Im Gegenteil. Der Unmut über die Besetzung (das Okkupationsmalaise) sitzt jetzt tiefer. Dazu kommt, daß mit dem Winter die Beschwerden und Sorgen (Ernährung und Heizung) größer geworden sind.

In den ersten beiden Perioden gab es keinen offenen Haß gegen die Besetzung. Jetzt zeigt sich doch schon gelegentlich offener Haß und Deutschenfeindschaft. Man kann vielfach wieder eine Stimmung wie 1919/20 und 1923 feststellen.

Haben wir etwas falsch gemacht?
Ich bin nicht der Meinung, daß diese Verschlechterung der Stimmung im französischen Volk durch deutsche Fehler verursacht wurde.

Die zahlreichen Vorwürfe, auch wohlmeinender Franzosen, darüber, daß wir alles falsch gemacht hätten, haben gewiß manches Berechtigte.

Wir hatten zuerst keine klare Richtlinie. Viele, auch gutgesinnte Franzosen, fragten uns: »Was wollt Ihr? Wollt Ihr das Chaos?« Dazu kommen die vielfach sich überschneidenden Zuständigkeiten von Militär-, Verwaltungs- und Parteistellen und die unvermeidlichen psychologischen Fehler gegenüber der schwer zu behandelnden öffentlichen Meinung in Frankreich, die von unerfahrenen Besatzungsangehörigen gemacht wurden.

Die französischen Ratgeber waren sich übrigens selbst nicht darüber einig, wie man an die Besetzungsprobleme herangehen sollte. Die einen warfen uns unsere zu große Nachgiebigkeit vor, die anderen unsere Strenge. Die einen wollten, daß wir ganz Frankreich besetzen und die Kriegsgefangenen möglichst lange behalten sollten, die anderen wünschten die sofortige Freilassung aller Gefangenen.

Man sah auch nicht klar, auf welche Kreise der Bevölkerung man sich stützen sollte. Die Leute von links erklärten die Rechtskreise für unzuverlässig, die Vertreter der Rechtsparteien verdächtigten die Linkskreise als verkappte Freimaurer oder Judenfreunde, obwohl sie beide versicherten, daß die Unterscheidung zwischen »Rechts« und »Links« im früheren Sinne keine Geltung mehr hätte.

In der ersten Zeit warf man uns vor, daß wir die Presse und Propaganda selbst machten. »Das ist zu deutsch«, hieß es. Als man mehr und mehr die französischen Presseleute heranzog, hieß es: »Ihr seid nicht vorsichtig genug. Alle Deutschenfeinde und Juden- und Englandfreunde nehmt ihr in Ehren wieder auf. Sie dürfen bei euch schreiben, was sie wollen.«

Es läßt sich zwar nicht leugnen, daß wir manches falsch gemacht haben. Das ist nun mal das Schicksal des Okkupanten, daß er

> objektiv vieles falsch machen muß, weil seine Kräfte unzulänglich sind, ein fremdes Land in jeder Weise gut zu verwalten und psychologisch zu beeinflussen,

auch da, wo er Gutes schafft, niemals die Anerkennung der Okkupierten findet.

Die Verschlechterung der Stimmung in Frankreich beruht daher einfach auf der Tatsache der Okkupation. Die Stimmung muß schlechter werden, je länger die Okkupation dauert und je mehr sich die nachteiligen Wirkungen der Besetzung bemerkbar machen.

Abhängigkeit der Stimmung von äußeren Umständen

Das Besondere an dem jetzigen französischen Besetzungsproblem ist, daß die Stimmung Deutschland gegenüber hauptsächlich von äußeren Umständen abhängig ist, nämlich von dem Verlauf, Ausgang und der Dauer des Englandkrieges. Je schwächer der öffentlichen Meinung in Frankreich die Lage Englands erscheint, um so besser wird uns gegenüber die Stimmung und umgekehrt. Deshalb kommt es heute im Gegensatz zu den ersten acht Monaten des Krieges Frankreich gegenüber (anders bei England und den neutralen Ländern) nicht mehr so sehr auf die deutsche Propaganda an. Die beste Propaganda sind jetzt die äußeren Ereignisse und das tatsächliche Verhalten der Besatzungstruppen im einzelnen Fall.

Hoffnung auf England

Im Weltkrieg glaubte jeder Franzose, auch der Kriegsgefangene, an den Endsieg mit Hilfe von England und Amerika. Jetzt glaubt er nicht sehr ernstlich daran, hält aber an der Möglichkeit eines englischen Endsieges als an einer liebgewordenen Illusion fest.

Bezeichnend ist der Ausspruch eines Franzosen: »Die englischen Lügen sind mir lieber als eure deutschen Wahrheiten.«

Daher der Erfolg der De-Gaulle-Propaganda. Das geht alles nicht tief und ist mit dem deutschen Sieg über England sofort verflogen.

Keine Englandliebe

Der Franzose liebt den Engländer nicht. Es ist etwas übertrieben, aber im wesentlichen richtig, wenn man sagt: »Der Franzose achtet den Deutschen, verachtet den Italiener und haßt den Engländer.«

Er lebt aber noch in der Illusion, daß er das Übel der deutschen Besatzung durch das andere Übel »England« beseitigen könnte, um sich dann irgendwie auch von dem Quälgeist England zu befreien.

Überwiegen der materiellen Fragen

Im französischen Volk überwiegen auch heute noch vollkommen die materiellen Fragen: Lebensmittelbeschaffung, Rationierung, Schlangestehen, Kartoffel- und Kohlenknappheit, Arbeitslosigkeit. Wer den Massen Arbeit und Brot gibt, dem folgen sie.

Persönlicher Verkehr mit den Besatzungsbehörden

Auch heute noch tritt der Haß gegen Deutschland im persönlichen Verkehr selten hervor und ist meist auch nur für den Kenner der Verhältnisse zu spüren. Die natürliche Liebenswürdigkeit der Franzosen im Verkehr mit anderen und die Fähigkeit, die wahren Gefühle äußerlich zu verbergen, bewirken, daß auch heute noch der Verkehr mit den einzelnen Besatzungsangehörigen sich im allgemeinen korrekt vollzieht. Bei den Massen gilt auch der Satz: »Der Franzose haßt die Okkupation, aber nicht den Okkupanten.« Der Bauer, der abends das englische Radio hört und auf die Besetzung schimpft, lädt hinterher »seinen Soldaten«, der bei ihm einquartiert ist, zum Glase Wein ein.

Der Gedanke der Kollaboration

Eine klare Devise für das Verhältnis des Okkupanten zur französischen Bevölkerung wurde zuerst durch Montoire (25. Oktober 1940) gegeben. Sie hieß: Kollaboration.

Es war sicher schon ein Fortschritt, daß das Wort einmal ausgesprochen wurde, zumal durch die moralische Autorität des Marschalls Pétain.

Aber die Schwierigkeiten der Kollaboration mußten sich sofort zeigen.

Wie konnte man von Kollaboration sprechen bei fortdauernder Okkupation, Festhaltung der Kriegsgefangenen, Nichtbeendigung des Krieges mit England, Ungewißheit der Lage in den afrikanischen Kolonien? Zudem war Montoire psychologisch nicht genügend vorbereitet. Die Menschen dachten sich auch unter »Zusammenarbeit« etwas Verschiedenes.

Das galt zunächst für die Franzosen. Die Franzosen glaubten auch, daß auch auf deutscher Seite verschiedene Auffassungen über Zusammenarbeit beständen. Sollte es bloß Zusammenarbeit zu möglichst reibungsloser Erledigung der Besatzungsfragen sein oder auch Zusammenarbeit für die Zukunft, für den Frieden, die Neuordnung Europas und Überwindung des jahrhundertealten Gegensatzes zwischen Deutschland und Frankreich?

Montoire und München

Da Montoire ohne sofort sichtbare, nach außen hervorspringende Folgen blieb, entstand eine ähnliche Lage wie nach München. Wie es damals Munichois und Antimunichois gab, stehen sich jetzt Kollaborationisten und Antikollaborationisten gegenüber. Aber der Streit zwischen den beiden Strömungen ist nicht so ernst zu nehmen wie nach München. Es ist noch alles in der Schwebe und wird von den kommenden Ereignissen abhängen.

Arten von Kollaborationisten

Das Verhältnis zwischen Kollaborationisten und Antikollaborationisten festzustellen, dürfte schwierig sein. Man sprach mir gegenüber von 20% : 80%. Die Grenzlinie zwischen beiden Richtungen dürfte aber flüssig sein und sich fortgesetzt ändern. Es kommt auch darauf an, was man alles unter Kollaborationisten versteht.

Die Zahl derer, die seit langem erkannt haben, daß das Heil Frankreichs und Europas allein in der deutsch-französischen Zusammenarbeit liegt und die sich auch damit abgefunden haben, daß Frankreich in der Neuordnung

Europas entsprechend seiner Volkskraft eine bescheidenere Rolle zu spielen hat als bisher, dürfte sehr gering sein. Die Mehrzahl der Franzosen macht bei der Zusammenarbeit den inneren Vorbehalt, durch ihre Haltung und Einstellung möglichst viel für Frankreich an früherer Macht und Wohlstand zu retten.

Viele nehmen die Parole des Marschall Pétain nur als ein notwendiges Übel, ein Lippenbekenntnis, eine Art »Kriegslist«. Sie glauben verpflichtet zu sein, sich innerlich zur Gegnerschaft zu Deutschland bereithalten zu müssen, sobald es wieder möglich und zweckmäßig wird, die Gegnerschaft zu zeigen.

Die Parole: »Immer daran denken, nie davon reden«, ist jedenfalls bei der französischen Oberschicht nicht vergessen.

Vergleiche mit der französischen Besetzung in Deutschland

Es ist sicher gut, zur Beurteilung der sich jetzt stellenden Besetzungsprobleme die französische Besetzung des Rhein-, Ruhr- und Saargebietes heranzuziehen. Manche Fragen der Propaganda, Kriegsgerichtsbarkeit, Wirtschafts- und Verwaltungsfragen stellen sich ähnlich.

Man muß aber auch die Verschiedenheiten beachten.

In Frankreich handelt es sich jetzt um eine Besetzung in Kriegszeit, die nach menschlicher Voraussicht nach Kriegsende ein baldiges Ende finden wird. Im Rheinland handelte es sich um eine Besetzung, die nach $1^1/_4$-jähriger Waffenstillstandszeit noch 15 Jahre dauern sollte und von vornherein als verschleierte Annexion gedacht war.

Die Rheinlandbesetzung wurde daher von allen anständigen Deutschen vom ersten Tage an abgelehnt und mit allen Mitteln bekämpft. Die jetzige Besetzung in Frankreich wird zwar auch, wie jede fremde Besetzung, als Übel empfunden, das man ertragen muß, das dem Wirrwarr des Krieges und der Revolution vorzuziehen ist und das man durch ruhiges Verhalten erträglicher gestalten kann, ohne daß dieses kluge, vom Staatsoberhaupt außerdem noch sanktionierte Verhalten als unpatriotisch zu gelten hätte.

Bon ami-Periode

Der jetzige Zustand in Frankreich kann am ehesten mit der sogenannten Bon ami-Periode verglichen werden, d. h. mit der Zeit zwischen Einstellung des passiven Widerstandes, dem Londoner Abkommen und der endgültigen Räumung des Ruhrgebietes, wo die deutsche Regierung ihren Beamten im Rhein- und Ruhrgebiet »Zusammenarbeit« mit den Besatzungsorganen empfahl.

In dieser Zeit folgten die deutschen Beamten und sonstige Organe äußerlich der Parole der Reichsregierung zur Zusammenarbeit, waren aber mit einigen Ausnahmen doch nicht mit dem Herzen dabei.

Kein passiver Widerstand

Der Unterschied zwischen Ruhrbesetzung und der jetzigen Besetzung in Frankreich zeigt sich u. a. darin, daß in Frankreich von einem passiven Widerstand im Sinne des Abwehrkampfes von 1923 keine Rede ist. Das hindert natürlich nicht die geheime Agitation und das Vorkommen vereinzelter Sabotageakte.

Die innenpolitische Krise

Die sogenannte Erneuerung von Vichy ist nicht nur reaktionär, sondern auch antisozial. An die Stelle der Korruption der Parlamentarier ist die Diktatur der Beamten (Finanzinspektoren) unter Alibert und Genossen getreten. Royalisten, Militärs, Klerikale und engherzige Kapitalisten berauben die Massen einfach wieder der Rechte, die sie in der Volksfrontzeit erworben hatten. Es ist keine neue Idee da, kein Gedanke an Volksgemeinschaft. Es ist nur Reaktion.

Deshalb geht die allgemeine Meinung in Frankreich dahin, daß, sobald die deutschen Truppen abziehen, in Frankreich die blutige sozialistische Revolution ausbricht.

162

Die Kommunisten

Die Kommunisten betreiben heute in Frankreich eine England- und De-Gaulle-Propaganda. Man weiß nicht, ob Moskau dahintersteckt, ob sie Moskau überhaupt noch folgen, ob sie nur aus Oppositionstrieb handeln, oder ob die Führer einfach von England gekauft sind.

Der Klerus

Die Stellungnahme des Klerus ist nicht einheitlich. Man weist immer wieder auf den Unterschied zwischen Jesuiten, den gefährlichsten Deutschenfeinden, und Kapuzinern hin, die eine französisch-nationale, aber gemäßigte Politik betrieben.

Die Erklärungen führender französischer Geistlicher zur Kollaboration zeigen, daß die Richtung im Klerus, die sich vor der sozialistischen Revolution in Frankreich und dem Chaos fürchtet, im Anwachsen begriffen ist.

Ist die Kollaboration entwicklungsfähig?

Trotz aller Schwierigkeiten und der Verschlechterung der Stimmung in Frankreich halte ich den Kollaborationsgedanken für entwicklungsfähig. Ich habe sogar in letzter Zeit von Franzosen gehört, daß man die Kollaboration zu einer Entente erweitern müsse. Es ist auch gleichgültig, ob dieser Gedanke populär ist oder nicht. Der Franzose ist nicht sentimental, sondern reiner Verstandesmensch.

Die Entente cordiale war auch nicht populär, noch viel weniger herzlich. Männer wie Poincaré sahen darin das alleinige Mittel, Frankreich von der »ewigen deutschen Gefahr« zu befreien.

Heute sucht jeder Franzose nach einem Ausweg aus der verzweifelten Lage seines Landes. Wenn man ihn davon überzeugt, daß eine Entente mit Deutschland, selbst gegen England, der einzige Weg zu Frankreichs Wiederaufrichtung ist, wird er diesen Weg gehen. Der Hinweis auf den Ehrenstandpunkt, der eine Kriegserklärung an England verbietet, ist nicht durchschlagend, eher schon die allgemeine Kriegsunlust.

Bei einer aktiven Mitarbeit Frankreichs am Kriege gegen England, etwa im Mittelmeer und in den afrikanischen Kolonien, erhoffen die Franzosen allerdings, daß ihnen schon jetzt reale Konzessionen angeboten werden, wie z. B. eine Beschränkung der territorialen Forderungen Italiens und Deutschlands, sowie Freigabe der Kriegsgefangenen, jedenfalls Klarstellung ihrer Lage durch einen Vorfriedensvertrag. Die Reaktion auf die italienischen Rückschläge in Albanien und Nordafrika war in Frankreich eine zweifache:

> Eine nicht ernst zu nehmende propagandistische, die auf die Formel hinauslief: »England hat Italien geschlagen und wird auch noch Deutschland schlagen.« Eine realistischere: »Der italienische Rückschlag zeigt Deutschland, daß es mit Italien allein die Mittelmeer- und Afrikafrage nicht lösen kann. Man wird Frankreich zum Kampf gegen England nötig haben. So werden Italien und Deutschland Frankreich Zugeständnisse machen müssen, die Frankreich die Aufrechterhaltung einer starken Mittelmeerstellung ermöglichen.«

Der kommende Frieden

Die Franzosen vermeiden es gewöhnlich, von den Bedingungen des kommenden Friedens mit Deutschen zu sprechen. Die anfängliche Vorstellung, daß die Bedingungen hart sein würden, hat, je mehr die unmittelbare Erinnerung an die Schwere der Niederlage verblaßt, an Stärke verloren. Die italienischen Rückschläge haben die anfänglich vorhandene Bereitschaft zu weitgehenden Zugeständnissen an Italien herabgemindert.

Die Frage, die man erörtert, heißt: »Verständigungsfrieden oder Sicherheitsfrieden.« Das Stichwort von der »Kollaboration« hat die Vorstellung aufkommen lassen, daß wir zu einem Verständigungsfrieden und einer Zusammenarbeit in Afrika auf Kosten der Engländer bereit sein würden. Man will wirtschaftliche Zugeständnisse machen, aber möglichst keine territorialen Verluste hinnehmen, die das »nationale patrimonium« und die Ehre Frankreichs berühren. Die wahnwitzigen Forderungen auf Zerstückelung Deutschlands im Falle eines Sieges Frankreichs, die man auch in Frankreich in den ersten acht Monaten des Krieges stellte, übersieht man heute geflissentlich.

DAS BESETZTE FRANKREICH IM JAHRE 1941

Das Jahr 1941 war das erste Normaljahr der deutschen Besetzung von Frankreich. Die inneren und äußeren Probleme waren immer die gleichen; sie blieben auch im wesentlichen die gleichen bis zum Schluß 1942.

Kollaboration im Kriege

Dementsprechend war die Einstellung zur Frage der Kollaboration. Ich war mir stets darüber klar, daß die Zahl der überzeugten Deutschenfreunde, die aus reinem Idealismus für eine deutsch-französische Verständigung eintraten, mitten im Kriege gering sein mußte. Ich unterschied zwischen Kollaboration als idealistische, politische Einstellung und der offiziellen Kollaborationspolitik Paris-Vichy, deren Hauptträger französischerseits Laval und Darlan waren. Ich bedauerte sehr, daß uns die Menschen, besonders die Arbeiter, die uns 1940 mit Sympathie gegenübergetreten waren, durch den Gang der Ereignisse, zumal auch durch den Krieg gegen die Sowjetunion, immer mehr entfremdet wurden, während der Gedanke der Zusammenarbeit in der Oberschicht aus Furcht vor dem Bolschewismus an Boden gewann.

Ich war für die Politik auf weite Sicht und für die Schaffung klarer Verhältnisse. So befürwortete ich den Abschluß eines Vorfriedensvertrages. Ich verschwieg auch nicht, daß die Stimmung immer schlechter wurde. Wir zehrten an dem Anfangskapital unserer militärischen Erfolge des Jahres 1940 und dem guten Eindruck, den der deutsche Soldat zu Beginn der Besetzung gemacht hatte. Aber der längerwährende Krieg und die dadurch geschaffenen Ungewißheitsfaktoren mußten sich schließlich negativ auswirken.

Die Stimmung hing immer von zwei Hauptfaktoren ab:

1. der Ernährungslage
2. den militärischen Ereignissen.

Die Stimmung schwankte und war oft auch schwer zu beurteilen. Sie war auch widerspruchsvoll. Man mußte häufig zwischen dem ersten Eindruck und der wahren Stimmung unterscheiden. Es war immer eine »Unterstimmung« da, die Deutschland viel günstiger sah, als man das äußerlich gelten lassen wollte.

Die feindliche Propaganda

Im Jahre 1941 zeigte sich der Krieg in Frankreich in den beiden Formen des geistigen Kampfes (Propaganda) und in dem beginnenden Widerstand (passiver und aktiver Widerstand). Die Feindpropaganda war außerordentlich stark, besonders die englische, aber später auch die amerikanische und die russisch-kommunistische. Im Gegensatz zu 1940 verband sich ab 1941 die kommunistische Propaganda mit der hochkapitalistischen Propaganda Englands und der chauvinistischen Politik Frankreichs. Demgegenüber war die deutsche Propaganda unzulänglich. Die Radioschlacht 1941 hat England gewonnen. Ich war damals gegen die Einziehung der Rundfunk-Apparate, die eine Einstellung des Kampfes bedeutet hätte. Von dem passiven Widerstand, der sich namentlich in der Administration zeigte, hatte man den Eindruck, daß er auf Vichy zurückzuführen sei, während die Sabotageakte und Attentate, d. h. der aktive Widerstand, der sich 1941 zum ersten Mal in Einzeltaten zeigte, von auswärts, d. h. hauptsächlich England, gelenkt zu werden schien. Die Attentate hatten scharfe deutsche Gegenmaßnahmen zur Folge (Geiselerschießungen).

Während aber selbst in Kreisen von französischen Freunden zu schärfstem Durchgreifen geraten wurde, unterstrich ich die Bedenken, die solche Maßnahmen gegen unschuldige Personen hervorrufen mußten.

Wiederaufnahme der Rednertätigkeit

Im Sommer 1941 hielt ich meinen ersten Vortrag in Paris in der École de Chimie, dem dann andere Vorträge in der Provinz folgten. Die Vorträge fanden auf Einladung des Deutschen Instituts in Paris statt. Es waren die gleichen Vorträge, wie ich sie schon vor dem Kriege auf Einladung der Frontkämpfer-Verbände gehalten hatte. Durch die Vorträge gewann ich mehr Kontakt mit der öffentlichen Meinung, besonders in der Provinz. Sie wirkten sich günstiger aus, als man das bei der zunehmenden Verschlechterung der Stimmung annehmen konnte. Schon vorher (Dezember 1940) hatte ich meine aufklärenden Vorträge bei deutschen Stäben und Dienststellen begonnen.

Das Problem Vichy

Ein besonderes Problem, das dem deutschen Beobachter in Frankreich immer mehr zu denken gab, war das Problem Vichy, dessen Innen- und Außenpolitik von unseren Freunden immer heftiger kritisiert wurde. Vor allem die Freunde aus den Linkskreisen warnten vor Vichy. Vichy bedeute innerpolitisch die schlimmste Reaktion und bringe die Massen in einen Gegensatz zu uns. Die Außenpolitik – Kollaborationspolitik – aber sei nicht ehrlich. Man betreibe ein Doppelspiel (double jeu). Man unterschied zwischen Laval und Darlan, die als Realpolitiker der Kollaborationspolitik verhältnismäßig am zuverlässigsten seien, der »Umgebung des Marschalls«, die am deutschfeindlichsten sei und ganz im Fahrwasser von Marras und Bainville segele, und schließlich dem Marschall Pétain selbst. Am schwersten zu beurteilen war der Marschall selbst, der als Zögling von Marras und alter Militär ja kein Deutschenfreund sein konnte, aber auch ein starker Englandfeind war. Am besten paßt wohl für das System von Vichy der Begriff »Attentismus«. Die Frage Vichy war deshalb so wichtig, weil Vichy das gesamte Beamtentum beherrschte und nunmehr wegen seiner zweideutigen Haltung den Wirrwarr herbeiführte, den man nach der Krise der Politiker jetzt die »Krise der Beamten« nannte, und auf einen nicht offen erklärten »passiven Widerstand« hinausführte.

DER PROZESS VON RIOM

Prozesse, die ein besiegter Staat gegen die für die Niederlage verantwortlichen Politiker und Staatsmänner des eigenen Landes führt, haben nur selten zu einer sachlichen Aufklärung der politischen Vorgeschichte eines Krieges beigetragen. Die »Kriegsschuldfrage« wird in einem solchen Fall dahin gestellt, ob die Angeklagten am Verlust des Krieges schuld sind, nicht aber dahin, ob sie den Ausbruch des Krieges verursacht haben. In vielen Fällen haben die Angeklagten das Gericht zum Forum ihrer Rechtfertigung und zum Austragen innerpolitischer Gegensätze benutzt. Auch der Prozeß von Riom zeigt die Vergeblichkeit des Bemühens, durch den Spruch eines Sondergerichts eine Klärung der Frage zu erreichen, wie es zur französischen Kriegserklärung an Deutschland kam.

In Deutschland hatte man einen anderen Prozeßverlauf erwartet. Auch Professor Grimm hatte gehofft, daß dieser Prozeß durch die Verurteilung einer einseitig deutschfeindlichen Politik die Voraussetzungen für eine deutschfranzösische Aussöhnung verbessern würde. Statt dessen wurden Ressentiments neu belebt, die der Politik der Zusammenarbeit widersprachen.

In dem kleinen französischen Ort Riom saß der von Marschall Pétain ins Leben gerufene »Cour Suprême de Justice« über die Führer der von Pétain abgelösten Regierung zu Gericht. Man wollte die Verantwortung von der militärischen Niederlage auf das politische Gebiet ablenken und eine innerpolitische Rechtfertigung des neuen Systems Pétain erreichen.

Am 19. Februar 1942 wurden die Verhandlungen eröff-

net. Angeklagte wie Verteidiger ließen es im Verlauf der Verhandlungen nicht an Angriffen und offenen Ausfällen gegen die französische Regierung und die deutsche Besatzungsmacht fehlen. Léon Blum beanstandete die Befangenheit des Gerichtshofes, Daladier bezeichnete das deutsche Verhalten als Grund für die französische Kriegserklärung. Die Verhandlungen erstreckten sich auf den Zeitraum vom 27. Februar bis zum 4. April.

Als der Prozeß auf unbestimmte Zeit vertagt wurde, hatte er erhebliche Rückwirkungen auf die deutsch-französischen Beziehungen ausgelöst. Eine Krise im französischen Kabinett führte zum Rücktritt Darlans von der Stellvertretenden Ministerpräsidentschaft. Hitlers starke Verstimmung manifestierte sich in einem vermehrten Mißtrauen gegen Frankreich. Für ihn bedeutete Riom die Bestätigung seiner Vermutung, daß auch das Frankreich Pétains in Wahrheit keine Annäherung an Deutschland suche, sondern nur bedauere, daß es in dem Krieg gegen Deutschland unterlegen wäre. Viele politische Beobachter, u. a. der damalige deutsche Botschafter in Paris, Abetz, gewannen die Überzeugung, daß Riom praktisch Hitlers endgültigen Verzicht auf seine Absicht bewirkte, mit Frankreich zu einer Verständigung zu kommen. Dieser Rückschlag konnte auch von den Freunden einer Verständigung nicht wieder aufgeholt werden.

DER PROZESS VON RIOM

BERICHT NACH DER BESPRECHUNG
MIT RIBET,
DEM VERTEIDIGER VON DALADIER
21. JANUAR 1941

Der erste der politischen Nachkriegsprozesse in Frankreich richtet sich gegen

Edouard Daladier, Minister-Präsident 1938–1940
Maurice G. Gamelin, Oberbefehlshaber der Alliierten Sept. 1939–19. Mai 1940
Guy la Chambre, Minister für Luftfahrt 1938–1940
Léon Blum, Führer der Sozialdemokratischen Partei Frankreichs, Ministerpräsident der ersten Volksfront-regierung 1936/1937.

Die Anschuldigung geht bei allen vier Angeklagten dahin, daß man den Krieg nicht genügend vorbereitet habe (impréparation). Bei Daladier kommt hinzu, daß er den Krieg erklärt hat, ohne das Parlament zu befragen. Nach dem Gesetz wird die Verfolgung wegen impréparation beschränkt auf das Datum des 3. September 1939. Damit werden alle Fehler, die seit Kriegsbeginn gemacht worden sind, insbesondere von den Militärs, wie falsche Kriegs-führung, ohne weiteres ausgeschlossen. Es ist also zwei-fellos richtig, daß es sich um ein einseitiges Vorgehen gegen die Politiker handelt, wobei Gamelin wie ein Freund der Politiker behandelt wird. Dagegen sollen die militärischen Fehler nicht untersucht werden. Auch wird die Frage der Kriegsschuld nicht untersucht, sondern nur die Frage, wer für den Verlust des Krieges verantwortlich war, und das letztere auch nur teilweise.

Der zweite Anklagepunkt gegen Daladier (Ausschaltung des Parlaments), läßt allerdings ein Hineintragen der Kriegsschuldfrage in den Prozeß zu, und die Verteidigung von Daladier scheint auch entschlossen zu sein, diesen

Vorstoß zu unternehmen. Die Verteidigung will ferner geltend machen, daß das Aufziehen dieses Kriegsverbrecherprozesses an sich unwürdig sei. Sie wird darauf hinweisen, mit welcher Energie das deutsche Volk die Verfolgung der Kriegsverbrecher zurückgewiesen hat; das sei eine würdige und lobenswerte Haltung des deutschen Volkes gewesen.

Blum wird vorgeworfen, daß er durch seine Politik das französische Volk erst recht geschwächt habe.

Außer dem Hauptprozeß gegen Daladier und Genossen gibt es noch einige andere Prozesse, die erst später an die Reihe kommen, bei denen die Beschuldigung mehr auf den allgemeinen Gesetzen beruht, wie z. B. Handeln gegen die Sicherheit des Staates und dergleichen. Von diesen späteren Prozessen interessiert hauptsächlich der gegen Mandel. Mandel wird nur wegen der bekannten Vorgänge in Marokko (Zusammentreffen mit Duff Cooper) verfolgt. Dagegen soll auch bei Mandel seine Kriegshetze nicht Gegenstand der Anklage sein.

Es ist überall dieselbe Tendenz, die wirkliche Erörterung der Kriegsschuld auszuschließen.

Verteidigung

Durch das Sondergesetz, welches den Gerichtshof von Riom schuf, sind die Rechte der Verteidigung erheblich beschränkt worden. Im Gegensatz zu den sonst in Frankreich üblichen Verfahren hat die Verteidigung nicht das Recht, an den Vernehmungen der Beschuldigten im Vorverfahren teilzunehmen. Zunächst war auch nicht einmal das Recht zur Akteneinsicht vorgesehen. Die Verteidigung hat jetzt aber Abschriften von allen wesentlichen Aktenstücken bekommen. Außerdem wird gegen den Grundsatz des französischen Verfahrensrechtes verstoßen, indem man den Gerichtshof, der das Urteil spricht, aus denselben Richtern zusammensetzt, die die Voruntersuchung geführt haben. In den Kreisen der Advokaten und sonstigen Juristen, die in Frankreich auch heute noch für die öffentliche Meinung eine große Bedeutung haben, besteht deshalb eine starke Ablehnung gegen das Verfahren von Riom überhaupt. Sollte es trotzdem zur Hauptverhandlung kommen, so wird das Verfahren die öffentliche Meinung stark beschäftigen, und es werden heftige Meinungsverschiedenheiten entstehen.

Berlin, den 18. März 1941

BERICHT
ÜBER MEINEN AUFENTHALT
IN FRANKREICH
VOM 18. FEBRUAR BIS 15. MÄRZ 1941

Die wahre Stimmung in Frankreich

Es ist überaus schwer, sich über die wahre Stimmung im französischen Volk ein klares Urteil zu bilden. Die Stimmung schlägt auch sehr schnell um. Derselbe Franzose, der sich zunächst heftig gegen die Zusammenarbeit mit Deutschland ausspricht, kann im Laufe eines Gesprächs völlig umgestimmt werden. Die Masse des französischen Volkes weiß heute nicht, was sie will. Es herrscht ein allgemeiner Zustand der Verwirrung. Der erste Eindruck, den man gewinnt, ist der, daß die große Mehrheit des französischen Volkes gegen eine Zusammenarbeit mit Deutschland eingestellt ist, und zwar mehr als je, und insgeheim noch an der Illusion eines Englandsieges festhält. Fast alle Deutschen, die heute in Frankreich leben, berichten deshalb in pessimistischem Sinne über die Stimmung in Frankreich. Das gilt besonders von den militärischen Stellen, und es gilt namentlich auch in der Provinz. Überall, wo ich in der Provinz vor den militärischen Stellen Vorträge gehalten habe, sagte man mir, daß die Haltung der Bevölkerung den Soldaten gegenüber reservierter sei als je, und man die Hoffnung auf eine Zusammenarbeit eigentlich aufgeben müsse.

Ich glaube aber, daß diese negative Einstellung der französischen Bevölkerung nur oberflächlich ist. Man muß zwischen dieser oberflächlichen Stimmung und einer tiefer liegenden Grundstimmung der Bevölkerung unterscheiden. Die Grundstimmung kann sich sowohl nach der negativen als auch nach der positiven Seite entwickeln. Ich habe Anzeichen dafür angetroffen, daß die Stimmung des Hasses, die anfangs ja überhaupt nicht vorhanden war, teilweise im Ansteigen begriffen ist. Bisher ist noch nicht viel von Haß zu merken. Die Stimmung ist eine ganz andere als die, die ich in Paris 1919, 1920–1923 erlebt habe. Aber je nach den Ereignissen kann der Haß plötzlich hochkommen.

Ich habe aber viel mehr Anzeichen dafür angetroffen, daß die Grundstimmung der Bevölkerung für eine Versöhnung mit Deutschland und gegen England gerichtet ist. Das habe ich besonders bei meinen Vorträgen vor den Franzosen erlebt, in denen ich zum Teil doch sehr offen die delikaten Probleme Deutschland – Frankreich berührt habe. Bei diesen Vorträgen kam es spontan zu Beifallsäußerungen sehr beachtlicher Art, wenn ich mich für die Überwindung der Vergangenheit und die deutsch-französische Zusammenarbeit der Zukunft erklärte. Die gleiche Erfahrung wird mit allen Vorträgen, die jetzt das Deutsche Institut veranstaltet, gemacht, ferner beim Sprachunterricht des Deutschen Instituts.

Man kann jetzt immer häufiger hören, daß man zwischen der oberflächlichen Meinungsäußerung und der wahren Stimme des Volkes unterscheiden müsse. Diese wahre Stimme des Volkes hatte sich in den ersten Wochen der Besatzungszeit spontan geäußert. Sie ist dann unter den Einwirkungen der Besatzungsbeschwerden und der Feindpropaganda verschüttet worden. Sie wird dann m. E. wieder durchbrechen, wenn die kommenden Ereignisse klare Verhältnisse schaffen. Schon jetzt ist festzustellen, daß der Gedanke Fortschritte macht, daß es sich nicht um einen imperialistischen Krieg im alten Sinne handele, sondern um einen revolutionären Krieg, und daß die vergangenen Begriffe unter allen Umständen tot seien und durch neue Begriffe ersetzt werden würden. Ferner, daß eine neue

Ordnung in Europa sich vorbereite und Frankreich sich bemühen müsse, in dieser neuen Ordnung seinen Platz einzunehmen.

Form der Zusammenarbeit

In den intellektuellen Kreisen kann man oft die pessimistische Auffassung hören, daß augenblicklich die Zeit für eine wirkliche Zusammenarbeit noch nicht gekommen sei, sondern man sich auf die wirtschaftliche Zusammenarbeit beschränken müsse. Das sentimentale Element müsse noch vollständig zurücktreten. Ich bin nicht dieser Auffassung. Wirtschaftliche Zusammenarbeit genügt nicht, das Politisch-Moralische und sogar Sentimentale ist entscheidend. Wenn so oft gesagt wird, daß das französische Volk nicht sentimental sei, so ist auch das nicht richtig, zum mindesten übertrieben. Ich habe bei meinen Vorträgen immer wieder bemerkt, daß gerade die sentimentale Note auf die Zuhörer den tiefsten Eindruck macht.

Bücher

Mein Buch »Frankreich und der Korridor« ist jetzt in einer französischen Ausgabe mit einem Vorwort von Marcel Déat und einer Einleitung von René Martel im Verlag Baudinière erschienen. Mein Buch über Richelieu wird in kürzester Zeit im Verlag Flammarion erscheinen. Mein Pariser Vortrag ist ebenfalls gedruckt worden.

Der Sinn unserer Propaganda

So schwierig es auch ist, gegenüber der englischen Propaganda im Augenblick einen Erfolg zu erringen, so ist unsere Propaganda doch nicht unnütz. Wir haben heute die Gelegenheit, zum französischen Volk zu sprechen, wie noch nie. Das wirkt sich vielleicht nicht tagespolitisch aus, wird aber auf weitere Sicht zweifellos Früchte tragen. Unsere Propaganda muß daher in erster Linie darauf gerichtet sein, den Frieden vorzubereiten und damit die spätere Neuordnung Europas und die Zusammenarbeit mit Frankreich im Rahmen dieser Neuordnung. Das Ziel muß sein, die Franzosen zur Mitarbeit im neuen Europa zu gewinnen, trotz harter Sicherheitsmaßnahmen, die wir treffen müssen, und trotz der Tatsache, daß Frankreich aus der Vormachtsstellung des 17. Jahrhunderts in die Rolle einer Macht zweiter Ordnung herabsteigen muß. Ich habe den Eindruck, daß diese Aufgabe gelingen kann.

Die Stellung der Arbeitermassen

Die Stellung der Arbeitermassen ist schwer zu beurteilen. Es wird heute behauptet, daß die Intelligenz und die Bürgerschicht für die Zusammenarbeit schon mehr gewonnen seien als die Arbeitermassen, während es in der ersten Zeit umgekehrt gewesen sei. Man wird für die augenblickliche Beurteilung der Einstellung der Arbeiter wohl davon ausgehen müssen, daß, obwohl die Organisationen der Gewerkschaften und Parteien mehr oder weniger zerschlagen sind, doch nach dem Gesetz des Beharrungsvermögens die alten Gruppierungen noch de facto im wesentlichen bestehen, also Sozialisten, Kommunisten usw. Die Kommunisten betreiben heute die gleiche Propaganda wie de Gaulle. Ob sie unmittelbar in Englands Sold stehen, weiß man nicht. Es kann auch sein, daß sie die Taktik verfolgen, immer die Parole zu ergreifen, die im Augenblick bei den Massen am meisten zündet, um dann die Massen zu verwirren und schließlich daraus Vorteile zu ziehen. Mir wurde gesagt, daß die Kommunistenführer in Frankreich nicht einer Parole von Moskau folgten, aber Näheres konnte ich hierüber nicht feststellen.

Demarkationslinie und grüne Grenze

Bei meiner Reise nach Südfrankreich bin ich von maßgebenden militärischen Stellen darauf aufmerksam gemacht worden, daß die Demarkationslinie keinerlei militärische Bedeutung hätte. Wer wirklich mit wichtigen Nachrichten die Demarkationslinie überschreiten will, kann dies an der grünen Grenze jederzeit tun. Die Bewachung ist unmöglich durchzuführen. Auf weite Strecken kommen nur zwei Mann Bewachung für einen Kilometer.

Krise der Bürokratie

Man kann von einer allgemeinen Krise der Bürokratie in Frankreich sprechen. Die Beamten sind schlecht bezahlt, faul, dem Publikum gegenüber unfreundlich, formalistisch und deshalb aktionsunfähig. Ich habe schon in den ersten Monaten des Krieges darauf hingewiesen, daß einer der Gründe für die innere Krise in Frankreich das völlige Versagen der Beamten sei. Diese Zustände sind nicht besser geworden, sondern wesentlich schlechter. Gegenüber der heutigen Lage versagt die französische Beamtenschaft auf der ganzen Linie. Die Krise der Politiker wird heute ergänzt durch die Krise der Beamten. Das ist einer der Hauptgründe für die verzweifelte Stimmung im französischen Volk und kann eines Tages Anlaß zur Revolution in Frankreich werden.

Die Vichykrise

Diese Krise der Bürokratie bildet auch den Hauptgrund für die Vichykrise, sofern man diese Krise als innerpolitisches französisches Problem ansieht. Immer mehr wird die Erkenntnis zum Allgemeingut der französischen Bevölkerung, daß Vichy nichts anderes ist als eine reine Reaktion in schlechtem Sinne, eine Reaktion der chauvinistischen Kreise um die Action Française, Reaktion der Militärs und der Plutokraten. Vichy hat innenpolitisch in Frankreich derartig abgewirtschaftet, daß man sich heute auch gar nicht mehr um die einzelnen Staatssekretäre und sonstigen Mitglieder der Regierung kümmert. In den ersten Monaten sprach man noch von Alibert, Peyrouton usw. Heute ist Vichy ein einfacher Sinnbegriff der Reaktion, der niemanden mehr interessiert.

BESPRECHUNG MIT LAVAL
AM 8. MÄRZ 1941

Ich hatte am 8. März 1941 eine längere Besprechung mit Laval. Er beglückwünschte mich zunächst zu dem Erfolg meiner Vorträge in Paris, Rouen und Bordeaux. Er sagte: »Das ist eine gute Arbeit, die Sie da leisten. Das wird sich allmählich immer mehr auswirken und später sicher seine Früchte zeigen. Es wird der deutsch-französischen Annäherung und Zusammenarbeit dienen.« Ich sagte: »Ich bedaure, daß die Stimmung immer noch nicht gut ist, und der Gedanke der Zusammenarbeit noch auf so viele Schwierigkeiten stößt. Aber ich habe die Hoffnung, daß die kommenden Ereignisse bald Klarheit schaffen und dann auch die öffentliche Meinung in Frankreich umschlägt.« Laval erwiderte: »Es ist bedauerlich, wenn der Umschlag der öffentlichen Meinung erst dann erfolgt, wenn die militärischen Ereignisse allen klarmachen, daß England verloren ist. Ich möchte von Herzen wünschen, daß die öffentliche Meinung schon vorher in Frankreich sich zur Zusammenarbeit bekennt. Das wäre auch im Interesse des französischen Volkes gut. Vielleicht läßt sich da in der Methode der Werbung noch manches besser machen. Man müßte dem französischen Bauern zeigen, welche Vorteile er haben kann durch die Zusammenarbeit mit Deutschland, welche besseren Methoden der Ausnutzung des Bodens möglich sind. Sehen Sie, Frankreich ist doch wie ein Gemüsegarten. Wie könnte man den Boden Frankreichs bestellen und ausnutzen, wenn Frankreich und Deutschland zusammenarbeiteten! Welche Preise könnte der Bauer erzielen und welchen gerechten Lohn für seine Arbeit. Das versuche ich den Bauern klarzumachen und so müßt Ihr auch vorgehen.

Das gleiche gilt von den Weinbauern, den Handwerkern, aber auch weiten Kreisen der Industrie, besonders der Verarbeitungsindustrie. Eine vernünftige Verteilung der Arbeit und der Märkte ist doch möglich. Es gibt z. B. Maschinen, die von jeher in Frankreich besonders gut gemacht wurden und sich den Weltmarkt eroberten. Die müßt Ihr uns lassen. Andererseits gibt es Maschinen und Industrieerzeugnisse, die nirgends so gut hergestellt werden wie in Deutschland. Ebenso müßte man den Modeschneiderinnen und Schneidern in Frankreich klarmachen, wie gut sie ihre Erzeugnisse später nach Deutschland verkaufen könnten. Alles das bereitet den Boden vor. Wenn sie dann sehen, daß es ihrem Interesse entspricht, wird hinterher die psychologische Umstellung auch kommen. Für die sentimentale Zusammenarbeit ist die Bevölkerung unter der jetzigen Besetzung noch nicht bereit, aber das kann sehr gut später kommen, wenn man es geschickt vorbereitet.«

Wir kamen dann auf die militärischen Ereignisse zu sprechen. Laval sagte: »Ich glaube an Englands Niederlage, und die Entwicklung wird ja bald zeigen, daß ich recht habe. Vorläufig halte ich mich zurück, aber man wird schon erkennen, daß ich richtig gesehen habe. Dann wird auch die Zeit kommen, wo wir über Frieden und die Friedensbedingungen sprechen können. Elsaß-Lothringen müssen wir natürlich preisgeben, damit müssen wir uns abfinden, aber das wird auch die öffentliche Meinung schlucken.«

Ich sagte, daß ich verschiedene Zuschriften bekommen hätte, eine von einem Kapuzinergeistlichen, der die Meinung vertreten hätte, daß wir im Zeichen der Zusammenarbeit nicht nur Elsaß-Lothringen herausgeben müßten, sondern auch anerkennen müßten, daß der Drang Frankreichs an den Rhein gerechtfertigt sei und die Pfalz französischer Lebensraum sei.

Laval erklärte: »Hören Sie doch nicht auf solche Phantasten, die sind doch nicht ernst zu nehmen, das glaubt in Frankreich kein vernünftiger Mensch mehr.«

Laval kam dann auf sein Lieblingsthema, die deutschfranzösische Zusammenarbeit in Afrika, und entwickelte wieder, wie er sich hier eine ersprießliche Zusammenarbeit für die Zukunft denke, die Ausbeutung der Rohstoffe, Öle usw. Bei solcher Zusammenarbeit könne Europa sich vollständig von Amerika usw. selbständig machen.

Schließlich kam er auf die Vergangenheit zu sprechen, insbesondere auf die Zeit der Saarabstimmung, als er auch Ministerpräsident war. Er erzählte mir da einige Einzelheiten, die mich sehr interessierten, z. B. daß er von französischen Chauvinisten stark gedrängt worden sei, Max Braun und die übrigen Status-quo-Anhänger zu empfangen und zu unterstützen. Er habe das damals abgelehnt, denn das Saargebiet sei deutsch und hätte sich frei entscheiden müssen, ob es zu Deutschland zurückkehren wolle.

DER FALL BARBAROSSA UND SEINE AUSWIRKUNGEN AUF FRANKREICH 1941

Unter dem Stichwort »Barbarossa« fand der deutsche Aufmarsch zum Rußland-Feldzug statt, der am 22. Juni 1941 begann und nach der Erklärung Hitlers die drohende Gefahr eines russischen Angriffs verhindern sollte. Er hoffte, die Niederwerfung Rußlands so schnell durchzuführen, daß ein Zwei-Fronten-Krieg vermieden werden konnte.

Trotz der großen Anfangssiege mißlang der Blitzfeldzug. Moskau konnte nicht genommen werden, obwohl deutsche Truppen schon in die Vorstädte eingedrungen waren. Der harte Winter brachte die ersten Rückschläge. Die Welt, die überwiegend mit einem schnellen Sieg Hitlers gerechnet hatte, konnte erkennen, daß sich ein langer, schwieriger Feldzug entwickeln würde.

Kommunistische Aktivität in Frankreich

Diese Entwicklung brachte eine völlig neue Situation für das deutsch-französische Verhältnis. Die starke Kommunistische Partei, die sich nach dem Stalin-Hitler-Pakt jeder deutsch-feindlichen Betätigung enthalten hatte, wurde außerordentlich aktiv. In vielen Gegenden übernahm sie die Führung der Widerstandsbewegung und führte zahlreiche Attentate und Sabotageakte gegen die deutsche Besatzungsmacht durch. Die kommunistische Untergrund-

bewegung wurde zum großen Teil durch englische Waffenabwürfe ausgerüstet und bereitete sich gleichzeitig auf die Durchführung einer kommunistischen Revolution in Frankreich unter nationaler Tarnung vor.

Nach der Invasion 1944 führten vor allem die kommunistischen Widerstandskämpfer eine Liquidation ihrer politischen Gegner durch. Sie stellten auch zahlreiche Mitglieder der Sondergerichte und übten zeitweise einen herrschenden Einfluß aus. Insgesamt fielen über hunderttausend Menschen dieser sogenannten »Reinigung« zum Opfer.

Berlin, den 14. August 1941

BERICHT
ÜBER DIE PARISER REISE
VOM 27. JULI BIS 9. AUGUST 1941

Ich war überrascht, die Stimmung wesentlich schlechter zu finden, als ich vermutet hatte. Meine Freunde sagten mir gleich zu Anfang, die Stimmung sei nie so schlecht gewesen. Man hatte den Eindruck einer Psychose. Die Franzosen freuen sich über die englischen Fliegerangriffe auf französische Städte. Wenn man ihnen sagt: »Aber es sind doch Franzosen, die da getötet werden«, erwidern sie: »Das schadet nichts, Gott sei Dank, die Engländer haben doch Erfolge.«

Wohlmeinende Franzosen äußern sich voll Verzweiflung über ihre eigenen Landsleute. Sie sagen: »Die Franzosen lernen es nie, sie sind wie die Kinder.« Viele vergleichen die französische Stimmung mit der Stimmung einer hysterischen Frau und sagen: »Die Franzosen wollen nicht sehen, sie glauben heute genauso wieder an ein Wunder, wie sie es unter Reynaud getan haben.«

Rußlandgerüchte
Am meisten wurde die Stimmung durch die Rußlandgerüchte beherrscht. Man erzählte sich, die Deutschen hätten

in Rußland ungeheure Verluste. Sie hätten sich da in ein Abenteuer eingelassen, das auch die deutsche Armee nicht zu meistern vermöge. Jedenfalls war die schlechte Stimmung das Ergebnis der vereinigten nationalistisch-englischen und kommunistisch-russischen Propaganda.

Eine Darlankrise

Dazu kam auch eine innere Krise, die mir die einen als Darlankrise, die anderen als Pétainkrise und wieder andere als Krise des 13. Dezember bezeichneten. Diese Krise beherrschte die innere Stimmung in Frankreich in der Woche vom 27. Juli bis 3. August vollständig. Sie erreichte am Ende der Woche ihren Höhepunkt. In der Woche vom 4. August ab trat eine gewisse Beruhigung ein, die aber mehr auf Ermüdung zurückgeführt werden mußte.

Alle Welt erwartete von der Kabinettssitzung in Vichy vom 2. August eine radikale Entscheidung. Als dann am 3. August die Nachricht über die Kabinettssitzung verbreitet wurde, daß der Ministerrat sich mit laufenden Angelegenheiten, u. a. auch mit der Eröffnung der Jagd, beschäftigt hätte, entstand eine allgemeine Empörung. Man nannte das Regierungscommuniquè über diese Kabinettssitzung geradezu eine Provokation.

Die Stimmung unter den gutgesinnten Franzosen war verzweifelt. Sie wandten sich heftig gegen Vichy und meinten, die Krise wäre noch viel schlimmer als die vom 13. Dezember, weil jede Wiederholung einer derartigen Krise schlimmere Formen annehmen müsse. Sie sei deshalb besonders schlimm, weil man keinen Ausweg sähe. Das allgemeine Urteil ging dahin, daß nur Laval die Situation meistern könne.

Ruf nach Laval

Während so die Mehrzahl nach Laval rief, waren auch andere wieder der Meinung, es sei noch zu früh, Laval würde, wenn er jetzt die Regierung übernähme, sich nur unnütz verbrauchen.

Interessant war auch die Meinung eines meiner

Freunde: »Laval hat das für sich, daß er Politiker ist, Darlan hat gegen sich, daß er kein Politiker ist.«

Die öffentliche Meinung in Frankreich, das auch heute noch republikanisch ist, geht immer mehr darauf hinaus, daß nur ein Politiker die Situation meistern könne.

Deutsche Einmischung

Die Mehrzahl unserer Freunde aus den Linkskreisen erhebt immer stärker gegen uns den Vorwurf, daß wir Unrecht daran getan hätten, uns in die inneren Verhältnisse von Frankreich nicht einzumischen. Sie sagen: »Wir können doch allein die Zustände in Vichy nicht ändern, also müßt Ihr energisch mit Vichy reden und Euren Willen durchsetzen. Euer ›laisser-aller‹ und Eure Zurückhaltung sind falsch.«

Ich habe Bedenken, ob diese Auffassung richtig ist. Wenn wir uns in die inneren Verhältnisse Frankreichs eingemischt hätten, würden alle Franzosen geschrien haben: »Da seht Ihr, wie man den Worten Hitlers Glauben schenken kann. Jetzt haben wir unsere Freiheit und Unabhängigkeit verloren.«

Zwischenfälle

Die Haßstimmung ist in Frankreich noch nicht allgemein und tritt auch äußerlich für den Deutschen in der Regel noch nicht erkennbar hervor. Trotzdem nimmt die Haßstimmung zu. So ist es am 14. Juli zu Zwischenfällen in Paris und besonders in Bordeaux gekommen. Die Schaufenster der deutschen Buchhandlung Rive gauche und der italienischen Buchhandlung Boulevard Saint Germain sind eingeworfen worden. Deutsche Offiziere in Uniform sollen angespuckt worden sein, unsere Freunde werden von ihren Landsleuten nicht mehr gegrüßt, und mit der Möglichkeit von erheblichen Unruhen kann dann gerechnet werden, wenn die Versorgung der Massen noch schlechter wird.

Lebensmittelversorgung

Die Stimmung hängt heute mehr als je von der Lebensmittelversorgung ab. Man beklagte sich bitter darüber, daß man in der besten Sommerzeit, wo sonst Gemüse und Obst reichlich vorhanden waren, unter Gemüse- und Obstmangel zu leiden habe. Das Propagandaschlagwort: »Ils nous pillent« nahm die konkrete Form an, daß die Deutschen alles Gemüse und Obst aufkauften, um daraus Konserven zu machen. Man verbreitete das Schlagwort: »Sie (die Deutschen) werden in diesem Winter sich an unserem Gemüse und Obst satt essen.«

Gerüchtemacher und Agenten
Man sagte mir, daß die Tätigkeit von Gerüchtemachern und Agenten zugenommen habe. Diese Leute fänden sich zu bestimmten Stunden in den Cafés und Bars ein, wo sie das jeweilige Schlagwort verbreiteten.

Immer noch spielt dabei die Behauptung eine Rolle, daß, wenn die Frauen stundenlang Schlange gestanden hätten, um irgendwelches Gemüse oder Eier oder sonst etwas einzukaufen, im letzten Augenblick deutsche Feldwebel oder Soldaten kämen, um die auszuteilenden Lebensmittel für sich zu beschlagnahmen.

Verteilungsmängel
Der Hauptgrund für die mangelhafte Lebensmittelversorgung dürfte aber der sein, daß die französische Behörde selbst der Lage nicht Herr wird. Die Verteilung ist mangelhaft; dazu kommen Transportschwierigkeiten. So wurde wieder behauptet, daß in manchen Gegenden Frankreichs Überfluß sei, man die Milch wegschütten müsse und das Obst verfaule.

Die Unterstimmung
Trotz der Verschlechterung der Stimmung habe ich auch diesmal wieder beobachtet, daß man eine oberflächliche Oberstimmung und eine Unterstimmung unterscheiden muß. Nur darauf ist es zurückzuführen, daß man bei der Beobachtung der Stimmung fortgesetzt auf Widersprüche stößt, und dieselben Leute manchmal eine Stunde später

genau die gegenteilige Äußerung von dem machen, was sie eine Stunde vorher behauptet haben. Es ist außerordentlich schwer, bei diesen Widersprüchen sich eine richtige Meinung zu bilden. Das gilt ganz besonders von dem Gedanken der Kollaboration.

Der Gedanke der Kollaboration

Trotz der Verschlechterung der allgemeinen Stimmung macht der Gedanke der Kollaboration Fortschritte. Einer meiner Freunde, dem ich ein sehr gutes Urteil zutraue, nannte mir bestimmte Prozentsätze über das Fortschreiten des Kollaborationsgedankens. Er meinte, daß vor dem Rußlandkrieg 15 % der Franzosen für den Gedanken der Kollaboration zu gewinnen gewesen wären, seitdem aber 25%.

In der Großwirtschaft könne man 95 % für die Kollaboration rechnen.

Bei dem bäuerlichen Element, das zu Anfang für die Kollaboration gewesen sei, dann aber unter den Wirkungen der Requisitionen ganz verloren gegangen sei, seien 30–40 % für den Gedanken der Kollaboration wieder gewonnen.

Die Arbeiter seien zu 95 % gegen die Kollaboration. Sie seien entweder Kommunisten oder Gaullisten.

Bei der Bourgeoisie, abgesehen von der Großwirtschaft, seien 80 % gegen die Zusammenarbeit.

Jedenfalls sei die Diskussion über die Kollaboration in vollem Gange. Die einen seien für die Zusammenarbeit, die anderen dagegen. Der Zwist zerreiße ganze Familien.

Regierung und öffentliche Meinung

Ich fand die Meinung vertreten, daß man mit der Regierung gegen die öffentliche Meinung die Kollaboration zum Erfolge führen müsse. Die Regierung sei nun einmal dafür, die öffentliche Meinung dagegen. Man müsse etwas riskieren. Deshalb müsse man der Regierung auch Konzessionen machen, damit die Regierung sich beim Volke durchsetzen könne, so aber könne die Regierung von

Vichy eigentlich nichts aufweisen als positiven Erfolg der Zusammenarbeit.

Ich glaube, daß das Umgekehrte richtig ist. Es gibt heute eine selbständige öffentliche Meinung in Frankreich nicht. Die Regierung von Vichy könnte diese öffentliche Meinung sofort in günstigem Sinne beeinflussen. Sie tut aber durch die Präfekten genau das Gegenteil. Die Präfekten sind die Träger des Mißtrauens. Sie sabotieren die Zusammenarbeit und glauben offensichtlich, daß sie damit dem Willen der Regierung von Vichy entsprechend handeln.

Schwierigkeiten der Zusammenarbeit

Die Hauptschwierigkeit für die Politik der Zusammenarbeit liegt in der Ungewißheit über die Zukunft. Die Leute sagen immer wieder: »Wir wollen klar sehen.« Die englische Propaganda, die dahin geht, daß man jetzt den Deutschen alle Konzessionen mache, um am Schluß zu sehen, daß Frankreich aufgeteilt würde, trifft deshalb den empfindlichsten Punkt.

Verlangen nach einem Vorfrieden

Deshalb findet man immer häufiger das Verlangen nach einem Vorfrieden. Es ist durchaus möglich, daß dieses Verlangen wie ein Schlagwort von oben her lanciert worden ist.

Unsicherheit auch bei den Gutgesinnten

Die Ungewißheit über die Zukunft hat auch bei den Gutgesinnten eine Unsicherheit in ihrer Haltung Deutschland gegenüber hervorgerufen. Auch hier war eine gewisse Enttäuschung festzustellen. Ein kluger Politiker formulierte mir das folgendermaßen: »Warum erklärt Ihr Euch nicht? Wir befürchten, daß Ihr uns später die Rechnung präsentieren werdet.«

Rechts und Links

Der alte Unterschied zwischen Rechts und Links ist im französischen Volke auch heute noch vorhanden, und die alten Politiker spielen de facto ihre Rolle weiter. Ich glaube mich nicht darin zu täuschen, daß auf die gutgesinnten Kreise von links auch heute noch ein besserer Verlaß ist als auf die Rechtskreise. In den Rechtskreisen herrscht ein großes Durcheinander. Einer verdächtigt den anderen. Ein klares Bild ist schwer zu gewinnen, eine wirkliche Führernatur ist nicht vorhanden. Bei den Linkskreisen ist es auch nicht viel besser, aber die alte pazifistische Idee hat dort zur Folge, daß ein größerer Prozentsatz der Linkskreise für eine Verständigung mit Deutschland zu haben ist. Einer meiner Freunde formulierte das etwa so: »Von den Linkskreisen sind 60 % von jeher für die Verständigung gewesen, bei den Rechtskreisen 30 %.«

Wir dürfen uns auch darüber nicht täuschen, daß Frankreich auch heute noch republikanisch ist. Eine echte religiöse Bewegung oder gar Klerikalismus im politischen Sinne kommt nicht auf, vielleicht abgesehen von den Gefangenenlagern. Man sagte mir sogar im Gegenteil, daß, nachdem der Anti-Klerikalismus 30 Jahre in Frankreich geruht habe, jetzt mit einem wirklichen Neuerwachen des Antiklerikalismus, wie er um die Jahrhundertwende in Frankreich bestanden hat, gerechnet werden müsse.

Die Propaganda

Die englisch-gaullistische Propaganda hat auf die Stimmung doch einen entscheidenden Einfluß ausgeübt. Ein Politiker sagte ganz offen: »Die Radioschlacht hat England gewonnen.« Als die beiden entscheidenden Punkte hierfür wird von unseren Freunden immer gesagt, daß

gerade in den wichtigsten Abendstunden wir den Engländern nicht mehr antworten, sondern das französische Publikum ganz dem englischen Radio überließen, und

die Leitung des englischen Radios in französischer Sprache in Händen von sehr gewiegten französischen und jüdischen Fachleuten sei, die die französische Psyche genau kennen.

186

Unser Radio

Die Beherrschung der französischen öffentlichen Meinung durch das englische Radio ist sehr stark, so daß ich direkt hören konnte: »Wir unterscheiden zwischen dem deutschen Radio (Paris), dem Radio Vichy und unserem Radio (London)«.

Vorschläge für die Art unserer Gegenpropaganda

Über die Art unserer Gegenpropaganda gegen die englischen Sendungen wurden mir die verschiedensten Vorschläge gemacht. Man müsse die englischen Lügennachrichten lächerlich machen. Einer meiner Freunde schlug vor, eine Viertelstunde mit dem Titel »Radio bobards« einzurichten, in der man die englischen Lügennachrichten direkt aufgriff, zusammenstellte, vergröberte und lächerlich machte. Man könnte z. B. wenn England meldet, daß in der Nähe von Paris ein Flugzeug völlig zerstört sei, durch Radio Paris die Aufforderung an die Bevölkerung richten, mit gewissen Automobilen zu einer bestimmten Stunde dorthin zu fahren, um diese englischen Zerstörungen zu besichtigen.

Auf der anderen Seite darf man aber auch die Form des Lächerlichmachens nicht übertreiben, damit der französische Hörer, der sehr empfindlich ist, nicht den Eindruck erhält, daß man den französischen Hörer nicht ernst nimmt. Also, ein gewisses Eingehen auf die englischen Lügennachrichten und Propagandameldungen ist schon geboten. Es ist auch nützlich, wenn ausnahmsweise die Meldungen einmal in Nebenpunkten wahr sind, das hervorzuheben, aber die englische Propaganda einfach zu ignorieren ist sicherlich falsch, denn ganz Frankreich hört sie.

Beschlagnahme der Radio-Apparate

Zum ersten Mal ist mir von meinen Freunden gesagt worden, daß die englische Propaganda sich so schlimm auswirkte, daß alle Radioapparate in Frankreich beschlagnahmt werden müßten. Ich halte diesen gutgemeinten Vorschlag für falsch.

187

Französische Berater

Man sagte mir auch, daß wir zu richtigen Gestaltung unserer Rundfunkpropaganda französische Berater von Format hinzuziehen müßten, oder diese direkt unter deutscher Kontrolle an die Spitze unserer Propaganda stellen müßten. Nur ein Franzose könne die psychologische Seite der Behandlung der Franzosen richtig beurteilen. Als Beispiel für den Mann, der so etwas richtig machen würde, nannte man mir den früheren Propagandaminister Frossard.

Die V-Aktion

Die V-Aktion hat sich auch nach den Äußerungen meiner Freunde ganz gut ausgewirkt. Man hat die Engländer dadurch lächerlich gemacht. Die Engländer waren darüber wütend, das beste Zeichen dafür, daß die V-Aktion richtig war. Man sagte mir allerdings, daß, nachdem dieser negative Erfolg erreicht sei, wir die Sache nicht weitertreiben sollten. Die Deutschen seien geneigt, immer alles zu gründlich zu machen, dann könnte später auch wieder der umgekehrte Erfolg eintreten.

Die Vichy-Regierung

In den Gesprächen mit Franzosen spielt die Kritik an der Vichy-Regierung eine große Rolle. Man ist weder mit der Außenpolitik von Vichy noch mit der Innenpolitik zufrieden. In außenpolitischer Hinsicht wirft man Vichy vor, daß es eine Politik der halben Maßnahmen betreibt und kein ehrliches Spiel spielt. In der Innenpolitik werfen die republikanischen Massen der Regierung vor, daß sie den Kurs der Action Française (Maurras) steuere, reaktionär, klerikal, militärisch und anti-sozial sei.

Die Umgebung des Marschalls

Von der Umgebung des Marschalls wird nach wie vor behauptet, daß den Haupteinfluß, und zwar im ungünstigen Sinne, der Arzt Menetrel ausübe und der Chef des Civilkabinetts Dumoulin de la Bartêthe von der Action Française. Es sind hauptsächlich die Linkskreise, die gegen

diese beiden Herren Sturm laufen, während die Rechtskreise uns klar zu machen versuchen, daß zum mindesten
Dumoulin in letzter Zeit dem Kollaborationsgedanken
günstiger gesonnen sei.

Die Person des Marschalls

Das Ansehen des Marschalls hat in den Massen stark ver-
loren. Einzelne behaupten sogar, daß er böswillig die
Zusammenarbeit sabotiere, ein wirkliches Durchgreifen in
Syrien nicht gewollt habe, daß er bewußt eine abwartende
Politik betreibe. Diese Auffassung scheint mir nicht richtig
zu sein. Die Mehrzahl der Franzosen hält den Marschall für
gutgläubig. Er hat sich gegen England erklärt, anders als
Weygand, der in dem alten Revanchegedanken lebt und
Deutschland als den Feind Frankreichs ansieht.

General Weygand

General Weygand wird von gutunterrichteten Franzosen
als der böse Geist angesehen, der die schwankende Politik
von Vichy in der letzten Zeit hauptsächlich zu verantworten habe.

Admiral Darlan

Die Autorität von Darlan hat auch gelitten. Man hält ihn
für ebenso schwach wie Daladier. Er hat den entgegenge-
setzten Einflüssen von Weygand und der Umgebung des
Marschalls nicht genügend Widerstand zu leisten ver-
mocht.

Die augenblickliche Politik von Vichy

Die mittlere Auffassung der Franzosen über die augenblickliche Politik von Vichy kann man auf folgende Formel
bringen: »Vichy glaubt zwar an den Endsieg Deutschlands
über Rußland, nimmt aber an, daß der Krieg in Rußland so
lange Zeit in Anspruch nähme und Deutschland an Material
so stark schwäche und die spätere Rohstoffversorgung
Deutschlands so erschwere, daß England und Amerika den
Vorsprung, den Deutschland bisher hatte, einholen würden

und später dann Deutschland gezwungen wäre, England und Amerika nachzugeben oder einen Kompromißfrieden zu schließen. Deshalb dürfte Frankreich es mit England und Amerika nicht verderben.«

Beobachtende Politik

Daraus ergäbe sich die Schaukelpolitik von Vichy, die hin und her schwanke, je nach dem Inhalt der deutschen Heeresberichte über den Rußlandfeldzug. Mit dieser Beobachterpolitik sind auch die weitesten Kreise in Frankreich keineswegs einverstanden.

Die Mystik Pétain

Die Franzosen beschäftigen sich oft mit dem, was sie die Mystik Pétain nennen. Mehr und mehr kommen sie zu der Erkenntnis, daß diese Mystik Pétain sich auch schädlich auswirkt. Mit der Begründung, der Marschall wolle dies oder das, macht jeder, was er will. Ich hörte z. B. sagen: »Pétain hat Frankreich einen schlechten Dienst erwiesen dadurch, daß er die Staatsleitung übernahm«, und die Meinung gewann die Oberhand, daß es besser wäre, wenn Pétain nur Staatschef, aber nicht Regierungschef wäre.

Der Parlamentarismus

So kommt es, daß man mehr und mehr auch ein Bedauern darüber hört, daß Frankreich das Parlament ganz abgeschafft habe. Man meint, daß das Parlament irgendwie wieder zusammengerufen werden müßte, damit das Land seinen Willen äußern könnte.

Passive Resistenz

Alle sind sich darüber einig, daß die Vichy-Regierung die Kollaboration schlecht ausführt. Die Administration macht in all ihren Zweigen Schwierigkeiten. Man kann heute fast von einer gewollten passiven Resistenz sprechen, die von unserer passiven Resistenz im Ruhrkampf sich nur dadurch unterscheidet, daß sie nicht offen erklärt ist, sondern sich heimlich vollzieht, indem man offiziell die Kollaboration proklamiert und in Wirklichkeit das Gegenteil tut.

Gesamteindruck

Mein Gesamteindruck geht dahin, daß nach einem Jahr der Besetzung sich das Bild für die Stimmung in Frankreich immer noch nicht wesentlich geändert hat. Man hört dieselben Beschwerden, die man vom ersten Tage ab zu hören bekam: Demarkationslinie, Lebensmittelschwierigkeiten und Gefangenenfrage. Regierung und Bevölkerung warten ab. Der Attentismus ist zum System erklärt. Auf der Stimmung lastet die Ungewißheit und die Vorstellung von dem langandauernden Krieg. Die weitere Entwicklung wird von den kommenden kriegerischen Ereignissen, insbesondere dem Ausgang des Rußlandfeldzuges, abhängen.

DAS ZWEITE JAHR
DER FRANKREICH-BESETZUNG
1942

Die Probleme von 1942 waren die gleichen wie im Jahre 1941. Nur wuchsen die Schwierigkeiten. Wir zehrten vom Kapital vom Jahre 1940 und sahen nicht, daß dieses Kapital einmal aufgebraucht sein würde. Wir »verwalteten« Frankreich und vergaßen darüber, daß wir im Kriege waren.

Wir machten zahlreiche Fehler, weil wir gegenüber Frankreich keine klaren politischen Ziele hatten und keine klaren Verhältnisse schufen (Vorfrieden). So verlängerten wir selbst die Ungewißheitslage, die jede Politik auf weite Sicht unmöglich machte. Warnungen und Ratschläge blieben unbeachtet. Man hörte nicht auf die Kritik, die von aufrichtigen Freunden immer wieder angebracht wurde, und sah die Gefahr nicht, die sich immer mehr im Inneren Frankreichs und von außen her erhob. Man wollte sie nicht sehen. Das führte zu einer Schaukelpolitik, die man auch den deutschen Attentismus genannt hat, und der sich schließlich verhängnisvoll auswirken mußte. Man schuf vor allem keine klaren Verhältnisse zu Vichy, das man als legale Regierung Frankreichs anerkannte, der man aber doch auch nicht traute, auch wohl nicht trauen konnte.

Die Schwierigkeiten von Vichy
Immer mehr trat das Vichy-Problem in den Vordergrund des Interesses. Es war wie ein circulus vitiosus. Da man Vichy nicht traute, unterstützte es man auch dort nicht, wo es ehrliche Kollaborationspolitik treiben wollte. Man unterstützte Pétain nicht, aber auch nicht Darlan und nicht einmal Laval. So wurde die Haltung von Vichy immer undurchsichtiger, aber auch immer deutschfeindlicher. Es war zuletzt eine eigenartige Form des passiven Widerstandes, der sich dadurch vom passiven Widerstand des Ruhrkampfes unterschied, daß er nicht offen erklärt war und die Form des Doppelspiels (double jeu) annahm. Er wurde aber genau so wie der passive Widerstand des Ruhrkampfes hauptsächlich von der Beamtenschaft, den Präfekten, der Polizei und der Bürokratie getragen. Man hat dieser Form des Vichy-Widerstandes den Namen »Attentismus« gegeben.

Die Haltung von Marschall Pétain
Am schwierigsten war für uns die innere Einstellung des Marschall Pétain zu beurteilen. Ich bemühte mich, diesem Problem gerecht zu werden. Ich war 1942 wiederholt in Vichy und bin dreimal vom Marschall empfangen worden. Pétain war zweifellos loyal, aber französischer Patriot und Militär, aus der Schule von Maurras hervorgegangen. Für Laval war die Zusammenarbeit mit Deutschland ein politisches Programm.

Zunahme der französischen Beschwerden
Die Beschwerden wegen der Demarkationslinie und der Kriegsgefangenen traten zurück. An ihre Stelle traten die viel ernsteren Beschwerden wegen der Härte der Militär-Justiz, Verhaftungen, Beschränkung der Verteidigung,

Deportationen, Behandlung der französischen Arbeiter in Deutschland, der »relève« und Geiselerschießungen. Auf den Ernst der dadurch geschaffenen Lage habe ich ganz besonders hingewiesen und mich bemüht, zum Führer vorzudringen, um diesem den Ernst dieser Dinge persönlich vorzutragen, was leider nicht gelungen ist.

Verpaßte Gelegenheiten auf beiden Seiten

Deshalb nahm die Entwicklung einen immer mehr entmutigenden Verlauf. Man gab alle Chancen aus der Hand. Es war eine Politik, die auf beiden Seiten eine Politik der verpaßten Gelegenheiten war. Daß in Wirklichkeit, entgegen dem äußeren Anschein, der Wille zur Verständigung mit Deutschland im französischen Volke stark war, zeigte sich immer wieder bei meinen Vorträgen, die im besetzten und unbesetzten Frankreich die größte Zustimmung fanden. Das beruhte wohl darauf, daß ich nicht zu den Tagesthemen Stellung nahm, sondern das historische deutsch-französische Problem in Vergangenheit, Gegenwart und Zukunft von höherer Warte aus behandelte und für eine neue europäische Ordnung auf föderalistischer Grundlage eintrat, in der die Nationalstaaten Deutschland und Frankreich jede den Platz einnehmen sollten, der ihnen von Rechts wegen gebührte.

Als Sturmzeichen für die kommenden Ereignisse bezeichnete ich die Attentate und die sich mehrenden Symptome eines organisierten Widerstandes der Dissidenz und einer vorgesehenen Landung in Afrika. Dazu kamen die Fliegerangriffe auf französische Städte und die Art, wie diese von der französischen Bevölkerung als notwendige Etappe zur Befreiung aufgefaßt wurden. So bereitete sich Ende 1942 eine grundsätzliche Wende auch in der Situation im besetzten Teil Frankreichs vor.

BERICHT
ÜBER PARISER REISE
VOM 10. MÄRZ BIS 27. MÄRZ 1942

Das Bombardement auf Paris vom 3. März 1942
Im Mittelpunkt der meisten Gespräche mit Franzosen stand

das englische Bombardement vom 3. März 1942 und seine Auswirkungen,

Das Bombardement vom 3. März 1942
Zu dieser Frage überreiche ich Sonderbericht eines meiner Freunde in französischer Sprache.

Ich habe mich dann sofort selber auch an Ort und Stelle begeben, und zwar am ersten Sonntagnachmittag, wo bei dem schönen Wetter viel Publikum draußen war, und ich die Menschen beobachten konnte. Die Zerstörungen sind das Eindrucksvollste, was ich an Zerstörungen von Häusern der Zivilbevölkerung bisher gesehen habe, viel schlimmer z. B. als in Münster. Es läßt sich aber auch nicht leugnen, daß die Fabriken von Renault, Facord und Farman auch sehr erheblich zerstört sind, und es läßt sich ferner nicht leugnen, daß die zerstörten Arbeiterhäuser meistens um diese Fabriken herum liegen.

Die Haltung des Publikums, das ich beobachtet hatte, war ruhig. Man hörte weder heftiges Klagen noch etwa Triumphgeschrei. Es war die Haltung von Menschen, die an eine solche Stätte von Katastrophen gehen und meistens von Neugier oder Wissensdurst getrieben sind. Die Berichte und Urteile über den Eindruck, den dieses Ereignis auf die Haltung der französischen Bevölkerung gemacht hat, waren widerspruchsvoll. In einem Punkt stimmten die Meinungen überein: daß die Bevölkerung zunächst das Ereignis mit Bravorufen aufgenommen

hätte. Es wirkte auch nicht günstig für unser Prestige, daß keinerlei deutsche Abwehr sichtbar war,
sondern die Engländer sich stundenlang über Paris
bewegen konnten, als ob sie bei sich zu Hause
wären. Dazu kam das wie ein Feuerwerk wirkende
Abwerfen der Beleuchtungskörper. Die Mehrzahl der
Franzosen hatte vom Fenster oder vom Balkon aus
sich das Schauspiel angesehen und sich an der Vorstellung, wie stark doch die Engländer wären,
berauscht. In den Vorortzügen sollen die Leute teilweise die Marseillaise gesungen haben, oder sie
sollen gerufen haben: »Es lebe die RAF.«

In den betroffenen Arbeitervierteln selbst soll die
Stimmung allerdings eine andere gewesen sein,
wenn mir auch von Verschiedenen gesagt wurde,
daß Personen, die teilweise verletzt waren oder
Opfer zu beklagen hatten, sich geäußert hätten: »Das
muß so kommen, wir müssen das ertragen, das ist
der Anfang unserer Befreiung.«

Dazu kam, daß natürlich gleich Gerüchte verbreitet
wurden, wobei die Heilsarmee eine besondere Rolle
gespielt haben soll, z. B. das törichte Gerücht, daß die
Engländer nur die Fabriken zerstört hätten, die
Deutschen aber dann hinterher die umliegenden
Häuser der Arbeiter bombardiert hätten. Man hätte
dort eine nichtexplodierte Granate deutschen
Ursprungs gefunden.

Die Beerdigung der Opfer
Über den Eindruck der Beerdigung der Opfer hörte
ich verschiedene Urteile. Den Deutschen fiel wohl am
meisten auf, daß kein eindrucksvoller Trauerzug
stattfand, sondern die einzelnen Leichen in Autolei-
chenwagen ziemlich unauffällig und in großem
Durcheinander auf den Friedhof gebracht wurden.
Deutsche Beobachter neigen dazu zu sagen, daß
die französischen Behörden sich möglichst bemühen,
die Dinge zu verkleinern und eine anti-englische

Stimmung nicht aufkommen zu lassen. Das wurde z. B. auch durch unsere Freunde bestätigt. Insbesondere wurde an der Art und Weise Anstoß genommen, wie der offizielle Regierungsvertreter, der französische Justizminister Barthélémy, die Botschaft von Pétain verlesen hat. Er soll bei den scharfen Worten gegen England seine Stimme merkbar herabgemindert haben. Von französischer wohlwollender Seite wurde das stark bestritten. Es wurde mir gesagt, ich möchte doch die Kontrolle dadurch üben, daß ich die Beerdigungszene in den Aktualitäten mit ansähe. Ich habe das auch getan und festgestellt, daß der Teil der Botschaft Pétain, der sich gegen England richtet, von Barthélémy mit betonter Stimme sehr eindrucksvoll gesagt worden ist. Ich habe einige Tage später mit Barthélémy in Vichy verhandelt und habe dabei einen guten Eindruck von ihm erhalten, jedenfalls macht er nicht den Eindruck der Deutschfeindlichkeit.

Kundgebung auf dem Concordienplatz
Den Höhepunkt bildete die Kundgebung auf dem Concordienplatz. Auch hier wurde deutscherseits von verschiedenen Beobachtern gesagt, daß die französischen Polizeibeamten alles getan hätten, um den Andrang der Menschen zu dem Katafalk möglichst zu verhindern. Ich halte es aber für durchaus möglich, daß das nur aus Sicherheitsgründen und bürokratischer Einstellung der Polizei geschehen ist. Jedenfalls war der Gesamteindruck dieser Kundgebung groß und wirkungsvoll. Noch wirkungsvoller aber war vielleicht die Darstellung in den Aktualitäten (Wochenschau). Ich habe selbst gesehen, wie die Menschen teilnahmen und zum Teil weinten oder in Entrüstungsrufe ausbrachen.

Gesamteindruck
Mein Gesamteindruck über die Wirkung des engli-

schen Bombardements stimmt mit dem Urteil überein, das mir ein aus dem Volke stammender Stadtverordneter aus Boulogne, der mitten in der Bevölkerung lebt und sich ein sehr gutes Bild machen kann, hierüber ausgedrückt hat. Er sagte: »Das Bombardement vom 3. März hat gar nichts geändert. Wer Gaullist war, ist Gaullist geblieben, und wer Kollaborationist war, ist Kollaborationist geblieben.«

Die Beobachtung der Bevölkerung in ihrer Haltung zum englischen Bombardement läßt beachtliche Rückschlüsse auf die Einstellung der Bevölkerung zu einem englischen Landungsversuch zu. Die Franzosen beschäftigen sich auch mehr als früher mit dieser Frage und halten englische Landungsversuche für bevorstehend. Ich bin der Auffassung, daß, wenn die Engländer einen auch nur irgendwie erheblichen Landungsversuch machen werden, wir die französische Bevölkerung fest geschlossen gegen uns haben werden und die Lage nicht ernst genug auffassen können. Es ist damit zu rechnen, daß dann von extremistischen nationalistischen und kommunistischen Kreisen geschossen wird, und zwar sogar in Paris. Waffen sind noch genug vorhanden. Die Haltung der Polizei wird dann zum mindesten zweifelhaft sein, wenn sie nicht sogar die Aufrührer unterstützt, und wenn eine ernste Lage eintritt, muß selbst die Möglichkeit ins Auge gefaßt werden, daß die Vichy-Regierung uns in den Rücken fällt und versucht, die Truppen abzuschneiden, die bis nach Biarritz weit südlich vorgeschoben sind.

DORIOT
UND SEINE »FRANZÖSISCHE VOLKSPARTEI«
(P.P.F.)

In den Berichten von Professor Grimm taucht immer wieder und in verschiedener Bewertung und Beleuchtung der Name Doriot auf. Die Persönlichkeit von Jacques Doriot, sein Aufstieg und sein Ende bieten eine solche Fülle von erregenden und widerspruchsvollen Einzelheiten, daß der Lebenslauf dieses außergewöhnlichen Mannes in Stichworten nachgezeichnet werden muß, um seine Rolle in der französischen Politik zwischen 1940 und 1944 wenigstens in Umrissen erkennen zu können.

Der frühere Metallarbeiter und Autodidakt Doriot übernahm nach einer Ausbildung in der Sowjetunion im Alter von 26 Jahren die Führung der kommunistischen Jugend Frankreichs und wurde schon 1924 in die Abgeordnetenkammer gewählt. Für die bürgerliche Presse war er ein gefährlicher Volkstribun im Sinne Moskaus. Die Pariser Arbeiter sahen in ihm den »französischen Karl Liebknecht«.

Doriots Glauben an den Kommunismus wurde zum ersten Mal erschüttert, als er von der Parteileitung nach China geschickt wurde und dort die Auswirkung der Moskauer Direktiven beobachten konnte. Nach seiner Rückkehr verstand er es, sich innerhalb der Kader der französischen kommunistischen Partei eine eigene Machtposition aufzubauen, die ihm eine selbständige Politik ermöglichen sollte. Als Bürgermeister von Saint Denis konnte Doriot seinen Ruf als den eines hochbegabten und energiegeladenen Politikers auch in bürgerlichen Kreisen verstärken. Nach einer dramatischen Auseinandersetzung mit dem Kommunistenführer Thorez wurde er aus der Partei ausgeschlossen und bereitete nunmehr den Aufbau einer eigenen politischen Gruppe vor. Im Jahre 1936 gründete er die Parti Populaire Français (P.P.F. = französische Volkspartei), in der er die Enttäuschten aller Lager und Parteien organisieren wollte. Er versuchte, diese von ihm als nationale Sammlung proklamierte Bewegung zu einem wirksamen, antikommunistischen Kampfinstrument zu gestalten. Seine Propaganda betrieb er mit Methoden, die für Frankreich aufsehenerregend waren. In den Jahren 1936 und 1937 erlebte seine Partei einen starken Aufschwung. Sie wurde jedoch nicht zu der von ihm erhofften Massenbewegung. Die große Menge der französischen Wähler stand den vom Faschismus beeinflußten Bestrebungen Doriots ablehnend gegenüber.

Erst nach dem französischen Zusammenbruch von 1940 erhielt Doriot neuen Zulauf. Als nomineller Anhänger von Marschall Pétain unterstützte er dessen antiparlamentarische Absichten und bekannte sich nach dem Beginn des Rußland-Feldzuges als Anhänger Hitlers. Als ihm in Frankreich vor allem Laval den Weg in die Macht verbaute, ging er mit der »Antibolschewistischen Freiwilligen-Legion« an die Ostfront und erwarb sich durch seine Tapferkeit vor dem Feind das »Eiserne Kreuz«. Seine Bestrebungen, die Regierungsgewalt in Frankreich zu übernehmen, fanden nicht den Beifall Hitlers, dem es risikoloser erschien, mit der Regierung Laval zu arbeiten. Doriots enge Zusammenarbeit mit der deutschen Besatzungsmacht brachte ihn in Gegensatz zu weiten französischen Kreisen. Er hielt auch nach der Landung in der Normandie und dem Fall von Paris an der Konzeption einer deutsch-französischen Zusammenarbeit fest und ging nach Deutschland ins Exil. Im Februar 1945 wurde er bei einem Tieffliegerangriff getötet. Freund und Feind streiten ihm weder eine große persönliche Tapferkeit noch eine überragende, rednerische Begabung und eine betont soziale Gesinnung ab.

BERICHT ÜBER
FRANKREICHREISE VOM 4.–22. JUNI 1942

Die Doriot-Bewegung

Den stärksten Eindruck bekam ich von der Doriot-Bewegung, die überall die Versammlungen stark besuchte und auch kein Hehl daraus machte, daß sie durch die Versammlungen hoffte, neuen Auftrieb zu bekommen. Teilweise waren auch die Francisten stärker vertreten namentlich in Marseille und Montpellier. Der Gegensatz zwischen den beiden Organisationen kam bei einzelnen Veranstaltungen bedauerlicherweise auch etwas zum Ausdruck. Mein Eindruck ist etwa der, daß die Francisten dem Jungdeutschen Orden entsprechen, die Doriot-Bewegung dagegen die einzige Bewegung in Frankreich ist, die sich annähernd mit der Hitler-Bewegung vergleichen kann und für Frankreich vielleicht einmal eine ähnliche Bedeutung haben könnte, wie die NSDAP für Deutschland. Sie hat sich auch sehr stark auf den Kollaborationsgedanken festgelegt. Besonders der Bürgermeister von Cannes, der ein begeisterter Doriotist und eine ausgesprochene Kämpfernatur ist, hat auf mich den besten Eindruck gemacht.

Berlin, den 1. Juli 1942

BESPRECHUNG MIT DEM MARSCHALL
PÉTAIN
AM 22. JUNI 1942

Schon bei dem Empfang durch den Marschall in Carcassonne am 12. Juni hatte dieser den Wunsch ausgesprochen, ich möchte ihn am Abschluß meiner Vortragsreise in Vichy noch einmal besuchen. Obwohl mir der Kabinettchef des Marschalls bei dem Mittagessen, das Laval gab, gesagt hatte, der Marschall sei an diesem Tage außerordentlich besetzt und würde mich kaum empfangen können, ließ er mir doch am Nachmittag im Hotel gleich telefonisch mitteilen, der Marschall erwarte mich, ich möchte sofort zu ihm kommen. Ich sagte dem Kabinettchef, daß ich nur einen Höflichkeitsbesuch zu machen beabsichtige und mich sofort zurückziehen werde. Es warteten verschiedene Herren, die vom Marschall empfangen werden sollten, so daß ich mich bemühte, so kurz wie möglich zu sein.

Der Marschall empfing mich in einem Zimmer des Hotels ganz allein. Es war auch Dr. Mennetrel, der sonst immer zugegen ist, nicht anwesend. Als ich ihm sagte, ich wollte ihm nur einen Höflichkeitsbesuch machen und wüßte, wie sehr seine Zeit in Anspruch genommen sei, erwiderte er: »Nein, Herr Grimm, ich habe für Sie Zeit, ich unterhalte mich sehr gern mit Ihnen, und ich möchte, daß Sie mir einmal ausführlich von Ihren Vortragsreisen erzählen.« Ich habe ihm dann auch ausführlich berichtet. Er sagte: »Sehen Sie, das ist mir sehr interessant zu wissen, wie die Volksmeinung auf Ihre Vorträge reagiert, denn als Staatschef weiß ich, daß ich nicht gegen das Volk regieren kann, sondern nur Erfolg habe, wenn ich die öffentliche Meinung hinter mir habe.« Er sagte ferner: »Ich habe von allen Seiten gehört, daß Sie so große Zustimmung bei Ihren Vorträgen gefunden haben, und es interessiert mich zu wissen, bei welchen Punkten diese Zustimmung am lebhaftesten war.« Ich sagte, daß diese Vortragsreise auch mir ein großes Erlebnis gewesen sei, und ich die Überzeugung gewonnen hätte, daß das französische Volk im Innersten gewillt sei, den jahrhundertealten Gegensatz zu überwinden und mit Deutschland zusammenzuarbeiten in einer neuen europäischen Ordnung. Immer wenn ich von der Zusammenarbeit im Geiste von Montoire gesprochen und dabei den Namen des Marschalls und den von Laval erwähnt hätte, hätte man mir begeistert zugestimmt und ebenso, wenn ich die Politik des Führers und sein Ziel einer europäischen Neuordnung dargelegt hätte. Der Marschall sagte darauf: »Jawohl, ich habe das auch erkannt, und es soll jetzt so bleiben. Es geht ja auch mit Laval jetzt sehr gut. Anfangs hatte er große Schwierigkeiten, aber allmählich setzt er sich durch. Er hat auch mein volles Vertrauen.« Ich sagte darauf, daß auch die letzte Erklärung des Marschalls, daß er Hand in Hand mit Laval gehe, großen Eindruck gemacht hätte und jedesmal, wenn ich diese Erklärung in meinen Vorträgen erwähnt hätte, die Menge Beifall gespendet habe. Der Marschall erwiderte darauf: »Ich arbeite jetzt sehr gut mit Laval zusammen. Anfangs war das anders. Da fuhr Laval nach Paris, führte Verhandlungen und sagte mir nichts davon. Darüber habe ich mich dann geärgert und wie ein Pferd, das den Sporn des Reiters fühlt, den Reiter abgeworfen. Jetzt hat Laval aber begriffen, daß es notwendig ist, daß er mich über alles unterrichtet. Er tut das nun auch, und wir arbeiten vertrauensvoll zusammen, denn wir müssen ja beide die Verantwortung tragen.«

Pétain fragte mich, was ich von der Kriegslage hielte. Ich sagte, ich sei nicht Militär und könne das nicht beurteilen, aber das deutsche Volk habe das feste Vertrauen zum Führer, daß in diesem Jahre die virtuelle Entscheidung des Krieges falle und auch im Osten klare Verhältnisse geschaffen würden. Pétain erwiderte: »Ich glaube das auch, Sie werden es in diesem Jahr im Osten schaffen.«

Wir sprachen sodann von Tobruk. Der Marschall war tief beeindruckt von der Größe des deutschen Erfolges in Nordafrika.

Er fragte mich dann weiter: »Wie denken Sie sich den Frieden? Wenn Sie uns den Frieden bringen, werden wir Ihnen Denkmäler bauen. Das französische Volk sehnt sich nur nach Frieden.«

Wir kamen dann auf England zu sprechen, wobei ich feststellte, daß der Marschall eine sehr starke Abneigung gegen Churchill hatte, den er als einen brutalen und rohen Menschen schilderte. Er fügte hinzu: »Seine Frau ist sehr sympathisch, ich habe einmal mit ihr zu Mittag gegessen. Ich begreife gar nicht, wie diese Frau einen solchen Mann um sich dulden kann. Er muß dann im Privatleben doch ganz anders sein, als er öffentlich hervortritt.«

Darauf sprachen wir über Amerika, und ich bemerkte, daß der Marschall die starke Abneigung, die er gegen Churchill hatte, nicht gegen die Amerikaner zeigte. Ich bemühte mich darauf, dem Marschall klarzumachen, daß die Amerikaner mindestens so schlimme Gegner seien als die Engländer. Ich glaubte, daß Roosevelt ein viel schlimmerer Kriegshetzer gewesen sei als Churchill und auch deshalb als Kriegsverlängerer meiner Ansicht nach gefährlicher sei.

Der Marschall war trotz der vorgerückten Nachmittagsstunde noch relativ frisch. Er sprach allerdings etwas langsam, und bat auch mich, langsam und deutlich zu sprechen, da sein Gehör ein wenig gelitten hätte.

Pétain kam dann wieder auf seine Aufgabe zu sprechen. Er sagte, er habe es heute doch sehr schwer und ebenso seine Regierung. Es wäre doch sehr gut, wenn Deutschland Frankreich gegenüber eine Geste machen würde, namentlich in der Frage der Freilassung von Kriegsgefangenen. Ich sagte, daß Deutschland auf diesem Gebiet ja schon sehr großes Entgegenkommen geübt habe, wenn man es mit den Vorgängen 1918–1920 vergleiche. Es dürften dann auch nicht solche Dinge passieren, wie die Flucht des Generals Giraud. Hierauf sagte Pétain: »Ah ja, diese dumme Sache Giraud. Ich habe der Sache zunächst gar nicht die große Bedeutung beigemessen. So was ist doch schließlich auch sonst häufig vorgekommen, daß ein einzelner Kriegsgefangener entweicht, und man muß die besondere Mentalität der Kriegsgefangenen berücksichtigen.« Ich sagte: »Es ist etwas anderes, wenn ein gewöhnlicher Kriegsgefangener entweicht, als wenn ein General von der Bedeutung Girauds die Erleichterungen sich zunutze macht, die ihm zur Verfügung gestanden hätten.« Darauf sagte Pétain: »Nun, ich habe das ja auch nicht gebilligt. Ich habe ihm dringend den Rat erteilt, er möge nach Deutschland zurückkehren. Der Führer würde dann, wenn er sich von neuem stelle, doch sicher auch eine Geste gemacht haben, daß er nach kurzer Zeit freiwillig entlassen worden wäre. Aber ich kann ihn ja nicht zwingen. Einen Befehl konnte ich ihm nicht geben, das ist nicht möglich.«

Der Marschall fragte mich dann, wie ich mir die neue

europäische Ordnung vorstelle. Es wäre doch gut, wenn man die Fehler vermeide, die 1919 in Versailles gemacht worden wären. Wir hätten ja gesehen, wohin das führe. Es gäbe dann immer wieder Revanchekriege. Er würde es für richtig halten, wenn in einem neuen Europa die alten Staaten möglichst in unveränderter Form erhalten blieben. Ich erwiderte darauf, der Führer würde schon die richtige Formel finden, um das neue Europa in einer weisen und glücklichen Form aufzubauen. Marschall Pétain sagte mir darauf: »Ich glaube es auch, der Führer wird es schon schaffen.«

Zwischendurch versuchte der Kabinettchef einmal zu mahnen. Pétain aber sagte: »Lassen Sie uns jetzt in Ruhe. Ich will den nächsten Herrn nicht eher sehen, als bis Herr Professor Grimm das Zimmer verlassen hat.« Trotzdem auch ich mehrfach gehen wollte, hielt er mich über ³/₄ Stunden fest.

DIE LANDUNG DER ALLIIERTEN IN NORDAFRIKA

Der Ruf nach der zweiten Front wurde von den Sowjets niemals dringender ausgesprochen als um die Jahreswende 1941–42, als die deutschen Armeen vor Moskau standen, und im Hochsommer und Herbst 1942, als der Vorstoß in den Kaukasus auch die Ölversorgung der Sowjetunion bedrohte. Stalin befand sich in einer Notlage, bei der es um die Existenz der Sowjetunion ging. Seiner Forderung nach einer Landung der Alliierten in Frankreich lag die Überzeugung zugrunde, daß die USA und Großbritannien mit ihrem Abwarten, ihre Armeen schon im Jahre 1942 voll einzusetzen, der Sowjetunion unverhältnismäßig hohe Opfer abverlangten.

Stalins Forderungen wurden vor allem durch die öffentliche Meinung in den Vereinigten Staaten stark unterstützt. Presse und Rundfunk der USA heroisierten den sowjetischen Kämpfer. Sie hatten wie Churchill alle

Bedenken politischer Art gegen die kommunistische Gewaltherrschaft zurückgestellt und sahen nur das gemeinsame Ziel der Vernichtung Deutschlands nach bedingungsloser Kapitulation.

Bei der Abwägung der Frage, wie man den sowjetischen Verbündeten beruhigen und hinhalten könnte, ohne die eigene Konzeption zu gefährden, bot sich die Lösung an, in dem französischen Kolonialreich in Nordafrika eine militärische Position zu schaffen, von der aus dann die »weiche Stelle« der Achsenmächte in Italien zum Einfallstor nach Europa benutzt werden könnte. Schon längst hatten amerikanische Diplomaten in Vichy, Marokko und Algerien entsprechende Vorbereitungen getroffen. Eine solche Aktion bot zugleich die Möglichkeit, der deutschen Afrika-Armee in den Rücken zu fallen und damit die Bedrohung Ägyptens für immer auszuschalten.

So landeten am 7. und 8. November 1942 amerikanische und britische Truppen unter dem Befehl von General Eisenhower an verschiedenen Stellen in Marokko und Algerien. Sie brachen in wenigen Tagen den Widerstand der zu Vichy haltenden Kolonialfranzosen und zogen in Oran und Casablanca ein. Der aus deutscher Kriegsgefangenschaft geflohene General Giraud stellte sich ihnen zur Verfügung. Pétain entsetzte Darlan aller seiner Ämter. Dieser erklärte sich darauf zum Staatschef in Nordafrika, wurde aber am Weihnachtstag 1942 ermordet. Darauf wurde Giraud vom französischen Nationalrat zum Hohen Kommissar in Französisch-Afrika gewählt.

Die deutschen Truppen marschierten gegen den Protest Pétains in das noch unbesetzte Frankreich ein und besetzten zusammen mit italienischen Streitkräften Nizza und Korsika. Als sie sich am 27. November 1942 dem Kriegshafen Toulon näherten, wurden die dort befindlichen, französischen Kriegsschiffe durch ihre Besatzungen versenkt.

Im Zusammenhang mit dem Rückzug Rommels aus Tripolitanien erfolgte eine deutsche Luftlandung in Tunis, um von dort aus die Invasionsoperationen der Engländer und

Amerikaner unwirksam zu machen. Nach wechselvollen
Kämpfen und dem Verlust von Tunis und Biserta gerieten
die auf der Halbinsel Bon noch kämpfenden deutschen und
italienischen Verbände in Gefangenschaft. Nordafrika war
für die Achsenmächte verloren. (Mai 1943)

Berlin, den 19. November 1942

BERICHT
UBER PARISER REISE
VOM 5. BIS 19. NOVEMBER 1942

Ich traf am Freitag, dem 6. November, abends in Paris ein
und habe die Ereignisse (amerikanische Landung in
Afrika) von Anfang an in Paris miterlebt. Ich möchte
zunächst die Ereignisse chronologisch Tag um Tag schildern und dann meine Eindrücke und Beobachtungen am
Schluß zusammenfassen.

Chronologische Darstellung der Ereignisse

Der 7. November 1942

Die Stimmung, die ich in Paris antraf, war äußerst schlecht.
Meine Freunde sagten mir gleich beim Empfang, sie sei nie
so schlecht gewesen. Man hatte ja immer gesagt, daß die
Stimmung in Frankreich von dem Barometer der militärischen Ereignisse abhinge. Der Rückschlag der Armee
Rommel in Ägypten und die Nichtbeendigung des Rußlandfeldzuges wirkten sich ungünstig aus.

Am Mittag des 7. November nahm ich an dem Bankett
der Jeunes de l'Europe Nouvelle im Grand Palais in Paris
teil, das in Gegenwart des Deutschen Botschafters und des
Botschafters de Brinon stattfand. De Brinon hielt eine sehr
bewegte Ansprache, bei der er fast in Tränen ausbrach.
Man hatte den Eindruck, daß er, der gerade von Vichy
kam, über schlimme Dinge unterrichtet war. Einer meiner
französischen Freunde sagte mir, die Rede habe wie eine

Grabrede der deutsch-französischen Annäherungspolitik geklungen.

Im Laufe des 7. November (Samstag) wurde dann irgendwie bekannt, daß von Gibraltar aus eine Flotte von 165 Schiffen unterwegs sei.

Sonntag, den 8. November 1942

Gegen 8 Uhr morgens wurde ich von einem Freunde angerufen, der mir mitteilte, daß seit 7 Uhr Radio-Vichy die Meldung verbreite, daß eine amerikanische Flotte Truppenlandungen an verschiedenen Punkten in Marokko und Algier vornehme, die Landungsversuche aber zurückgewiesen seien. Ich habe dann bei einem anderen Freunde im Laufe des Vormittags die verschiedenen Radiomeldungen mitangehört. Sie waren durchaus optimistisch gehalten und meldeten, daß überall Widerstand geleistet würde.

Um 3 Uhr nachmittags sollte eine große Schlußkundgebung des Doriotkongresses im Velodrôme d'hiver stattfinden. Als das Radio meldete, daß diese Kundgebung mit Rücksicht auf die Ereignisse abgesagt sei, begab ich mich statt dessen in die Schlußkundgebung der Jeunes d l'Europe in der École de Chimie, wo Herr Jacques de Lesdain eine feurige Ansprache an die Jugend hielt.

Am Abend hörte ich beim Deutschen Botschafter die Führerrede, die auf uns alle einen tiefen Eindruck machte. Sie wurde am übernächsten Tage im ausführlichen Text in der ganzen französischen Presse gebracht und wirkte sich wegen ihres zuversichtlichen Tones und ihrer Siegesgewißheit sehr gut aus.

Der 9. November 1942

Am 9. November 1942 brachten die Zeitungen in Paris erst eine genaue Darstellung über die Ereignisse des 8. November, nachdem diese allerdings durch Rundfunk schon zum größten Teil im Laufe des 8. November bekannt geworden waren. Danach stellten sich die Ereignisse vom 8. November 1942 folgendermaßen dar:

Roosevelt hatte am 8. November dem Marschall

Pétain in Vichy durch den Geschäftsträger Tuck eine Botschaft übergeben lassen, in der er behauptete, daß die Amerikaner dem deutschen Angriff hätten zuvorkommen müssen, und in der er im übrigen die Franzosen der amerikanischen Freundschaft versicherte.

In dem Antwortschreiben Pétains war dem Gefühl der Trauer Ausdruck gegeben über diesen amerikanischen Überfall. Die Behauptung deutscher Angriffsabsichten war zurückgewiesen worden. Am Schluß hieß es: »Wir werden uns verteidigen.« Unsere Freunde bemerkten mit Befremden, daß nicht einmal ein ausdrücklicher Protest in der Antwort enthalten war.

Der Ministerrat stellt fest, daß die USA durch ihren Einfall die diplomatischen Beziehungen abgebrochen habe.

In der Presse werden Noguès, Darlan und Juin als die Verteidiger von Französisch-Nordafrika hingestellt. Die Presse bringt ihre Bilder in großer Aufmachung. Die Presse bringt eine optimistische Darstellung der Lage, obwohl schon feststeht, daß die amerikanische Landung geglückt ist.

Es folgte eine ebenso optimistische Erklärung de Brinons über die Lage: nur der General Bethouard sei mit einem Bataillon zur Dissidenz übergegangen, aber durch General Michelier verhaftet worden.

Pétain berief Weygand nach Vichy.

In einem Telegramm an Laval erklärte General Nogués: »Der Marschall kann auf uns zählen.«

Pétain telegrafierte an Darlan: »Ich bin glücklich, daß Sie an Ort und Stelle sind und habe Vertrauen zu Ihnen.«

Der Gouverneur Chatel von Algerien, der sich nach Vichy begeben hatte, erläßt einen Aufruf von Vichy aus an die Algerier, daß die Schlacht (baroud) entbrannt sei und zum Siege führen werde. Er ruft alle Algerier zur Verteidigung auf.

Am Vormittag nahm ich an der Schlußkundgebung der

Doriotpartei in der Salle Wagram teil. Es war eine machtvolle Kundgebung. Man geißelte die Schönfärberei durch die Vichy-Regierung und gab die wirkliche Lage bekannt: Die Kapitulation von Algier und die übrigen Erfolge der Engländer und Amerikaner. Man verlangte die sofortige Kriegserklärung an England und Amerika unter ungeheurer Begeisterung von Tausenden Delegierten, darunter zahlreicher Delegierter aus Nordafrika. Es wurde folgende Entschließung verlesen:

»Resolution. Im Namen von Zehntausenden Kundgebern aus Paris und 7200 Delegierten des Kongresses der P.P.F. verlangen wir von der Regierung:

1. unverzüglich den Krieg an England und die Vereinigten Staaten zu erklären;

2. den Abschluß eines Kolonialpaktes (pacte impérial) zur Verteidigung und Wiedereroberung von Afrika allen interessierten europäischen Mächten vorzuschlagen;

3. dem Antikominternpakt beizutreten;

4. die Bildung eines Freiwilligenkorps zu gestatten als Antwort auf den Verrat gewisser militärischer Elemente;

5. aus der Regierung alle Leute auszuscheiden, die bis heute amerikafreundliche Tendenzen gezeigt haben;

6. die Bildung einer Regierung des öffentlichen Wohles, die beauftragt werden soll, allen Widerstand zu brechen, der Frankreich verhindert, der neuen Lage gerecht zu werden.

Im Anschluß daran fand ein Demonstrationszug der Teilnehmer über Étoile, Champs Elysées bis zum Parteihaus rue des Pyramides statt. Dabei kam es zu Zusammenstößen mit der Polizei, die den Umzug verhindern wollte. Es gab 30 bis 40 Verwundete. Schon am Sonntag Nachmittag hatte eine ähnliche Demonstration der Doriotleute stattgefunden, die, nachdem die Kundgebung im Velodrôme d'hiver abgesagt war, einen Umzug über Étoile, Champs Elysées bis zum Parteihaus vornahmen. Auch dort war es schon zu Zusammenstößen mit der Polizei gekommen. Deutsche Offiziere und Soldaten hatten mit den Doriotleuten sympathisiert und waren zum Teil gegen die Polizei eingeschritten.

Ein Mitglied der Organisation Todt wurde im Triumph auf den Schultern getragen und nahm an der Veranstaltung vor dem Parteihaus teil, wo Doriot eine Ansprache an seine Anhänger hielt.

Der 10. November 1942

Über die Ereignisse des 9. November gibt die Pariser Presse folgende Darstellung:

Der Gouverneur Boisson von Dakar erklärt: »Wir sind bereit, man kann auf uns zählen.«

General Barré, Kommandeur der Truppen in Tunis, erklärt: »Unsere Pflicht ist einfach, wir erfüllen die Befehle des Marschalls.«

Chatel kehrt nach Algerien zurück.

Admiral Esteva, der Gouverneur von Tunis erklärte: »Die Ehre Frankreichs ist uns anvertraut, wir werden uns mit Gewalt allen Angriffsversuchen widersetzen.«

Es wird dann auch erstmalig bekannt, daß bereits seit dem 9. November abends in Algier im Einverständnis mit Darlan Waffenruhe herrscht.

Durch deutsche Sondermeldungen wird bekanntgegeben, daß in der Atlantikschlacht 103 000 Tonnen Schiffe neu versenkt wurden, und daß seit dem 6. November 1942 die amerikanisch-englische Transportflotte, die die Landung in Nordafrika durchgeführt hat, von deutschen U-Booten angegriffen wird, die 6 Kriegsschiffe und 4 Handelsschiffe getroffen hätten.

Der 11. November 1942

Die Presse berichtet über die Ereignisse des Vortages: Pétain übernimmt den Oberfehl.

Pétain telegrafiert an Darlan und die Generäle in Afrika: »Ich hatte den Befehl zum Widerstand gegeben, ich halte den Befehl aufrecht.«

General Giraud wird von de Brinon als Verräter entlarvt. De Brinon teilt weiter mit, daß der französische Botschafter in Vichy den Protest gegen den Überfall wiederholt habe.

Im Wehrmachtsbericht heißt es, daß vor Afrika zwei feindliche Schiffe versenkt und 12 beschädigt worden seien.

Am Nachmittag des 11. Novembers hielt ich im Cercle Européen in Paris einen Vortrag über »Frankreich und die neue europäische Ordnung«, der gut besucht war und auch sehr gut verlief.

Inzwischen war durch Radio der Einmarsch der deutschen und italienischen Truppen ins unbesetzte Gebiet Frankreichs bekannt geworden. Man nahm den Einmarsch der deutschen Truppen ruhig auf, wies aber darauf hin, daß der Einmarsch der Italiener in Nizza und Corsika der »neuralgische Punkt« für Frankreich wäre.

Der 12. November 1942
In der Presse wird der Einmarsch der deutschen und italienischen Truppen ins unbesetzte Gebiet Frankreichs und nach Corsika bekannt gegeben, zugleich mit dem Brief des Führers an den Marschall Pétain und seinem Aufruf an das französische Volk. Brief und Aufruf, die in Plakaten in Paris überall angeschlagen werden, machen einen vorzüglichen Eindruck.

Man erfährt, daß nach drei Tagen Widerstand Casablanca (General Michelier) Waffenstillstand erbeten habe.

Oran soll weiter Widerstand leisten.

Erklärung des Ministerrates und des Marschalls Pétain: »Wir zählen auf Widerstand bis zur Grenze des Möglichen.«

Ein Abgesandter des General Noguès erscheint in Vichy und berichtet über die Lage.

In Paris wird auf dem Gebäude des Innenministeriums (Sitz de Brinons) die französische Fahne gehißt.

Die P.P.F. entsendet ein Mitglied zu Laval zwecks Aufnahme von Verhandlungen.

Der 13. November 1942

Vichy gibt zum ersten Male einen Bericht über die Vorgänge vom 9. bis 11. November. (Laval-Besuch in München und Besuch des Generalfeldmarschall von Rundstedt bei Pétain.)

Danach haben sich die Vorgänge wie folgt zugetragen:

Am 9. November ist Laval mit dem Botschafter Abetz nach München geflogen und hat Besprechungen mit dem Führer, Herrn von Ribbentrop und Graf Ciano gehabt.

Am 11. November ist Laval zurückgekehrt und hat am Nachmittag dem Ministerrat und dem Marschall berichtet.

Am Vormittag des 11. Novembers hat um 10 Uhr der Besuch Rundstedts, der vom Gesandten Rahn begleitet war, bei Pétain stattgefunden, noch bevor Laval zurückgekehrt war. Der Besuch vollzog sich in den freundlichsten Formen. Pétain erklärte von dem Brief des Führers: »Das ist nicht der Brief eines Feindes.«

Er glaubte aber, zu einem Protest gegen die Besetzung verpflichtet zu sein, indem er gleichzeitig betonte, daß dieser Protest nur formelle Bedeutung habe, und er anerkenne, daß Deutschland zu diesem Schritt durch den Überfall der Amerikaner und Engländer gezwungen sei.

In den Kreisen unserer Freunde fiel es allgemein auf, daß diese vollständige Darstellung erst am 13. November in der Presse erschien, obwohl am 11. November nachmittags Laval doch schon zurückgekehrt war und ein Ministerrat stattgefunden hatte.

Am 11. November hatte Rundfunk Vichy von 11 Uhr ab mehrere Male die Nachricht vom feierlichen Protest des Marschalls Pétain gegen den deutschen Einmarsch gebracht und durch ganz Frankreich und Afrika verbreitet, wobei der Sprecher besonders laut und betont den feierlichen Protest Pétains unterstrich. Dadurch wurde in den Reihen unserer Freunde eine ungeheure Verwirrung hervorgerufen und gleichzeitig die Dissidenz stark ermutigt. Die Folge war, daß, da nicht rechtzeitig Aufklärung kam, im Laufe des 12. November eine allgemeine Verwirrung entstanden war, die ihren Höhepunkt in Vichy an diesem

Tage erreichte. Die Freunde sagten: »Jetzt weiß man überhaupt nicht mehr, was der Marschall will«, und die Feinde erklärten: »Der Marschall ist mit Darlan einverstanden.«

Dieser Eindruck dürfte zu mindestens in Afrika ein bleibender dadurch geworden sein, daß am 12. November der feindliche Rundfunk erklärte: »Der Protest des Marschalls gegen den deutschen Einmarsch war die letzte freiwillige Äußerung des Marschalls. Von jetzt ab ist er Gefangener der Deutschen.«

Ich hielt am 13. November in Nantes im Theater zusammen mit Georges Claude einen Vortrag über »Frankreich und das neue Europa«. Die Veranstaltung war von etwa 800 Personen besucht. Die Stimmung in Nantes stand ganz unter dem Eindruck des Protestes des Marschalls. Es gelang mir dann aber, anhand der neuesten Zeitungsberichte aus Paris unsere Freunde wenigstens aufzuklären. Die Veranstaltung in Nantes war trotz allem ein großer Erfolg. Sie stärkte die Zuversicht unserer Freunde.

Der 14. November 1942
Deutsche Meldungen über U-Boot- und Fliegererfolge vor Afrika. – Beginnende Ernüchterung –.

Der 15. November 1942
In der Presse wird der Eindruck, als ob in Afrika noch Widerstand geleistet würde, weiter fortgesetzt: »Französische Truppen ziehen sich ins Innere zurück.«
- »Die Eingeborenen leisten Widerstand.«
- »Die Amerikaner lassen in Algier zwei französische Marineoffiziere erschießen, die ein Attentat auf General Giraud versucht haben sollen.«
- Deutsche Sondermeldung über große U-Boot-Erfolge (218 000 Tonnen versenkt).
- In der französischen Presse Feststellung des Widerstandes der Marine im Hafen von Casablanca.
- Gleichzeitig Meldung, daß Toulon nicht besetzt würde.

– Im Oeuvre und Cri du Peuple kommt es zu einer Auseinandersetzung zwischen Déat und Doriot über Front révolutionaire national (Déat) und Comité devigilance (Doriot).

Am Nachmittag nahm ich an der Kundgebung der Ligue française (Constantini) in der Salle Wagram teil. Sie verlief ähnlich wie die Doriot-Kundgebung von Montag, war aber lange nicht so mächtig und wuchtig. Eine Aufzählung der Verbrechen der Engländer unter Trommelwirbel war eindrucksvoll.

Am Spätnachmittag hatte ich eine eingehende Aussprache mit Déat und Henri Clerc in der Wohnung von Déat. Déat ist durchaus optimistisch. Er hält die strategische Lage für günstig. Er hält den Konflikt mit Doriot nicht für unlösbar. Die Ziele, die er im Oeuvre verkündet, sind dem Inhalt nach fast die gleichen wie die von Doriot verkündeten Ziele.

Ich vertrete die Auffassung, daß alle positiven Kräfte der Nation jetzt zusammengefaßt werden müssen im Sinne der Ziele, wie sie Déat und Doriot verkündet haben.

Déat hat in der Nummer vom 15. November des Oeuvre diese Ziele wie folgt zusammengefaßt: »Wir wollen, daß Flotte, Luftwaffe und Armee genügend gereinigt und reorganisiert, an der Seite der Achsenmächte für die Verteidigung des Mutterlandes und Europas kämpfen und für die Wiedereroberung der Kolonien und aller afrikanischen Gebiete«.

Der 16. November 1942
Die Presse gibt einen Appell Pétains an die afrikanische Armee gegen Giraud bekannt: »Ich bin und bleibe Euer alleiniger Chef.« Ferner ein Telegramm Pétains an Darlan, worin die Haltung Darlans mißbilligt wird: »Sie sollten Afrika verteidigen, Sie haben gegen meine Befehle gehandelt. Ich befehle den Truppen in Afrika, nichts gegen die Achsenmächte zu tun.«

Es fällt unseren Freunden auf, daß der Befehl zum Widerstand nicht wiederholt wird.

Die Presse gibt endlich bekannt, daß »am 8. November der General de Lattre de Tassigny in Montpellier einen Aufstandsversuch mit 2 Kanonen und einigen Mann unternommen habe, sich jetzt aber nach längerem Herumirren einem Gendarmerie-Offizier ergeben habe. Er hatte den Ehrgeiz, Generalstabschef des Generals Giraud zu werden.«

- Deutsche Sondermeldung: Vor Afrika sind insgesamt 89 Schiffe versenkt oder beschädigt. Die Meldung macht großen Eindruck.

Der 17. November 1942

Das Informationsministerium meldet: Der Marschall erklärt Darlan aller öffentlichen Ämter und jeder Befehlsgewalt verlustig.

- Die deutsch-italienische Landung in Tunis ist im Einverständnis mit den französischen Behörden erfolgt.
- Die Zeitung Nouveaux Temps meldet aus Vichy: Die Regierung bleibt in Vichy, Vichy wird nicht besetzt und wird sein gewöhnliches Aussehen weiter behalten.

Stellungnahme, Eindrücke und Bemerkungen

Der Eindruck

Der erste Eindruck der Ereignisse auf die Bevölkerung war ein ähnlicher wie der nach dem Kriegseintritt Sowjet-Rußlands. Ich habe auch den 22. Juni vorigen Jahres in Paris mitgemacht. Auch damals war es so, daß die Mehrzahl der Bevölkerung sich über die Ereignisse freute. Diesmal war dieser Eindruck noch stärker. Es wurde von Freudenfesten berichtet. Unsere Freunde, die bestürzt oder besorgt waren, meldeten, daß man ihnen überall gesagt habe: »Diesmal ist es aus und Deutschland ist verloren.« Man behauptete, daß nach Besetzung von Nordafrika durch die Engländer und Amerikaner und Erledigung der Rommel-Armee der große Angriff auf Italien erfolgen würde, so daß Italien als schwächster Punkt der Achse bald darauf zusammenbrechen würde. Dazu komme dann der Einfall in Südfrankreich.

Es gab Leute, die behaupteten, die Amerikaner seien in 3 Wochen in Paris, andere sprachen von 6 Wochen, wieder andere vom Frühjahr. Das Schlimme war, daß die neuen Ereignisse in Afrika unmittelbar auf den Rückschlag der Rommel-Armee und auf die Erkenntnis, daß in Rußland noch keine völlig klaren Verhältnisse geschaffen sind, folgten.

Überaus nachteilig wirkte sich ferner aus, daß von deutscher und italienischer Seite aus keine Gegenmaßnahmen ergriffen zu sein schienen. Man fragte uns in den ersten Tagen: »Wo bleiben Eure U-Boote, Eure Flugzeuge, wo bleibt Euer Nachrichtendienst? Habt Ihr Euch denn vollständig überraschen lassen?«

Das Ereignis war jedenfalls in der öffentlichen Meinung in Frankreich ein gewaltiger Prestigeverlust für uns. Ein Freund faßte das in die Worte zusammen: »Das ist die erste große Niederlage, die Ihr in diesem Krieg erlitten habt.«

Propagandistisch wirkte sich ungünstig aus, daß man die Behauptung, eine Invasion sei mangels Tonnage unmöglich, zu stark in den Vordergrund gestellt hatte. Nun erschien auf einmal eine englisch-amerikanische Flotte von 165 Schiffen und konnte ohne jedes ernste Hindernis in Afrika landen!

Auch das starke Lächerlichmachen der zweiten Front wirkte sich ungünstig aus, denn die Franzosen empfinden die Landung in Afrika als eine zweite Front und gebrauchen den Begriff nicht so eng wie wir: als zweite Front in Europa.

In der Diskussion der ersten Tage überwog der militärische Gesichtspunkt bei weitem den politischen. Man sagte allgemein: das ist jetzt eine militärische Frage. Es geht jetzt darum, wer den Krieg gewinnt, und ob die Achsenmächte wenigstens in Tunis den anderen noch zuvorkommen.

Bei unseren Freunden war teilweise auch eine optimistische Auffassung über die militärische Lage festzustellen. Sie sagten: »Wenn es Euch gelingt, die Brücke Sardinien, Sizilien, Pantelleria, Biserta fest in Eure Hand zu bekommen, dann ist die strategische Lage für Euch günstig. Dann könnte es für die Engländer und Amerikaner zu einem zweiten Dünkirchen kommen, was natürlich den Höhepunkt des militärischen und im weiteren Verfolg auch politischen Erfolges darstellen würde.«

Bei Erörterung der militärischen Frage wurde darauf hingewiesen, daß die Engländer und Amerikaner auch die Karawanenstraße im Süden nehmen und unter Umgehung von Tunis direkt auf Tripolis vorstoßen könnten.

Jedenfalls war der allgemeine Eindruck der, daß man an einem Wendepunkt des Krieges stände, in dem es schlechterdings um die Entscheidung ginge.

Der Eindruck über die französischen Verluste, z. B. bei der Flotte in Casablanca, war ein ähnlicher wie der bei den Verlusten der französischen Bevölkerung durch Flugangriffe. Sie lösten bei der Mehrzahl der Franzosen nicht Haß aus, sondern das Gefühl: das muß eben so sein, damit die anderen siegen und uns befreien.

Gerüchte

In den ersten Tagen schwirrten die unmöglichsten Gerüchte durch Paris, z. B. daß Spanien und Portugal die diplomatischen Beziehungen zur Achse abgebrochen hätten, ebenso die Türkei, daß Doriot ermordet worden sein sollte, und Ähnliches.

Die Haltung unserer Freunde

Die Haltung unserer Freunde war im großen und ganzen ausgezeichnet. Sie ließen sich, trotzdem sie bedrückt waren, nicht irre machen. Ich habe durch meine drei Vorträge in Paris, Nantes und Belfort die Probe darauf machen können, wie sich unsere Freunde zu uns bekannten. Es war auch gut, daß sie moralisch gestützt wurden. Wir dürfen uns aber darüber nicht im Unklaren sein, daß diese zuverlässigen Freunde eben nur eine relativ kleine Minderheit in der Bevölkerung bilden. Allgemein trat aber bei diesen Freunden die Kritik hervor: »Warum habt Ihr es so weit kommen lassen, warum habt Ihr auf unsere Warnungen nicht gehört, warum habt Ihr nicht vorher klare Verhältnisse geschaffen und insbesondere das Vichy-System geduldet, das letzten Endes für diesen Zusammenbruch doch verantwortlich ist, wenn es nicht die Vorgänge geradezu bewußt und gewollt herbeigeführt hat.«

Es ist in der Tat richtig, daß unsere Freunde immer auf die Gefahr der Dissidenz in Afrika hingewiesen haben, und es ist leider festzustellen, daß die, die am pessimistischsten waren, recht behalten haben.

Ein Komplott

Die Mehrzahl unserer Freunde ist der Auffassung, daß ein regelrechtes Komplott zwischen Vichy und den Amerikanern und Engländern vorlag, und daß wir uns hätten täuschen lassen. Strittig ist nur, welche Rolle der Marschall Pétain dabei gespielt hat, und noch strittiger ist, ob auch gegen Laval Vorwürfe gerichtet werden können. Für die Annahme eines Komplotts sprechen verschiedene Tatsachen, auf die ich auch in den früheren Warnungen unserer Freunde schon hingewiesen wurde.

Der Plan dürfte schon im September dieses Jahres gefaßt sein. Damals verließen auffällig viele Franzosen Frankreich, um sich nach England zu begeben. Dazu kam die Vermehrung des amerikanischen Konsulatspersonals.

Die Alarmrufe um Dakar waren wohl ein Ablenkungsmanöver. Syrien und Madagaskar waren nach Auffassung unserer Freunde erste Generalproben. Die Inspektionsreise von Darlan war ein abgekartetes Spiel. Unmittelbar nach Beendigung der Inspektionsreise ging der Angriff los. Darlan hatte sich wohl davon überzeugt, daß alles bereit war und der Schlag geführt werden konnte. Unmittelbar vor der Landung sollen die englischen Sender den mysteriösen Ruf verbreitet haben: »Lafayette Robert arrive.« Dieser Ruf soll dreimal erschollen sein, was bedeuten sollte, daß in drei Tagen die Amerikaner kämen.

Sehr verdächtig ist auch die Nachrichtengebung und die Erklärungen, die der Marschall hintereinander abgab. Die viel zu optimistischen Nachrichten der ersten Tage lassen darauf schließen, daß man ein Interesse hatte, Zeit zu gewinnen, damit die deutsch-italienischen Gegenmaßnahmen in Tunis zu spät ergriffen werden sollten. Es ist natürlich schwer zu sagen, wer hierfür die letzte Verantwortung trägt, und wer in Vichy mitgespielt hat oder getäuscht wurde.

Besonders verdächtig ist die Art, wie durch Radio Vichy der Protest des Marschalls Pétain gegen den deutschen Einmarsch verbreitet wurde, und die nähere Aufklärung bis zum 13. November hinausgeschoben wurde. Es bedarf m. E. einer genauen Nachprüfung dieser Vorgänge, damit wir unsere künftige Einstellung zu Vichy danach richten.

Im einzelnen möchte ich hierzu folgendes sagen:

Der Marschall Pétain

Die Haltung des Marschalls Pétain ist immer noch nicht ganz klar. Es gibt viele Freunde, die von vornherein vor Marschall Pétain gewarnt haben und auch heute noch erklären, daß Pétain in Wirklichkeit Deutschland haßt und das Ziel der Feinde erstrebt, weil ihm eine Politik à la Tauroggen oder eine Politik des Finassierens vorschwebe; andere sagen dagegen, daß Pétain selbst die Zusammenarbeit ehrlich meine, aber von seiner Umgebung mißbraucht werde.

Laval

Was Laval anbetrifft, so sagte keiner unserer Freunde, daß er am Komplott teilhabe, aber alle sagen, daß er eben ein Politiker alten Stiles sei, der seine ganze Politik so mache, wie ein Ministerpräsident im früheren Frankreich es immer gemacht hätte, nämlich durch Lavieren, gegenseitiges Ausspielen innerpolitischer Gruppen, sich bemühe, möglichst lange an der Macht zu bleiben. Er sei dadurch gezwungen, ständig Konzessionen zu machen, könne seine Verwaltung nicht richtig säubern, seinen Willen nicht durchsetzen und sei letzten Endes fortgesetzt gezwungen, Zugeständnisse zu machen, wodurch er in Wirklichkeit nur dazu beitrage, die deutschfeindliche Politik des Vichyklüngels zu unterstützen.

Die Rolle von Darlan

Die Rolle von Darlan dürfte nunmehr völlig geklärt sein. Er soll aus Ärger darüber, daß er durch Laval aus der Stellung des Regierungschefs verdrängt wurde, zur Gegenseite übergegangen sein. Hat er den Marschall getäuscht? Die Angelegenheit betreff seinen erkrankten Sohn ist noch nicht klargestellt. Er fuhr unmittelbar vor den Ereignissen ein zweites Mal nach Afrika, diesmal, wie er sagte, aus privaten Gründen, um an das Krankenbett seines Sohnes zu eilen, von dem die einen behaupten, daß er inzwischen verstorben sei, während die anderen erklären, daß er wieder völlig gesund sei. Auffallend ist, daß Darlan zu dieser rein privaten Reise seinen Kabinettchef mitnahm.

Die Rolle der anderen Generäle:
Giraud, Juin, Noguès und Esteva

Die Verräterrolle von Giraud ist absolut klar. Juin wurde als zuverlässig hingestellt. Er war aus diesem Anlaß als Kriegsgefangener entlassen und hat trotzdem zusammen mit Darlan Verrat geübt. Noguès, der von jeher als Englandfreund und Deutschenfeind hingestellt wurde, hat es verstanden, in Zusammenarbeit mit gewissen Kräften in Vichy den Eindruck zu erwecken, als ob er zunächst Afrika verteidigen wollte. Das gleiche gilt für den Gouverneur von Algerien, Chatel. Daß diese Leute erst von Vichy aus loyale Erklärungen abgeben und dann nach Afrika fahren und sofort zur Dissidenz übergehen, daß noch ein Abgesandter von Noguès in Vichy erscheint, das alles sind Dinge, die für ein allgemeines Komplott von Vichy mit der Dissidenz sprechen.

Die Rolle von Flandin

Man erfuhr auch, daß Flandin in Philippeville in Algerien sich aufhält. Es ist auffällig, daß er sich kurze Zeit vor den Ereignissen dorthin begeben hat. Freunde, die ihn sehr genau kennen, sagen aber, daß dies doch wohl ein Zufall sei. Man wisse seit langem, daß er eine Besitzung in Philippeville habe. Die Persönlichkeit von Flandin in Afrika kann natürlich von großer Bedeutung werden. Die Möglichkeit, daß man, wie am 13. Dezember, versucht, Flandin zum Chef einer Gegenregierung in Afrika zu machen, liege nahe. Flandin ist ehrgeizig, seine Frau ist es noch mehr. Flandin ist aber auch klug, und hat vielleicht aus seinem Irrtum vom 13. Dezember etwas gelernt. Seine Freunde rechnen damit, daß er sich vorläufig zurückhält. Sein Ehrgeiz ist, einmal ehrlicher Mittler zwischen England und Deutschland zum Vorteil von Frankreich zu werden.

Die Juden in Afrika

Die Juden in Afrika haben bei den Vorkommnissen zweifellos eine große Rolle gespielt. Man erfährt, daß jetzt auch Bernard Lecache, der seit 1940 sich in einem Konzentrationslager in Nordafrika befand und von dort aus eine unterirdische Tätigkeit ausübte, befreit worden ist. Man muß nunmehr mit einer wilden Agitationstätigkeit von Bernard Lecache, dem Mann der Lica und des Droit de vivre, der den politischen Mördern Schwartzkopf, Frankfurter und Grünspan nahesteht, rechnen.

Andererseits wird der Gegensatz zwischen Arabern und Juden höchst bedeutsam und verdient unsere Aufmerksamkeit.

Schlußfolgerungen

Unsere Frankreichpolitik muß aus den bisher gemachten Erfahrungen lernen und dabei m. E. folgende Punkte beachten:

1.) Es dürfen jetzt keine überstürzten Maßnahmen getroffen werden, durch die das Land in Unordnung gebracht und die Gefahr eines passiven Widerstandes und eines Chaos heraufbeschworen wird.

2.) Es ist davon auszugehen, daß das militärische Interesse alles überwiegt. Es muß also die Sicherheit der Besatzungstruppen gewährleistet und ein möglichst großer Gewinn für die deutsche Kriegsführung durch Heranziehung der materiellen Hilfskräfte und der Arbeitskraft des Landes auch weiterhin gewährleistet werden.

3.) Auf der anderen Seite ist die Politik der halben Maßnahmen (Schaukelpolitik) kaum länger zu verantworten. Es müssen so schnell wie möglich klare Verhältnisse geschaffen und die schädlichen Auswirkungen des »Vichy-Systems« für die Zukunft beseitigt werden.

4.) Dazu ist erforderlich, daß die Regierung so schnell wie möglich nach Paris-Versailles kommt. Die oben genannte letzte Meldung des Nouveaux Temps, daß in Vichy alles beim alten bleibe, ist bezeichnend. Es darf eben in Vichy nicht alles beim alten bleiben, und die Franzosen müssen erkennen, daß wir jetzt eine klare Linie haben und unsere Wünsche und Befehle auch restlos befolgt werden. Laval muß die sofortige Bereinigung seines Ministeriums und der gesamten Administration vornehmen.

5.) Laval muß dazu die gesunden Kräfte des Landes, die eine nationale Erneuerung in Zusammenwirken mit Deutschland wollen, heranziehen. Es darf nicht mehr länger sein, daß auch heute noch deutschfreundliche Beamte abgesetzt und verfolgt werden, und england- und amerikahörige Beamte und Politiker entscheidenden Einfluß haben.

6.) Innerhalb der nationalen Erneuerungsbewegung muß ein Zusammenschluß erzwungen werden. Déat und Doriot müssen sich einigen. Die starke Kraft der Doriotbewegung, die nun einmal das stärkste ist, was im französischen Volk heute für die Zusammenarbeit mit Deutschland und im Kampf gegen England und Amerika besteht, darf nicht länger ungenutzt bleiben, sondern muß positiv für den Kampf im Westen eingesetzt werden, allerdings möglichst nicht gegen Laval, sondern mit Laval.

7.) Wenn nicht bald eine Klärung erfolgt, besteht die Gefahr, daß unsere besten Freunde an uns irrewerden und aus Verzweiflung teilweise sogar zu Gegnern werden könnten.

8.) Was die Frage der Lebensmittelversorgung im neubesetzten Gebiet aber auch in ganz Frankreich anbelangt, so bekommt diese die allergrößte Bedeutung, da, wie man mir sagte, etwa 25% der Versorgung, namentlich an Fetten, durch die Besetzung von Algerien weggefallen sind. Es müssen also energische Maßnahmen ergriffen werden, um eine gerechte Lebensmittelversorgung sicherzustellen. Der schwarze Markt muß sofort unterdrückt werden, und zwar in einer allen Franzosen sichtbaren Form durch die Deutschen. Es darf nicht mehr länger sein, daß die Franzosen wissen, daß wir Deutschen am Schwarzen Markt interessiert sind und ihn aufrechterhalten. Es darf auch nicht länger sein, daß man uns sagt: »Ihr verleugnet in Frankreich die nationalsozialistischen Prinzipien.«

9.) Darauf folgt eine Umstellung auch unserer Haltung der französischen Bevölkerung gegenüber, namentlich auch in der Propaganda. Wir haben doch im besetzten Gebiet Erfahrungen mit der Propaganda gemacht. Wir werden im unbesetzten Gebiet ähnliche Erfahrungen machen und sollten aus den Erfahrungen im besetzten Gebiet lernen.

Die erste Propagandaphase, die die Feinde auch für

das neubesetzte Gebiet aufstellen werden, wird wiederum die sein: »Die Deutschen nehmen Euch alles.« Durch Unterdrückung des Schwarzen Marktes und dadurch, daß wir nur ganz bestimmte Prozentsätze von Lebensmitteln aus dem besetzten Gebiet nehmen, kann man der Gefahr dieser Propaganda entgegentreten.

10.) Es ist auch zu prüfen, ob nicht jetzt die Propaganda, namentlich die Rundfunkpropaganda, wieder intensiver gestaltet werden soll wie in den ersten Kriegsmonaten Frankreich gegenüber. Es wäre zu erwägen, ob nicht endlich die technischen Beschränkungen (Abendsendungen und dergl.) wegfallen müssen, die unsere Rundfunkpropaganda in Frankreich bisher behindert haben.

11.) Auch sonst ist zu prüfen, wie die deutsche Propaganda durch Vorträge, Presse, Artikel usw. im neubesetzten Gebiet Frankreichs erfolgreicher gestaltet werden kann.

12.) Es ist darauf zu achten, daß die Bestrebungen unserer Feinde, die jetzige Lage zur Bildung eines Gegensatzes Deutschland-Italien auszunutzen, bekämpft werden. Gerade in den kritischen Tagen konnte man in Paris immer noch abträgliche Witze oder Kritiken an dem italienischen Bundesgenossen hören. Man sprach von Gegensätzen zwischen Deutschland und Italien, die bei der Besetzung der südfranzösischen Küste, und sogar bezüglich Tunis, die militärischen Maßnahmen behindert hätten.

13.) Ebenso sorgfältig sind die Vorgänge in Spanien zu beachten: Ich hörte von sehr ernsten Leuten überaus ernste Bedenken über die Lage in Spanien. Die Roten hätten an Einfluß wieder zugenommen. Die Angelsachsen hätten durch ihre Lebensmittelschiffe in der letzten Zeit eine günstigere Stimmung für sich in Spanien hervorgerufen.

VORBEMERKUNGEN 1943

Die Berichte des Jahres 1943 lassen von Anfang an erkennen, daß wir mit der Jahreswende 1942/43 in eine völlig neue Phase des Krieges und damit auch der Besatzungspolitik in Frankreich eingetreten sind. War das Jahr 1942, wenn man von einigen Einzelattentaten absieht, ein Normaljahr der Frankreichbesetzung unter Waffenstillstandsregime, in dem die innerpolitischen Probleme Frankreichs im Vordergrund des Interesses standen, so beginnt das Jahr 1943 sogleich mit einem warnendem Bericht an den Botschafter mit Einzelheiten über die zunehmende Tätigkeit der aktiven Widerstandsbewegung. Attentate, Sabotage und Terrorakte, (Zerstörung von Lokomotiven und Anschlägen auf das Eisenbahnnetz.

Nach dem Verlust von Nordafrika ist der Kampf um die »Festung Frankreich« zum mindesten in das erste Stadium getreten. An die Stelle des Waffenstillstands tritt erneut der Krieg. Das Politische tritt zurück. Das Militärische tritt in den Vordergrund und beherrscht schließlich alles. Alle Besatzungsprobleme sind von jetzt ab nur noch unter diesem Gesichtspunkt zu betrachten. Das gilt namentlich auch für die zunehmenden Fliegerangriffe.

Die Frage der Landung der englisch-amerikanischen Armee in Frankreich steht im Mittelpunkt der Erörterung. Man spricht nur noch vom Zeitpunkt und Ort der Invasion oder der zweiten Front.

Wie die äußere Gefahr, so entwickelt sich auch die innere. Es hat gewiß von Anfang der Besatzung an einzelne Attentate gegeben, die nicht von der Bevölkerung ausgingen, sondern von London aus organisiert wurden. Diese Attentate waren schon im Jahre 1942 im Vergleich zu 1941 zahlreicher geworden. Es folgten als zweite Etappe die Terrorakte, die auch von London aus geleitet wurden. Im Jahre 1943 aber trat zum ersten Male eine geschlossene Widerstandsbewegung in Erscheinung, deren Betätigung zuletzt die Form wirklicher Partisanenkämpfe annahm. Ihre Bekämpfung war schließlich nicht mehr eine reine

Polizeiangelegenheit der französischen Regierung in Vichy und der deutschen Besatzungsbehörden, sondern wurde zu einer militärischen Angelegenheit, die letzten Endes nur noch die deutsche Wehrmacht anging.

Innerhalb der Widerstandsbewegung waren verschiedene Gruppen zu unterscheiden, die im einzelnen zu beurteilen schwierig war. Außerdem wurden neben der eigentlichen Widerstandsbewegung auch noch rein kriminell zu beurteilende Elemente tätig, die einzeln und in Banden Überfälle und Terrorakte begingen. Die eigentliche Widerstandsbewegung bestand aus der Armée secrète, die nicht ausgesprochen politisch, sondern mehr staatlich und national war und von beiden politischen Gruppen von links (kommunistisch) und rechts (nationalistisch) getragen wurde. Dazu kamen als Masse die refractaires, die sich dem Arbeitsdienst entziehen wollten und in der Illegalität lebten. Es herrschte also in der Widerstandsbewegung eine ähnliche Zusammensetzung wie im französischen Volk überhaupt, wo es eine Masse der Zögernden, Unentschiedenen oder Attentisten gab und kleine aktivistische Minderheiten, die je nach der Entwicklung der Kriegslage die Massen mitrissen.

Es bildeten sich für die Widerstandsbewegung jetzt feste Begriffe. Der Begriff »La France combattante« trat an die Stelle des Begriffes »La Dissidence«, der für die Franzosen gegolten hatte, die den Waffenstillstand der Vichy-Regierung nicht anerkannten, sondern den Krieg gegen Deutschland an der Seite der Engländer fortsetzten. Dazu kam der Begriff »La France résistante« für die innere Widerstandsbewegung.

Für die deutsche Politik ergab sich aus dieser Entwicklung der Dinge die Notwendigkeit, eindeutige Schlußfolgerungen zu ziehen und endlich klare Verhältnisse zu schaffen. Man mußte wählen zwischen Krieg oder Frieden (Vorfrieden), Kampf oder Zusammengehen mit Frankreich, das bis zum Bündnis hätte gehen können. Man tat dies nicht, sondern blieb bei der Politik des Zauderns und der Unentschlossenheit, die man die Politik des »laisser aller«, die deutsche »Schaukelpolitik«, die »Laval- und Lavierpo-litik«, den deutschen »Attentismus« oder schließlich gar die »abdication allemande« genannt hat. Man sah sich plötzlich zwei Frankreichs gegenüber, Vichy und der résistance, von denen man das eine nach Waffenstillstands-grundsätzen behandelte und das andere als illegal erklärte und einfach ignorieren wollte. Man erklärte sich nicht – nicht einmal im Rahmen der Kollaborationspolitik und der Kollaboristen, deren aktiver Teil (Déat, Doriot, Darnand) sich immer mehr gegen Laval und seine Methode »en duce« wandte, ohne daß sich die deutsche Regierung für oder gegen den einen oder anderen Teil aussprach. Man wählte die schlechteste Politik, indem man Frankreich als quantité négligeable behandelte. Die deutsche Politik be-fand sich allerdings auch in einer sehr schwierigen Lage, in einem wahren circulus vitiosus.

Von der eigentlichen Widerstandsbewegung ist der passive Widerstand zu unterscheiden, deren Träger nach wie vor die Administration, die Beamtenschaft, ein Teil der Präfekten und die Umgebung des Marschalls in Vichy waren. Sie richteten sich teilweise auch gegen Laval, nie gegen Pétain, dessen persönliche Politik weiterhin undurchsichtig blieb (Doppelspiel).

Es ist ferner auch im Jahre 1943 zwischen der amtlichen »Kollaborationspolitik« der Regierung und der Kollabora-tion als Bewegung oder Idee zu unterscheiden. Der letzte-ren widmete sich, da das Comitée France-Allemagne in Paris und die Deutsch-Französische Gesellschaft in Berlin während des Krieges nach außen nicht mehr hervortraten, nur noch die »Groupe Collaboration«.

Innerhalb der Kollaborationspolitik traten die politi-schen Parteien Doriot, Déat, Darnand usw. sehr aktivi-stisch gegen die Lavalpolitik in Opposition. Laval betrieb Kollaborationspolitik gegen die Kollaborationisten.

Im übrigen waren – ähnlich wie in der Widerstandsbe-wegung – auch bei den Kollaborationisten verschiedene Gruppen zu unterscheiden. Idealisten und Opportunisten, die sich immer mehr und mehr umstellten. Drohungen, auch Todesdrohungen gegen Kollaborationisten wurden immer ernster. Es kam zu wahren Verfolgungen der Kollaborationisten, die, sofern sie Idealisten waren, Märtyrer ihrer Überzeugungen wurden, genau so wie die Idealisten der Widerstandsbewegung. Es war tragisch, diese Spaltung innerhalb der französischen Patrioten zu sehen, die auf beiden Seiten kämpften und für ihre Überzeugung fielen.

Jedenfalls war unter der Wucht der für Deutschland immer ungünstiger werdenden Gesamtlage eine Krise der Kollaboration festzustellen, die am treffendsten durch Fabre-Luce dargestellt wurde, der mit dem Urteil endet, daß die »Politik der Kollaboration« selbst in ihrer Verstümmelung Früchte getragen habe.

Zu der Frage der drohenden Invasion und der immer zunehmenden Widerstandsbewegung kommt als dritte Sorge, die 1943 die deutsche Frankreichpolitik belastet, die Frage des Arbeitseinsatzes oder der relève.

Zwischen relève und Widerstandsbewegung besteht ein innerer Zusammenhang, weil die Fehlbehandlung der »relèvefrage« die Bewegung der »refractaires« hervorrief, aus denen die Widerstandsgruppen gebildet wurden.

Bei der Frage des Arbeitseinsatzes ist zwischen der Anwerbung französischer Arbeiter durch deutsche Stellen und dem Einsatz der französischen Arbeiter durch die Regierung Laval im Wege des Arbeitsdienstes zu unterscheiden. Bei der ersten Form waren die Regeln des Völkerrechts zu beachten. Es durfte kein Zwang ausgeübt werden. Der Vorwurf, den man gegen Deutschland im vorigen Kriege wegen der »Zwangsdeportation« der belgischen Arbeiter erhoben hatte, durfte in diesem Kriege nicht wiederholt werden. Als ich daher zum erstenmal von »Requisitionen« französischer Arbeiter im Department Doubs hörte, habe ich diese Beschwerden, obwohl ich die Verbreitung dieser Behauptungen als Propaganda ansah, sofort in aller Ausführlichkeit weitergegeben, damit die Vorgänge nachgeprüft und abgestellt werden könnten.

Die zweite Form des französischen Arbeitseinsatzes, d. h. die relève im eigentlichen Sinne, war ein Vorgang der inneren französischen Gesetzgebung und Verwaltung. Es war zugleich ein Teil der Laval'schen Kollaborations-Politik, für den Laval selbst den Begriff »relève« geprägt hat. Sie ging zusammen mit der wirtschaftlichen Zusammenarbeit über ein Regime der Neutralität und des bloßen Waffenstillstandes hinaus. Sie war schon ein Beginn zu einer Bündnispolitik, deren Ziel die Errichtung einer neuen europäischen Ordnung gewesen wäre. Auf deutscher Seite war insoweit nur darauf zu achten, daß die französischen Arbeiter in Deutschland anständig und gerecht behandelt wurden, damit der Gedanke der deutsch-französischen Verständigung als Endziel dadurch nicht beeinträchtigt, sondern durch das Zusammenleben so vieler Deutscher und Franzosen gefördert wurde. Von diesem Gesichtspunkt aus habe ich alle französischen Beschwerden und Kritiken gegen die Durchführung des Arbeitseinsatzes entgegengenommen und immer loyal weitergegeben, damit diese von den verantwortlichen deutschen Stellen berücksichtigt werden könnten.

Meine eigene Rolle war im Jahre 1943 die gleiche wie in den Jahren vorher. Wenn ich von Laval empfangen wurde oder Aussprachen mit E. Frot oder Déat hatte, wurde ich von ihnen als privater Beobachter angesehen, dem gegenüber sie sich frei und unverbindlich äußern konnten, als einem Mann, dem die deutsch-französische Verständigung und ein vernünftiger Ausgleich am Herzen lag. Demgemäß gab ich alle wohlgemeinten Ratschläge weiter, ebenso alle Beschwerden über Fehler und Mißgriffe und bemühte mich, ein ehrlicher Makler im Dienste des Ideals der deutsch-französischen Verständigung zu sein.

Ich berichtete auch über Gegner so objektiv wie nur möglich, ohne Haß und Leidenschaften. Ich trat für gute Behandlung auch der Gegner ein, die in deutscher Hand waren. Meine Berichte waren realistisch ohne Schönfärberei.

An der amtlichen Kollaborations-Politik war ich weder offiziell noch offiziös beteiligt. Hier war ich nur Beobachter wie gegenüber der Frankreichpolitik überhaupt. Dagegen war ich in der Kollaborationsbewegung, an der jeder Privatmann mitarbeiten konnte, als Redner und Schriftsteller tätig, und zwar im Auftrag der groupe collaboration, nachdem das Deutsche Institut die Fürsorge über diese Vorträge eingestellt hatte. Der groupe collaboration gegenüber war ich nichts anderes wie jeder andere deutsche oder französische »conférencier«, wie Georges Claude, de Lesdains, Ph. Henriot usw.

Während die Kollaborationspolitik einen Rückschlag nach dem anderen erlitt, hatte die Kollaboration als Bewegung auch im Jahre 1943 noch erstaunliche Erfolge. Auf französischer Seite gab es während des Krieges auch solche Beobachter, die sich von jeder aktiven und unmittelbaren Beteiligung an der Kollaborationspolitik zurückhielten, aber der Kollaboration als Idee treu ergeben waren, wie z. B. Eugène Frot und Germain Martin, auf deren Urteil ich am meisten gab, weil ich an ihrem französischen Patriotismus nie gezweifelt habe. Am besten hat dies Eugène Frot in der großen Aussprache vom 23. 7. 1943 gewürdigt, wozu er deshalb besonders berufen war, weil er über 20 Jahre mit mir als Rechtsanwalt zusammengearbeitet und meine Tätigkeit für einen deutsch-französischen Ausgleich beobachtet hatte.

So nahte gegen Ende des Jahres 1943 die »große Krise« heran, die die Kriegsentscheidung bringen sollte. Ich wies auf den Ernst der Lage hin. Ich warnte. Wie ich vom Oktober 1942 ab auf die unmittelbar bevorstehende Landung in Nordafrika hingewiesen hatte, warnte ich vor der im Frühjahr 1944 an der Kanalküste stattfindenden Invasion. In meinem Schlußbericht am 30. 12. 1943, der einen Abschluß für das Jahr 1943 und einen Ausblick für 1944 darstellt, bezeichne ich diese Landung als »unmittelbar bevorstehend«, das wird die »entscheidende Schlacht« des Krieges, die auf französischem Boden ausgetragen wird, und zwar im kommenden Frühjahr. Die Landung wird »an der Kanalküste zwischen Sommemündung und Zuydersee« erfolgen.

Entsprechend dem Ernst der Lage sind meine sämtlichen Berichte von Warnungen erfüllt, die immer dringlicher werden. Ich spreche von Sturmzeichen, von der Möglichkeit von Überraschungen.

Ich warne vor der Politik des »laisser aller«, vor dem Luxusleben, dem Schwarzen Markt, vor der Überfüllung von Paris mit deutschen Militär- und Zivilpersonen, die dort gut leben wollen, vor dem »Tanz auf dem Vulkan«!, vor dem »zu spät«, das man schließlich überall zu hören bekam.

Berlin, den 25. 2. 1943

HERRN
BOTSCHAFTER OTTO ABETZ
BERLIN

Sehr geehrter Herr Botschafter!

Der wesentlichste Eindruck, den ich bei meinem letzten Aufenthalt in Frankreich vom 9. 2.–22. 2. 1943 über die augenblickliche Lage gehabt habe, ist der des Anwachsens der kommunistischen Gefahr im Zusammenhang mit einer etwa bevorstehenden Landung der Anglo-Amerikaner. Der Polizeipräfekt Bussière, mit dem ich eine eingehende Aussprache über diesen Gegenstand hatte, ist zwar optimistisch. Er hat mit seiner Polizei in der Tat seit Oktober vorigen Jahres in der Bekämpfung der Terrorakte erhebliche Erfolge erzielt und namhafte kommunistische Führer festgesetzt. Er hat die Polizei auch verstärkt und glaubt, sie fest in der Hand zu haben. Ich habe aber den Eindruck, daß Herr Bussière, wenn auch gutgläubig, seinem Temperament entsprechend die Dinge wohl etwas zu optimistisch beurteilt. Seine Erfolge betreffen nur einen Sektor, nämlich die Terrorakte. Wenn diese seit Oktober nachgelassen haben, so dürfte das zum Teil sicher auf ein Durchgreifen der Polizei, zum Teil aber auch auf Weisungen von Moskau zurückzuführen sein, das die Einzelaktionen zurückstellt, weil sie den Einsatz nicht lohnen.

Inzwischen dürfte Moskau auch auf diesem Gebiet neue Maßnahmen getroffen haben, denn die Terrorakte haben wieder zugenommen. Man sagte mir auch, daß die Kampftruppen der Kommunisten noch heute beständen. Sie hätten Waffen und Führer und rüsteten zu größeren Aktionen. Es werden z. Z. kleine gedruckte Büchlein verteilt, in denen genaue und den Laien leicht verständliche Anweisungen für die Herstellung von Sprengstoffen usw. gegeben werden. Man nimmt an, daß für das kommende Frühjahr und den Sommer der Plan besteht, in Zusammenhang mit den Fliegerangriffen der Engländer und Amerikaner zunächst das Eisenbahnnetz in Frankreich in Unordnung zu bringen, um so die Lebensmittelversorgung der Bevölkerung zu gefährden und die Truppenverschiebungen zu erschweren. Besonders auf das Loiretal scheint man es abgesehen zu haben. Die Fliegerangriffe auf Eisenbahnknotenpunkte, Lokomotivschuppen und elektrische Anlagen haben schon begonnen. Es werden täglich 3–6 Lokomotiven zerstört oder beschädigt und auf diese Weise können im Jahr an die tausend Lokomotiven unbrauchbar gemacht werden. Wenn dann die deutsche Besatzung durch Abziehung von Kerntruppen nach dem Osten entsprechend dünner geworden ist, scheint man einen kombinierten Angriff von außen und innen zu beabsichtigen, nach dem Muster der Besetzung von Nordafrika, wo ja auch in Algier öffentliche Gebäude zunächst von innen her besetzt worden sein sollen.

Das Bedenkliche ist, daß innere Abwehrkräfte gegen die Kommunisten in Frankreich kaum zur Verfügung stehen. Man nimmt nicht an, daß die Polizei dem Ansturm der Kommunisten gewachsen sein wird, ebensowenig die Legion oder die Miliz. Die einzigen Elemente, die zum ernsten Kampf gegen die Kommunisten in Frankreich bereit sind, sind die Elemente der P.P.F. Aus diesen Kreisen hört man heute die Warnung: »Wir haben Euch vor dem 8. November vor der Besetzung Nordafrikas und vor der dortigen Dissidenz gewarnt. Ihr habt uns nicht gehört. Wir warnen Euch heute vor dem kombinierten Angriff der Kommunisten und Engländer und Amerikaner auf das Mutterland Frankreich selbst. Wir waren damals zum Einsatz bereit und sind es auch heute.«

Paris, den 19. Mai 1943

BESPRECHUNG MIT EUGÈNE FROT

Ich hatte heute eine sehr ausführliche Besprechung mit meinem alten Freunde Eugène Frot, die mir nach jeder Richtung hin interessant war. Die wichtigsten Gedanken möchte ich möglichst unverändert, so wie er sie mir gegenüber aussprach, mitteilen:

Das wahre Frankreich
Frot sagte: »Wir stehen unter dem Eindruck, daß Ihr Deutschen vor dem Krieg über Frankreich besser informiert wart als jetzt. Ihr seid zwar jetzt im Lande, aber Ihr seid immer von denselben Menschen umgeben und seht das wahre Frankreich nicht und versteht es auch nicht.«

Rückkehr zum Parlamentarismus
»Das wahre Frankreich ist längst wieder da angelangt, wo es sich am 3. September 1939 befand. Es ist richtig, daß wir eine Entwicklung durchgemacht haben; wir hatten 1940 die große Krise, das Durcheinander, wir hatten vollständig die Orientierung verloren, und viele glaubten an die nationale und soziale Revolution. Der Mythos Pétain war auch eine gewisse Realität. Das ist nun alles längst überwunden; Frankreich ist zum republikanischen Gedanken zurückgekehrt.«

Wie wird Frankreich morgen aussehen?

»Wenn die Okkupation aufhört, wird das alte republikanische Frankreich genauso wieder dasein, wie im September 1939. Es wird wieder eine Linke und eine Rechte in Frankreich geben. Ob die Parteien wieder genauso organisiert sein werden, wie vorher, ist zweifelhaft, aber im Grunde wird alles das Gleiche sein. Der Gewerkschaftsgedanke ist sehr stark; wir werden also zum System der Gewerkschaften zurückkehren und wir werden zunächst jedenfalls alles so haben wie früher; das Volk wird sich wieder an einzelne Männer halten, die politisches Prestige haben; die Freimaurer werden wieder kommen und im gewissen Sinne sogar einzelne Juden. Es wird allerdings auch einen starken Antisemitismus geben, aber die Antijudengesetze werden sofort fallen.«

Die zukünftige Regierung

»Ich sehe sogar schon die zukünftige Regierung ganz genau. Die wird sich aus zwei Gruppen von Männern zusammensetzen, von denen die eine englandfreundlich und die andere deutschfreundlich sein wird. Die deutschfreundliche Gruppe wird von Männern wie Pierre Etienne Flandin und de Monzie geführt sein; die englandfreundliche von Herriot, Reynaud und Mandel.«

Ich äußerte daraufhin starke Bedenken. Ich könnte es mir einfach nicht vorstellen, daß die öffentliche Meinung in Frankreich sich gerade für die Männer wieder erwärmen sollte, die es ins Unglück gestürzt haben.

Frot erwiderte: »Doch, es ist nun mal so! Das ist alles vergessen, und das Volk will zunächst da wieder anfangen, wo es 1939 gestanden hat.« Ich sagte daraufhin, das wäre wohl etwas ähnliches wie die Auswirkung des berühmten Esprit frondeur der Franzosen. Frot erwiderte darauf: »Da haben Sie ganz recht; die Franzosen sind nunmal eigensinnig wie die Kinder. Sie empfinden den ganzen jetzigen Zustand der nationalen und sozialen Revolution und der Erneuerungsbewegungen als etwas Fremdes, vom

234

Okkupanten aufgezwungenes. Das muß alles erst weg und dann kann das neue Eigenleben der Nation beginnen.«

Als einen der kommenden Männer bezeichnete Frot namentlich Frossart; er nehme eine mittlere Stellung zwischen dem England- und Deutschlandkurs ein. Blum dagegen sei vollständig erledigt. Dagegen nicht Mandel und Reynaud. Frot blieb mit aller Bestimmtheit dabei, daß Mandel und Reynaud neben Herriot die führenden Männer in der späteren Nachkriegszeit sein würden, obwohl Mandel Jude sei. Aber er habe eine feste Position im Lande. Dagegen hätten Männer wie Faure und Pomaret jeden Kontakt mit den Massen verloren.

Die Kriegslage
Über die Kriegslage und die Stellung der französischen öffentlichen Meinung zu den großen politischen Problemen sagte Frot:

»Man darf nicht allzuviel darauf geben, daß die Mehrzahl der Franzosen schreien, die Deutschen seien erledigt, und auf einen englisch-amerikanischen Sieg hoffen. Aber die mittlere Meinung der Menschen, die nachdenken, ist die folgende: »Wir haben 1940/41 an den totalen deutschen Sieg geglaubt. Heute ist die allgemeine Auffassung die, daß der totale deutsche Sieg unmöglich ist, und daß es darum auch keinen totalen Frieden geben wird. Der Krieg muß also auf diplomatische Weise gelöst werden, wenn nicht noch irgendwelche Überraschung aus dem Osten kommen sollte. Die diplomatische Lösung bedeutet eine Verständigung zwischen Deutschland und einem Teil der Alliierten, entweder Rußland oder England und Amerika. Das letztere erscheint uns das Wahrscheinlichere und Wünschenswertere. Man wird sich dann also an den runden Tisch setzen und über den Frieden und über die zukünftige Gestaltung Europas reden müssen. Da wünschen wir, daß das wirkliche Frankreich sich ebenfalls an den runden Tisch setzen darf, und dann eine Haltung einnehmen würde, die aus Versailles gelernt hat und mit der Tradition bricht, daß Frankreich immer gegen Deutschland sein müsse. Diese Situation solltet Ihr Deutschen auch sehen, heute überlegen und die Kontakte mit den Männern aufnehmen, die das wirkliche Frankreich verkörpern; Herriot, Flandin, Reynaud, Mandel, usw.

Ein dringender Rat

»Ich gebe Euch den dringenden Rat, die Männer, die Ihr heute in Eurer Gewalt habt, wie Herriot, Reynaud und Mandel, gut zu behandeln. Ihr müßt ihnen kluge Offiziere als Bewacher zugesellen, die Frankreich kennen und gut französisch sprechen können, damit keine zu große Bitterkeit bleibt.«

Pierre Etienne Flandin

»P.E. Flandin hat eine große Autorität im Lande und man betrachtet ihn als einen der kommenden Männer. Ich weiß ganz genau, daß er nicht mit bösen Absichten nach Algerien gegangen ist, sondern nur – wie jedes Jahr – zur Erntezeit seine Besitzung aufgesucht hat; er wollte im November zurückkehren. Ich hatte selbst eine Verabredung mit ihm. Er hält sich in Algerien vollständig jeder Politik fern und denkt nur an seine zukünftigen Aufgaben, die er durchführen will.«

Laval

»Laval wird auch nach dem Kriege noch eine gewisse Rolle spielen, aber er wird ein Politiker zweiten Ranges sein. Die Franzosen nehmen ihm sein jetziges Verhalten nicht übel; sie bewundern an ihm den Politiker alten Stils, der zu manövrieren versteht, und sie sagen sich, daß er es so gut mache, wie er könne. Er hat aber heute keine Autorität hinter sich und steht ganz allein; wir haben heute überhaupt keine Regierung. Seine Methode, den Reinigungsprozeß langsam durchzuführen, hat einen gewissen Erfolg gehabt, aber nur bei den Präfekten und nicht bei der unteren Administration. Wie soll er sich durchsetzen, wenn die untere Administration das Gegenteil von dem tut, was er will.«

Pétain

»Der Mythos Pétain ist vollständig erloschen. Pétain hat überhaupt keine Autorität mehr; man achtet ihn nur noch als den alten Soldaten.«

Giraud, de Gaulle

»Beide haben keinen wirklichen Anhang im Volk, sie sind eben Militärs. Autorität für die Zukunft in Frankreich haben nur die Politiker. Von Giraud hält man gar nichts. Seine Flucht aus Deutschland hat ihn keineswegs populär gemacht, im Gegenteil. Im Volk hat de Gaulle mehr Anhänger, weil er von Anfang an den Gedanken des Widerstandes aufgegriffen hat und es verstanden hat, sich als Gegner des Marschalls herauszustellen. Je mehr das Ansehen des Marschalls sinkt, desto mehr steigt das seine. Wir wissen, daß er Anhänger der Action francaise und deshalb nicht für die Republik ist. Er hat aber für die Massen den gegenteiligen Anschein erweckt und einen gewissen Erfolg damit.«

Kommunismus

»Der Kommunismus nimmt außerordentlich zu, bedeutet aber keine endgültige Gefahr für Frankreich. Wenn der Krieg so endet, daß der Bolschewismus nicht triumphiert, und dann Frankreich sich wieder selbst überlassen sein wird und die deutschen Truppen abziehen, wird das jetzige Regime am nächsten Tag gestürzt sein, und die alten republikanischen Verhältnisse werden sofort wieder hergestellt; dann gibt es keine Revolution, aber blutige Einzelaufstände und nur in Städten mit starker Arbeiterbevölkerung. Der Kommunismus wird dann von den Republikanern blutig unterdrückt werden.«

Anglo-amerikanische Landungsversuche in Frankreich

»Die Bevölkerung rechnet nicht ernstlich mit Landungsversuchen in Frankreich, aber in Italien und vor allem im Balkan. Sollte trotzdem eine Landung in Frankreich erfolgen, dann wird die Mehrzahl der Bevölkerung sich passiv verhalten. Nur unter den kommunistischen Arbeitern, zumal in Städten wie Le Havre, werden Aufstandsversuche stattfinden, die die deutschen Truppen leicht niederschlagen können.«

BERICHT ÜBER PARISER REISE
VOM 12.–26. JULI 1943

GESPRÄCH MIT MARCEL DÉAT

Ich hatte eine sehr eingehende Aussprache mit Marcel Déat und habe auch an der Schlußkundgebung des Kongresses der R.N.P. teilgenommen. Die Schlußrede von Marcel Déat in der Mutualité war ein Meisterstück. Ich besitze sie in vollem Wortlaut und stelle sie gerne zur Verfügung.

Marcel Déat ist sehr besorgt. Er hält die große Belastungsprobe für unmittelbar bevorstehend und glaubt, daß wir mit dem System Laval diese Belastungsprobe nicht bestehen können. Er meint also, daß Deutschland sofort handeln müsse. Das französische Volk müsse jetzt erkennen, daß Deutschland eine klare Linie Frankreich gegenüber verfolge und es Deutschland mit der Aufrichtung der europäischen Ordnung ernst sei. Der Abszeß von Vichy müßte endlich aufgebrochen werden, das System von Vichy müsse liquidiert werden.

Pétain und Laval müßten sofort nach Paris und Versailles übersiedeln, damit eine engste Zusammenarbeit zwischen Deutschland und der französischen Regierung gesichert sei. Wenn Pétain nicht wolle, dann müsse wenigstens Laval übersiedeln. Pétain könne dann in Vichy eine kleine Ehrengarde behalten, das müsse aber ein bloßes Scheinregiment sein, ohne jeden politischen Einfluß. Laval müsse die Regierung umbilden, Männer, die die aufrichtige Kollaboration mit Deutschland und die Durchführung der nationalen Revolution in Frankreich garantierten, müßten an seiner Seite sein. Neben seinen bisherigen Ministern, wie Cathala und Abel Bonnard, müßten Männer aus den Erneuerungsbewegungen eintreten, und zwar aus den Kreisen von Doriot, Bucard und Déat, dazu aber auch einige Politiker der früheren Zeit, die zur Mitarbeit bereit seien und größere Teile der öffentlichen Meinung in Frankreich mit sich brächten, wie de Monzie, Georges Bonnet, ferner de Brinon. Von Frot sagte mir Herr Déat, daß er augenblicklich nicht in Frage käme. Er sei mit Frot sehr befreundet, »aber Frot sei augenblicklich etwas verrückt.«

Ferner sagte mir Déat, es dürfe nicht länger angehen, daß Deutschland in den Augen des französischen Volkes als Träger der Reaktion und des Militarismus angesehen werde, während die Angelsachsen die Freiheit, Republik und den Sozialismus brächten. Deutschland müsse dem französischen Volk als Träger des neuen Sozialismus erscheinen.

Déat glaubte ferner an stärkere innere Erhebungen. Er glaubte an einen Landungsversuch, der unmittelbar bevorstehe. Dann würden sich die wirklichen Gesinnungen offenbaren und eine schwere Krise würde ausbrechen. Deshalb müßten die Erneuerungsbewegungen Milizen haben, die den Gaullisten und Kommunisten eventuell auch bewaffnet gegenübertreten könnten.

Die Meinung von de Brinon

Auch de Brinon ist sehr besorgt. Er glaubt, daß es mit der bisherigen Politik Lavals nicht weitergehe, und daß er nicht länger die Verantwortung tragen könne.

Er war der Meinung, daß Laval eine innere Meinungsänderung vorgenommen habe. Sein Ziel sei heute nicht mehr die Kollaboration, sondern Neutralität. Er habe Bucard gegenüber auf die bestimmte Frage, welchen Befehl er der Polizei im Augenblick eines Landungsversuches geben würde, erklärt: »Wir leben unter dem Gesetz des Waffenstillstandes, wir haben also Neutralität zu beachten.« Neutralität aber sei Begünstigung der anderen

Seite, und es würde dann in Frankreich genau so gehen, wie es am 8. November in Afrika gegangen sei.

Der Kongreß der R.N.P.

Ich habe dem Kongreß der R.N.P. beigewohnt und in der Umgebung von Marcel Déat auch den Vorbeizug der Milizen vor dem Denkmal Karls des Großen am Platz der Kirche Notre Dame zugesehen. Dabei hatte ich auch Gelegenheit, das Führerkorps der R.N.P. etwas näher kennenzulernen. Dadurch wurde meine ursprüngliche Auffassung erneut bestätigt, daß es sich bei dem R.N.P. im wesentlichen um die Kräfte der französischen Linken handelt, die im Jahre 1933 unter dem Motto des Neo-Sozialismus (Marquet, Déat, Frot, Montignon) den gescheiterten Versuch machten, die antimarxistischen Kreise der Linken zu einer neuen Bewegung zusammenzufassen, die auf französische Art, aber ähnlich wie der Nationalsozialismus in Deutschland, das parlamentarische System überwinden wollte. Das Führerkorps setzt sich im wesentlichen aus älteren Leuten zusammen, die dieser französischen Linken angehören, vielfach auch frühere Freimaurer sind, die aber persönlich niemals antideutsch waren, und die heute sehr stark im Cercle Européen vertreten sind. Dementsprechend war auch die Miliz der R.N.P., die bei diesem Aufzug zum ersten Mal sich in größerer Masse in der Öffentlichkeit zeigte. Es war eine stattliche Anzahl aufgebracht, so daß an dem Aufzug etwa 2000 Personen teilnahmen, die eigentliche Miliz enthielt aber zu viel alte Männer mit Glatzen und grauen Haaren, so daß die jugendlichen Aktivisten etwas zurücktraten. So war auch der Vorbeimarsch nicht so stramm, wie man das vom Nationalsozialismus von Nürnberg etwa gewöhnt war. Dagegen machten die Frauenorganisationen, die auch am Aufmarsch teilnahmen, einen ausgezeichneten Eindruck. Der Gesamteindruck war für mich der, daß die wirklichen Kampftruppen, die bereit sind, im Bürgerkrieg dem Kommunismus auf der Straße entgegenzutreten, doch im wesentlichen nur bei Doriot und bei den Francisten zu suchen sind, wobei die Francisten

240

zum Teil vortreffliche Leute haben, deren Anzahl aber zu gering ist, so daß ich sie immer wieder mit dem Jungdeutschen Orden vergleichen möchte.

Die Persönlichkeit des Bucard, die ich nicht näher kenne, wird in der Öffentlichkeit stark angegriffen. Man wirft ihm Päderastie vor. Außerdem ist Bucard viel zu wenig in der Öffentlichkeit bekannt. Massenwirkung hat nur Doriot, obwohl auch sein Privatleben, wie das ja in Frankreich bei führenden Leuten immer so ist, durch eine starke Flüsterpropaganda angegriffen wird, was man nicht tragisch nehmen sollte.

Dagegen ist die Persönlichkeit von Déat unangefochten. Er wird als ein sauberer und lauterer Politiker auch bei den Gegnern anerkannnt, und der geistige Inhalt seiner Artikel und seiner Reden ist überaus hochstehend, obwohl die Massenwirkung mehr bei Doriot liegt.

Die Réfractaires

Die Frage der Réfractaires oder der Insoumis nimmt immer größere Bedeutung in der öffentlichen Meinung ein. Man versteht darunter die jungen Leute, die sich dem Arbeitseinsatz in Deutschland entziehen und sich bandenweise im Massif Central ... und in den Alpen, aber auch in anderen ländlichen Gegenden Frankreichs herumtreiben sollen.

Sie sollen besonders zahlreich in Hochsavoyen und der Dauphiné, also in dem Gebiet zwischen Grenoble und Genf, vorhanden sein. Einer meiner Freunde hat in diesem Gebiet einen 14tägigen Urlaub zugebracht und mit den jungen Leuten im Gebirge zusammen gelebt und sie beobachtet. Er machte mir ganz genaue Schilderungen. Er sagte u. a., daß ganz offensichtlich diese Réfractaires durch die Bürgermeister und durch die Polizei geschützt würden, aber auch durch die Angehörigen der Jeunesse du Maréchal, die als Wanderer in Jugendgruppen dieses ganze Gebiet durchzögen und hier und da Holzfällerarbeiten verrichteten, was eine bloße Spielerei sei. Diese jungen Leute zögen dann unter nationalen Gesängen durch die Dörfer und beschützten und begünstigten im übrigen die Réfractaires. Sie gingen zu den Bauern und sammelten Lebensmittel, die sie an die Réfractaires weiterleiteten, besorgten die Briefe, korrespondierten für sie und dergleichen. Die Bürgermeister hätten überflüssige Lebensmittelkarten, die sie durch Vermittlung der Jeunesse du Maréchal an die Réfractaires weitergäben. Polizeiliche Maßnahmen seien erfolglos. Sie würden gewöhnlich morgens früh vorgenommen. Wenn dann in einem solchen Dorf eine Razzia stattfände, würde zwei oder drei Stunden vorher ein Signal im Dorf gegeben, dann brächen alle Jugendlichen auf, um im Hochgebirge einen Unterschlupf zu suchen. Ähnliche Zustände werden aber auch von der Normandie und der Bretagne gemeldet. Kommunistische Agenten und Juden sollen sich an die Jugendlichen heranmachen und bei den Jugendlichen und den Bauern eine gewisse Rolle spielen. Mein Freund gab mir einen Briefumschlag, den einer der Jugendlichen bei seiner hastigen Flucht in der Wirtschaft liegen gelassen hatte, woraus sich ergibt, daß die Post an diese Réfractaires durch Angehörige der Jeunesse du Maréchal als Deckadresse zugestellt wird. Die zahlreichen Einbrüche in die Bürgermeisterämter, wobei Lebensmittelkarten erbeutet werden, hängen aber auch mit der Versorgung der Réfractaires mit Lebensmittelkarten zusammen.

Die Stellung der Beamten
Die Stellung der Beamten wird immer schwieriger, und sie wissen wirklich nicht mehr, was sie sollen. Sie bekommen nicht nur von ihrer Regierung offizielle Anweisungen, von denen sie nicht wissen, ob sie ernst gemeint sind, sondern erhalten von den verschiedensten Richtungen auch inoffizielle Verhaltungsmaßnahmen, Drohungen und Warnungen, so daß die Polizeibeamten selbst bei gutem Willen verwirrt sind und im entscheidenden Moment der Regierung kaum gehorchen werden.

Besonders zahlreich waren in letzter Zeit die Flugblätter, durch die Beamten gewarnt wurden, genauso wie unsere Freunde Todesdrohungen erhielten, sie hätten

242

gewisse Befehle der Regierung nicht auszuführen, und wenn sie es doch täten, würde man sie später zur Verantwortung ziehen. Diese Flugblätter sind zumeist durch die deutsche Polizei beschlagnahmt worden, auch sind letzthin die verantwortlichen Redakteure und Verbreiter festgesetzt worden. Immerhin wirken sich diese Flugblätter sowohl in der Bevölkerung als auch in der Beamtenschaft aus.

Ich habe diese Frage der Haltung der Beamten auch in einer eingehenden Aussprache mit Minister Cathala erörtert. Von dieser Aussprache habe ich einen sehr guten Eindruck gewonnen. Cathala ist der überzeugendste Schildknappe von Laval. Er ist absolut loyal, genauso wie er von der Loyalität Lavals überzeugt ist. Er gab offen zu, daß es für die Regierung schwer sei, die Beamten vollständig in der Hand zu haben. Er sagte mir aber auch: »Prüfen Sie einmal, wieviel Tote die französische Polizei in den letzten Monaten gehabt hat, und zwar wegen Einschreitens gegen aufrührerische Elemente, und Sie werden zugeben, daß die Haltung der Beamten viel besser ist, als es in der politischen Propaganda immer wieder behauptet wird.«

Es kam übrigens im Anschluß an die Sonntagskundgebung von Déat zu Zwischenfällen, bei denen die Polizei gegen Déat-Anhänger vorging. Darüber wurden am nächsten Tag die wildesten Gerüchte verbreitet, die offenbar übertrieben waren. Es wurde behauptet, daß die Polizei für die Kommunisten gegen die Déat-Leute Partei ergriffen hätte. Andere wieder behaupteten, daß sich innerhalb der Polizeiagenten zwei Parteien gebildet hätten, die sich gegenseitig bekämpft hätten, so daß schließlich Mobilgarde hätte eingesetzt werden müssen.

Ich halte diese Gerüchte für falsch. Sie sind aber immerhin für die Geistesverfassung der Bevölkerung interessant.

Der Arbeitseinsatz

Der Arbeitseinsatz wird immer mehr zum Mittelpunkt der inneren Schwierigkeiten in Frankreich und damit auch der

Schwierigkeiten der Regierung Laval. In den Flugblättern werden die genauen Prozentsätze aufgeführt von den Personen, die in den einzelnen Departements sich dem Arbeitseinsatz entziehen. Die Präfekten und Beamten solcher Departements, die einen hohen Ausfall in der Arbeitsgestellung haben, werden gelobt, während diejenigen, die einen guten Arbeitseinsatz liefern, gewarnt und bedroht werden. Die Tendenz geht offenbar dahin, daß die Deutschen immer mehr zu Zwangsmaßnahmen im Arbeitseinsatz gezwungen werden sollen, damit in der Bevölkerung der Charakter der »Zwangsdeportation« immer stärker hervortritt.

Der hohe Einsatz von Franzosen zur Arbeit in Deutschland und für den deutschen Kriegserfolg wird als Demütigung Frankreichs hingestellt, als eine Sklavenverschleppung, und diese Propaganda hat, wie ich gerade in guten Bürgerkreisen feststellen konnte, leider großen Erfolg und führt zu Haß und Verbitterung. Dazu kommen die zahlreichen Verhaftungen und Verschickungen.

Todesdrohungen

Unsere Freunde erhalten immer mehr Todesdrohungen. Dadurch wird eine ernste Lage in den Kollaborationskreisen, vor allen Dingen auf dem Lande, geschaffen, wo die einzeln gewonnenen Landwirte, die sich zur Zusammenarbeit mit Deutschland bekannt haben, sich nicht genügend schützen können. Es ist bewundernswert, wie die besten unserer Kollaborationisten trotz alledem treu zur Sache stehen und an dem Gedanken einer Neuordnung in Europa in Zusammenarbeit mit Deutschland festhalten, und wie sie auch unentwegt an den Sieg der deutschen Sache glauben.

Die große Zahl der Opportunisten, die wir vor allen Dingen in Paris in der Presse und sonst unter den Mitarbeitern haben, versucht unter dem Eindruck der militärischen Ereignisse sich heute zu salvieren. Es ist aber erstaunlich, wie groß die Zahl unter ihnen ist, die einfach nicht mehr anders können, weil sie sich in der Öffentlichkeit so stark festgelegt haben, daß ihnen nur noch die Flucht nach vorwärts übrig bleibt. So besuchten mich mehrere Journalisten, die wegen irgendwelcher Artikel in der Pariser Presse einen bösen Drohbrief bekommen hatten, in dem es hieß, daß sie bei einem Umschlag als erste gehängt werden würden. Diese Kreise, die ich nie zu den aufrichtigen Idealisten gerechnet habe, werden trotzdem nicht umfallen, weil sie nur bei einem Sieg Deutschlands glauben, mit ihrem Leben davonkommen zu können.

DIE REGIERUNG LAVAL
25. JULI 1943

Für uns Deutsche stellt sich heute mehr als je die Frage, wie wir uns endgültig zur Regierung Laval stellen sollen, und ob es, wenn die große Krise kommt, noch länger tragbar ist, die gegenwärtige Form der Regierung Laval zu dulden. Dabei dürfte die Frage der französischen Innenpolitik für uns erst in zweiter Linie bedeutsam sein. Wir haben nur das deutsche Interesse zu prüfen und nur die Frage, wie wir am besten den Krieg gewinnen. Dabei ist zweierlei zu beachten: einmal die Nützlichkeit der Regierung Laval für den Arbeitseinsatz und die Vergrößerung unseres Kriegspotentials, d. h. die Bedeutung der Regierung Laval für die jetzige Lage, und sodann die Frage, ob Laval noch tragbar ist, wenn etwa in absehbarer Zeit um die Festung Frankreich selbst wieder gekämpft werden muß.

Es ist erstaunlich, daß auch in den besten französischen Kreisen, die am aufrichtigsten eine deutsch-französische Verständigung wollen, die Meinungen diametral entgegengesetzt sind, und es ist sehr schwer für einen Deutschen, hier die richtige Entscheidung zu finden. So war ich lebhaft beeindruckt darüber, wie gegensätzlich die Auffassung von Déat und Frot in diesem Punkte war, die beide aufrichtig die deutsch-französische Verständigung wollen. Déat hält die jetzige Regierung Laval für untragbar und hält ein sofortiges Eingreifen unsererseits für notwendig, Frot dagegen rät entschieden davon ab. Die Meinung von Frot wurde auch durch den Bürgermeister von Le Creuzot, den früheren Abgeordneten Victor Bataille, geteilt, der auf das dringendste vor einem Experiment gegen Laval warnte.

Victor Bataille ist sehr aufrichtig und anständig, er will sicherlich das Gute und hat ein ruhiges Urteil.

Auf der anderen Seite stehen Déat, de Brinon und alle aktiven Kämpfer für eine Kollaboration, die zugleich Anhänger des Gedankens der nationalen Revolution in Frankreich sind, ganz besonders die Mitglieder der Doriotbewegung. Das sind die aktivistischen Kreise, die wir nicht vor den Kopf stoßen dürfen. Diese Kreise fragen sich: »Was will denn eigentlich Laval? Ist er nicht auch Attentist? Ist er nicht genauso schlimm wie Pétain und das ganze Vichysystem? Was hat denn Laval Euch bislang genützt? Was hat er gegen den Verlust des Kolonialreiches getan, insbesondere nach Madagaskar, nach dem 8. November in Afrika, nach Toulon usw.?«

Der in dem Buch von Fabre-Luce berichtete angebliche Ausspruch von Abel Bonnard, daß Laval der deutschfreundlichste unter den Attentisten sei, drückt vielleicht am klarsten das aus, was unsere Freunde an Besorgnissen Laval gegenüber empfinden. Man darf auch nicht ohne weiteres annehmen, daß Männer wie de Brinon, oder Déat nur persönliche Ziele verfolgen. Sie sind wirklich ernst besorgt und fassen alles das zusammen, was die wirklichen Kollaborationisten, d. h. die Kreise, die in dem Buch von Fabre-Luce als »Ultras« bezeichnet werden, dem System Laval vorwerfen. Laval ist eben Politiker alten Stils, der nur »lavierte«. Dafür, daß Laval seine ursprüngliche Politik, die aufrichtige Zusammenarbeit mit Deutschland wollte, auch seiner inneren Einstellung nach geändert haben kann, sprechen folgende Umstände:

a) Der Einfluß des Milieus von Vichy (ein guter Apfel macht faule Äpfel nicht wieder gesund, sondern umgekehrt).

b) Die Erfahrungen, die er mit der deutschen Seite gemacht hat.

c) Die Entwicklung der militärischen Lage.

Es scheint mir daher bei aller Wertschätzung für die Person von Laval und seine bisherige Politik eine Tatsache sicherlich wahr zu sein: wenn die Belastungsprobe durch eine angelsächsische Besetzung, innere Aufstände usw. kommt, wird die Regierung Laval einen Schießbefehl nicht geben, sondern sich ähnlich verhalten wie die Regierung in Berlin im November 1918 oder die Preußische Regierung in Berlin 1806, als sie erklärte: »Ruhe ist die erste Bürgerpflicht«, m. a. W., die Behauptung unserer Feinde, daß der Angriff auf die Festung Frankreich in der gleichen Weise vorgenommen werden muß wie der Angriff auf Nordafrika, ist zweifellos ernst zu nehmen.

Auf der anderen Seite sind die Vorteile, die die Regierung Laval für den Arbeitseinsatz und dergleichen bisher uns gebracht hat, so groß, daß wir diese Tatsache unbedingt auch für die weiteren Entschließungen der deutschen Seite in Rechnung stellen müssen. Wenn solche unpopulären Maßnahmen durch eine französische Regierung getroffen werden, ist das immerhin besser, als wenn wir selbst die Anordnungen ergehen lassen müssen, sei es durch einen Gauleiter oder durch eine Militärdiktatur. Tritt das letztere ein, dann haben wir ganz sicherlich 100% der Bevölkerung gegen uns. Man wird also rein objektiv zu prüfen haben, ob durch Berücksichtigung der Wünsche der wirklichen Kollaborationisten auf eine Regierungsänderung eine Besserung zu erhoffen ist. Leute wie Frot, Bataille usw. verneinen dies ganz entschieden und sagen, daß dann die ganze Lage nur noch schlimmer würde. Gefühlsmäßig stimme ich der Auffassung Déats zu, der Verstand aber mahnt zur Vorsicht.

GENERAL WLASSOW

Zu den vielen dramatischen und tragischen Vorgängen, aber auch zu dem Thema der »ungenutzten Gelegenheiten«, die bei der Auseinandersetzung mit der Sowjetunion zu verzeichnen sind, gehört auch die Geschichte des Generals Wlassow. Dieser russische Armeeführer hatte sich bei der Verteidigung Moskaus im Dezember 1941 ausgezeichnet. Er war anschließend von Stalin mit der Führung einer starken Kampfgruppe beauftragt worden, die am Wolchow operierte. Nach der Vernichtung seiner Verbände durch die deutschen Truppen geriet General Wlassow in Kriegsgefangenschaft. Nach eingehenden Unterredungen mit deutschen Offizieren erklärte er sich bereit, eine Armee von russischen Freiwilligen zum Kampf gegen die Sowjetunion aufzustellen. Er rechnete mit Hunderttausenden von Freiwilligen allein schon aus den Reihen der Kriegsgefangenen. Zu diesem Zeitpunkt hatten sich bereits Zehntausende von russischen Soldaten als sogenannte Hiwis (Hilfswillige) den deutschen Truppen angeschlossen und sich dabei durchaus bewährt.

Hitler lehnte das Angebot aus Mißtrauen gegen starke bewaffnete russische Kontingente und gegen eine altrussische, nationale Bewegung ab. Das Projekt Wlassow konnte von Stäben der Wehrmacht lange Zeit hindurch nur in getarnter Form weiterentwickelt werden. Man gab Wlassow und seinen Offizieren die Möglichkeit einer propagandistischen Einwirkung auf gefangene Sowjetsoldaten und auf die Bevölkerung der besetzten Gebiete. Erst im Jahre 1944 konnte Wlassow unter dem Schutze Himmlers in Prag ein eigenes Programm verkünden und die ersten Divisionen aufstellen, die auch im Kampf eingesetzt wurden. Im Zusammenhang mit den Kapitulationsverhandlungen und dem Einmarsch der Roten Armee in die Tschechoslowakei gingen die Wlassow-Truppen zu den Alliierten über, wurden aber an die Sowjets ausgeliefert und zum größten Teil hingerichtet oder deportiert. Wlassow und seine Generäle endeten am Galgen.

Die Rußlandfrage (25. 7. 1943)

Während meines Aufenthaltes fanden zwei Veranstaltungen mit Offizieren der Wlassow-Armee statt, die für die öffentliche Meinung in Paris eine viel größere Bedeutung hatten, als man das auf den ersten Blick meinen konnte. Die erste Versammlung fand in dem Kinosaal des Gaumontpalastes vor einem französischen Publikum statt, die zweite acht Tage später vor der russischen Kolonie in der Salle Wagram. Beide Veranstaltungen waren sehr gut besucht, d. h. von etwa 2000 Zuhörern. Von der Deutschen Botschaft nahm außer mir noch jedesmal Herr Generalkonsul Quiring als Rußlandkenner teil. Ich selbst hatte, um die Sache besser beurteilen zu können, Herrn Professor René Martel als französischen Rußlandkenner mitgenommen.

In der ersten Versammlung sprach ein früherer zaristischer Offizier, dann ein junger bolschewistischer Offizier. Beide sprachen in französischer Sprache. Der junge frühere Bolschewist wirkte am besten. Er sprach mit der Begeisterung des Aktivisten, zeigte, wie er als junger Mensch ganz in den bolschewistischen Ideen aufgewachsen sei und dann allmählich den großen Irrtum des Bolschewismus erkannt und den Weg zur Armee Wlassow gefunden hätte. Er erntete den größten Beifall des gesamten französischen Publikums, als er sich zu dem Deutschland Adolf Hitlers und der neuen europäischen Ordnung bekannte, ferner, als er mit aller Bestimmtheit erklärte, einen Weg zurück gebe es nicht, also keine Reaktion, keinen Bolschewismus, keine Judenherrschaft. Der Ausgang war allerdings: »Rußland den Russen!«

Es war nun interessant, zu sehen wie die beiden französischen Redner, die außerdem das Wort ergriffen, nämlich der Vertreter der Propaganda von Vichy, Herr Lerais, und noch mehr der Leiter des Studienamtes gegen den Bolschewismus, Herr Lecoq, zum mindesten den Schein einer anderen Tendenz hervorriefen. Deutschland trat zurück und ebenso die neue europäische Ordnung, und ihre Reden klangen sehr stark aus in der Tendenz: »Rußland den Russen«, »Frankreich den Franzosen«, also in dem Sinne »La France seule«. Das Ganze schloß mit den wiederholten Rufen: »Es lebe Frankreich«, und mit der Marseillaise, so daß man bei aller Großzügigkeit gegenüber der Wiederbelebung des nationalen Gedankens in Frankreich doch fast an der Grenze des Vorkriegschauvinismus angelangt schien und an die Zeit der Entente cordiale erinnert wurde.

Dieser Eindruck war auch bei unseren französischen Freunden vorherrschend, die alle daran Anstoß nahmen. Ob es gewollt war, oder ob es sich nur um eine rednerische Entgleisung handelte, vermag ich nicht zu beurteilen. Ich hatte hinterher eine Aussprache mit Lecoq, dem ich meine Kritik sehr ernst vorgetragen habe. Außerdem besuchte mich Herr Greyssel, der in Vichy bei einem Vortrag der Russen mit ähnlicher Tendenz gesprochen hatte. Die Herren entschuldigten sich damit, die öffentliche Meinung in Frankreich sei noch nicht so weit und müsse erst allmählich vorbereitet werden, worauf ich ihnen sagen konnte, daß die Tatsache sie eines anderen hätte belehren müssen, denn das französische Publikum klatschte am meisten Beifall, als der junge frühere Bolschewist sich zu Adolf Hitler bekannte.

Ähnlich verlief die spätere Veranstaltung in der Salle Wagram vor der russischen Kolonie. Der Vorsitzende der russischen Kolonie hielt eine Einleitungsrede, die sehr freundlich aufgenommen wurde, in der er die Sätze zunächst russisch, dann deutsch und schließlich französisch sprach. Es war ein eindrucksvolles Bekenntnis zu der neuen europäischen Ordnung und zu Adolf Hitler und ein Dank für das große deutsche Blutopfer, das dem russischen Volk ein neues Erwachen überhaupt erst gestattete. Dann sprach der Stabschef der Wlassow-Armee, ein russischer General, nur in russischer Sprache. Seine Rede machte auf das russische Publikum offenbar einen sehr starken Eindruck. Es war die Rede eines Militärs, von Selbstbewußtsein getragen. Die wichtigsten Stellen, bei denen applaudiert wurde, wurden mir jeweils von einem russischen Nachbarn ins Deutsche übertragen, so daß ich die Gesamt-

tendenz wohl verstehen konnte. Außerdem hat sich Herr
Professor René Martel genaue Notizen gemacht, die in dem
anliegenden Bericht niedergelegt sind.

Gewiß war auch diese Rede ein korrektes Bekenntnis zu
Deutschland. Es wurde sogar ein Bündnis mit Deutschland
als notwendig bezeichnet. Der Redner knüpfte an das Bis-
marckwort von der Ehe zwischen Deutschland und Rußland
an, die notwendig sei, aber noch stärker trat die Forderung
»Rußland den Russen« und »Rußland ist unbesiegbar« und
»die Russen sind kein Sklavenvolk« usw. hervor, ferner
die Ablehnung einer Randstaatenpolitik. Er sagte: »Die
Ukrainer sind Russen wie wir, ebenso die Kosaken.«

Wirkung auf die Franzosen
Es war interessant, die Wirkung dieser beiden Rußland-
kundgebungen auf die Franzosen festzustellen. Ich hörte
folgende Meinungen: »Deutschland ist sich seines Sieges
in Rußland nicht mehr so ganz sicher und hat erkannt,
daß es die Russen nötig hat, um Stalin zu überwinden.
Das bedeutet eine Konzession an das nationale Russen-
tum, also Aufgabe der Ukrainer, Kosaken, Weißrussen
usw.« Ferner: »Wenn Deutschland im Osten sein Hoch-
ziel nicht erreichen kann, muß es im Westen Kompensa-
tionen machen. Das geschieht dann auf Kosten von Frankreich.«

Sehr stark sollen die Vorträge dann in der russischen
Emigration in Paris erörtert worden sein und vor allen
Dingen auch bei den Ukrainern.

Die Erkenntnis, daß heute schon etwa eine Million Russen für uns gegen den Bolschewismus kämpfen, kann aber
in den französischen politischen Kreisen auch zur Folge
haben, daß man sich sagt: »Wir haben mit unserem Attentismus die Deutschen enttäuscht, die Deutschen entdecken
ihr Interesse im Osten. Wir müssen den Deutschen wieder
mehr entgegenkommen.«

In diesem Zusammenhang ist die Tatsache zu unter-
streichen, daß in den wirtschaftlichen Kreisen in Frankreich der Wille zu einer Zusammenarbeit mit den Deut-

schen im Osten nach der Art der holländischen Kompanien im Steigen begriffen ist.

Fliegerangriffe auf Villacoublay und Le Bourget

Der 14. Juli wurde am Morgen um 8 Uhr durch Fliegeralarm eingeleitet. Am hellichten Tag fand ein Großangriff der englisch-amerikanischen Luftwaffe auf die Flugplätze von Villacoublay und Le Bourget statt. In Paris merkte man wenig davon. Es war nur der übliche Alarm. Man hörte in der Ferne das Schießen der Flak, und die Bevölkerung wurde auf dem Weg zu den Arbeitsstätten aufgehalten. Es war offensichtlich eine politische Demonstration für den 14. Juli. Nachher gab es erhebliche Gerüchte über den Umfang der Zerstörungen, z. B. wurde selbst in amtlichen deutschen Kreisen behauptet, daß die Junkerswerke in Villacoublay vollständig zerstört seien. Ich habe mich deshalb an Ort und Stelle begeben und habe alles besichtigen können, vor allem die Junkerswerke. Dort war nicht das geringste zerstört. Ich fand die Junkerswerke in voller Arbeit und habe den Betrieb gründlich besichtigt.

Der Geist der Zusammenarbeit zwischen den wenigen deutschen und den zahlreichen französischen Arbeitern und Arbeiterinnen ist ausgezeichnet. Ich habe auch in der Kantine am Arbeitermittagessen teilgenommen. Es gab einen Eintopf, der recht gut war. Die Arbeiter schienen zufrieden zu sein, die Ernährung ist jetzt immer das allerwichtigste. Man hatte den Eindruck, einen Musterbetrieb vor sich zu haben. Auf der anderen Seite schienen diese Hallen wegen ihrer Lage unmittelbar an der Straße Fliegerangriffen sehr ausgesetzt, und der Schutz schien nicht ausreichend zu sein. Man sprach davon, daß am 14. Juli nur vier Jäger zur Verfügung gestanden hätten. Es sollen aber über 600 schwere Bomben abgeworfen worden sein. Es handelte sich um einen regelrechten »Teppich«, wobei nur eine Führermaschine das Signal zum Abwerfen der Bomben gibt. Dieses Signal soll elf Sekunden zu spät abgegeben worden sein, so daß die ungeheure Bombenlast, die aus 8000 Meter Höhe abgeworfen wurde, nur den äußeren Zipfel des Flugplatzes traf. Hier wurde allerdings großer Schaden angerichtet. Drei große Hallen der Agofalken mit etwa sechs Flugzeugen wurden zerstört. Die Mehrzahl der Bomben fiel dann in die Felder und Wälder in der Nähe des Flugplatzes und richtete noch großen Schaden in dem 4¹/₂ km weiter gelegenen Nachbardorf an. Der angerichtete Schaden steht in keinem Verhältnis zu dem Rieseneinsatz des Angriffs, trotzdem sind diese Angriffe außerordentlich ernst.

BERICHT VOM 23. JULI 1943
AUSSPRACHE MIT EUGÈNE FROT IN PARIS

Ich hatte heute den Besuch meines alten Freundes Eugène Frot. Wir hatten eine lange und sehr offene Aussprache. Er sagte mir etwa folgendes: »Herr Grimm, Sie wissen aus unserer langjährigen Freundschaft, daß ich mich bemühe, Ihnen immer die offene Wahrheit zu sagen. Es kommen heute so viele zu Ihnen, die, sei es aus Höflichkeit oder irgendwelchen Interessen, Ihnen die Dinge anders darstellen, als sie wirklich sind. Es hat aber gar keinen Zweck, hier irgend etwas zu beschönigen. Wir müssen klar sehen. Die Lage ist überaus ernst, und wichtige Dinge können sich in Kürze ereignen, vielleicht dauert der augenblickliche Ungewißheitszustand noch zwei oder drei Monate oder auch noch länger, ganz klar sieht man noch nicht, aber es ist doch nun einmal eine Tatsache, daß Italien sich nicht mehr schlagen will, zum mindesten sich schlecht schlägt, und die Nachrichten aus Rußland sind auch nicht so, daß die Sommeroffensive zu Ihren Gunsten eine klare Entscheidung gebracht hat. Für mich kommt es in dieser Stunde darauf an, Ihnen zu sagen, daß es sich für mich immer nur um das deutsch-französische Problem als solches gehandelt hat. Dazu stehe ich, ganz gleichgültig, ob Sie nun die Sieger sein werden oder nicht. Das ist für mich ein Problem, das ich unabhängig von jeder Form des Regimes zu betrachten habe, ob Deutschland ein Kaiserreich ist oder eine Republik oder ein autoritärer Staat. Da sind die beiden Völker Deutschland und Frankreich seit Jahrhunderten in Kriege verwickelt. Ich bin der Meinung, wir haben jetzt die Pflicht, eine Formel zu finden, daß das endgültig aufhört, und deshalb ist Ihre Tätigkeit auch unter allen Umständen nützlich gewesen und haben Sie große Erfolge in Frankreich gehabt, weil Sie sich diesem Problem als solchem gewidmet haben und die Dinge nicht tagespolitisch sehen. Sie können sich also darauf verlassen, Herr Grimm, daß Sie mich immer an Ihrer Seite finden, wenn es sich um das Wohl und Wehe unserer beider Völker handelt. Ich muß Ihnen jetzt aber ganz offen sagen, daß die Lage eine ganz andere ist als vor zwei oder drei Jahren. Vor zwei oder drei Jahren glaubte jedermann in Frankreich an den deutschen Sieg, und Sie hätten alles machen können. Heute ist das umgekehrt. Die Mehrheit des französischen Volkes glaubt an den Sieg der Amerikaner und hat sich restlos umgestellt. Die Zahl derer, die wirklich noch zu Deutschland halten, ist verschwindend gering geworden. Ich persönlich glaube auch nicht mehr an den totalen deutschen Sieg, aber auch nicht an die totale deutsche Niederlage. Ich sehe noch nicht klar, aber der Zeitpunkt, an dem wir über den Ausgang des Krieges klar sehen, wird kommen, und dann müssen wir handeln. Dann erst beginnt die große politische Aufgabe, die die ganze Kunst des Politikers erfordert. Dann haben wir große Möglichkeiten, und dann bitte ich Sie, folgendes zu beachten:

Das Frankreich ist nicht das Frankreich von Vichy. Vichy ist tot in dem Augenblick, in dem der Krieg beendet ist, sowohl Laval als auch Pétain. Die sogenannte nationale Revolution von Vichy ist tot. Das französische Volk glaubt daran nicht. Was sie uns gebracht hat, ist schlimmer als alles, was Frankreich je gehabt hat. Infolgedessen ist die Mehrheit der Franzosen heute da angelangt, daß sie sagt: dann wollen wir da wieder anfangen, wo wir aufgehört haben, also Rückkehr zu den Wahlen, zur alten Konstitution, zur Republik und zu den alten Männern. Dann werden diejenigen Männer wieder oben sein, die Sie heute als Gefangene in Deutschland haben (Reynaud, Herriot, Mandel etc.). Es ist gut, daß Sie sie heute anständig behandeln, wie ich höre. Es darf dann der Graben nicht zu tief werden, und es darf bei diesen Männern ein nicht zu großer Haß gegen Deutschland vorhanden sein. Ich bitte Sie, wenn Sie über die Lage selbst klar sehen, dann an mich zu denken. Ich bin bereit, dann nach Deutschland zu kommen und als erster mit diesen Männern zu verhandeln. Ich bin überhaupt bereit, dann zu handeln.

Aber heute ist meine Stunde noch nicht gekommen. Wer heute in Frankreich in die Regierung geht, begeht Selbstmord.«

Ich sagte darauf: »Vor drei Tagen habe ich von einem angesehenen Journalisten das Gegenteil gehört. Er versicherte mir, daß Sie die Absicht hätten, die Regierung Laval zu stürzen.«

Frot lachte laut und sagte: »So ein Idiot! Ich habe einmal den 6. Februar erlebt. Ich begehe nicht wieder Selbstmord.«

Ich erwiderte darauf: »Der Journalist, der mir dieses sagte, sprach von der Entdeckung eines ganz bestimmten Komplotts zwischen Ihnen, de Monzie und Georges Bonnet, um Laval zu stürzen.«

Darauf Frot: »De Monzie habe ich seit über drei Monaten nicht mehr gesehen, Georges Bonnet seit mehr als zwei Monaten nicht. Ich glaube, ihre Gedanken zu kennen. Sie machen sich ähnliche Sorgen über die politische Lage wie ich. Aber an einen Sturz der Regierung Laval zu denken, ist Unsinn. Ich persönlich würde das schon deshalb nicht tun, weil ich mit Laval freundschaftlich verbunden bin. Ich würde das geradezu als eine unmögliche Loyalität empfinden, irgend was gegen Laval zu tun, selbst wenn ich ihn augenblicklich für untragbar hielte. Laval ist aber nicht untragbar. Ich kenne die Ideen meines Freundes Déat. Wir sind wirklich sehr befreundet, Déat und ich, und stammen ja aus dem gleichen Lager. Aber augenblicklich bin ich ganz anderer Auffassung als Déat. Ich weiß, Sie haben noch kürzlich mit Déat gesprochen, und Déat hat Ihnen gesagt: »Der Frot ist augenblicklich etwas verrückt.« (Das hatte Déat allerdings wörtlich zu mir gesagt.) »Nun wohl, Herr Grimm, ich kann Ihnen erklären, ich bin nicht verrückt. Ich sehe sehr klar. Die Lage ist so, daß Laval der einzig mögliche Mann ist, und Sie würden einen Fehler begehen, wenn Sie sich von ihm trennen würden. Es bleibt Ihnen überhaupt gar nichts mehr anderes übrig, als den Kurs Laval weiterzumachen. Die Gefahr eines blutigen Aufstandes in Frankreich halte ich nicht für sehr groß.«

Wir kamen dann näher auf die innere Lage zu sprechen und die Gefahr eines Bürgerkrieges, die Déat sehr ernst ansieht und als die bevorstehende »Krise« bezeichnet. Frot sah diese Gefahr nicht allzu ernst an. Er sagte: »Man redet viel von den Chantiers de Jeunesse und den Réfractaires, das ist alles Spielerei. Was die Réfractaires insbesondere anbelangt, die sich dem Arbeitsdienst in Deutschland entziehen wollen, so sind das doch meist Leute, die nicht kämpfen wollen, die fürchten, auf dem Umweg über den Arbeitsdienst in Deutschland Soldaten zu werden. Die Masse der Franzosen will aber nicht kämpfen. Eine Ausnahme machen allein die Kommunisten und gewisse jugendliche Elemente. Wenn es zu einem Landungsversuch der Angelsachsen kommt, dann sind gewisse Terrormaßnahmen zu befürchten, Anschläge auf Eisenbahnen und dergleichen. Diese Gefahr ist sicherlich sehr ernst, aber an größere Erhebungen glaube ich nicht. Die Masse ist amorph. Was den Kommunismus anbelangt, so bleibe ich nach wie vor dabei, daß Frankreich nicht kommunistisch ist und auch nicht kommunistisch wird. Trotz des gegenteiligen Anscheins gibt es wirkliche Kommunisten in Frankreich heute weniger als 1936. Das sogenannte Anwachsen des Kommunismus ist nur ein Schein. Es ist dadurch bedingt, daß der Kommunismus heute sich patriotisch tarnt und mit allen Bestrebungen, die gegen die Besetzung gerichtet sind, zusammengeht, z. B. mit dem Gaullismus. Das dauert aber nur so lange, wie der Krieg dauert. Sobald der Krieg aus ist, oder die Besatzung verschwindet, wird der innere Gegensatz zwischen den Patrioten und den Kommunisten wieder in Erscheinung treten, und dann wird sich zeigen, daß die Zahl der französischen Kommunisten verschwindend gering ist, denn in Wirklichkeit hat der Franzose erkannt, daß der Kommunismus eben doch ein russisches Unternehmen ist, das in diesem Kriege zunächst die Deutschen und erst später die Franzosen begünstigt hat, also aus rein kommunistischem Opportunismus handelt.

BERICHT VOM 25. AUGUST BIS 9. SEPTEMBER

Die Fliegerangriffe auf Paris am 3. September 1943
Am 3. September 1943, zur Erinnerung an den Kriegsbeginn, wurde die eigentliche Stadt Paris zum ersten Mal angegriffen. Ich befand mich gerade in der Botschaft bei der Morgenbesprechung (9 Uhr 45), als die Sirene ertönte. Wir nahmen den Alarm zunächst nicht ernst und setzten die Besprechungen fort, bis die Stärke des Flakfeuers und das Geräusch der Bomben uns die Lage klar machten. Es fielen zahlreiche Bomben nicht weit von uns im Viertel Montparnasse (6. Arrondissement), Rue de Rennes, Rue de Cherche midi, Rue de Vaugirard, Ferner im 14., 15. und 26. Arrondissement. Es gab 105 Todesopfer in der Zivilbevölkerung und wenig industriellen oder militärischen Schaden.

Wirkung des Fliegerangriffes
Die Wirkung des Fliegerangriffes auf die Pariser Bevölkerung war erheblich größer als die früherer Angriffe. Dazu hat entscheidend die Tatsache beigetragen, daß man in der Presse zum ersten Mal genaue Angaben über Einzelheiten, Lage der zerstörten Häuser usw. zuließ. Infolgedessen strömte die Bevölkerung nicht nur am Freitag, sondern auch noch Sonnabend und Sonntag in die betroffenen Stadtteile und sah sich die Zerstörungen an. Man hörte

harte Urteile: »Das geht doch zu weit! Das ist ein vorsätzlicher Angriff auf die Zivilbevölkerung« usw. Besonders eindrucksvoll war, daß auch eine wichtige Dienststelle des Roten Kreuzes getroffen war, wobei sechs Angehörige des Roten Kreuzes den Tod gefunden hatten.

Gegenpropaganda

Die Gegenpropaganda, daß die »Deutschen schuld« seien, blieb aber nicht aus, sobald Radio-London gesprochen und die Schlagworte gegeben hatte.

Ich hörte folgende Versionen:

a) In der Provinz sagte man einfach, die Deutschen hätten die Bomben abgeworfen. Die Engländer oder Amerikaner würden niemals Paris angreifen.

b) Die Deutschen hätten auf die Flugzeuge nicht schießen dürfen, dann hätten diese auch die Bomben nicht abgeworfen.

c) Die Flak müsse aus Paris herausgezogen werden, dann würde Paris auch nicht bombardiert.

d) Ein von den Deutschen angeschossenes Flugzeug hätte im Notabwurf seine Bombenlast abwerfen müssen.

e) Die Deutschen hätten statt Jäger Bomber eingesetzt und diese hätten die Bomben geworfen.

f) Ein deutsches Flugzeug hätte die Bombenabwurfvorrichtung eines amerikanischen Flugzeugs getroffen und dadurch den Bombenabwurf ausgelöst.

Der englische Rundfunk

Es ist jetzt allgemein Ansicht unserer Freunde, daß es ein Fehler war, die Rundfunkgeräte nicht zu beschlagnahmen. Man glaubt, daß es sich in der Stunde der Krise verhängnisvoll auswirken werde, wenn die gesamte Bevölkerung von auswärts her einheitlich gegen uns gelenkt und informiert würde. Diese Gefahr wird für so groß angesehen, daß alle unsere Freunde dazu raten, noch jetzt die Rundfunkgeräte einzuziehen, trotz aller Bedenken, die gegen eine solche Maßnahme bestehen.

Das deutsche Gegenmittel

Wie in Deutschland, so beherrscht auch in Frankreich das Thema »Fliegerangriffe« alle Gespräche. Man erwartet mit Spannung das angekündigte deutsche Gegenmittel und mißt dem Luftkampf kriegsentscheidende Bedeutung bei. Wenn das deutsche Gegenmittel ausbleiben oder versagen würde, würde diese Tatsache uns gegenüber weiterhin sehr ungünstig sich in der Stimmung der Bevölkerung auswirken.

Attentate und Sabotageakte

Die Attentate auf Eisenbahnanlagen, Züge, Lokomotiven nehmen in erschreckender Weise zu, genau nach den kommunistischen Plänen, wie ich sie in früheren Berichten angekündigt habe. Besonders das Loiretal ist heimgesucht.

In dem Zug Vichy–Paris, der kürzlich Opfer eines Attentates war, bei dem es Tote und Verwundete gab, befand sich auch Madame de Chambrun, die Tochter Lavals, und mehrere hohe französische Regierungsbeamte.

Die Refraktäre und Partisanen

Überhaupt nimmt die aktive Widerstandsbewegung zu, namentlich das Bandenwesen der Refraktäre und insoumis. In einigen Gebirgsgegenden üben sie schon eine tatsächliche Gewalt aus, indem sie Ausweise und Passierscheine ausstellen.

Während man früher nur von Terroristen, Refraktären und insoumis sprach, spricht man jetzt schon von »Partisanen«.

Minister Cathala berichtete mir von einem Fall in einem Dorf in Hochsavoyen, wo eine mit Maschinenpistolen bewaffnete Bande den Bürgermeister, eine Kommission zur Requisition von Maultieren und neun schlecht bewaffnete Gendarmen gefangennahm und mitsamt den Maultieren ins Gebirge entführte. Erst eine besser bewaffnete Gruppe von Mobilgarden konnte die Bande überwältigen.

Diese Zustände sind geeignet, nicht nur das Ansehen der französischen Behörden, sondern auch das deutsche Prestige zu schädigen. Man sagte mir wiederholt: »Wie könnt Ihr solche Zustände dulden?«

Ungenügende Bewaffnung der Sicherheitsorgane

Die Franzosen klagen über ungenügende Bewaffnung der Sicherheitsorgane, der Polizei, Gendarmerie und des Bahnschutzes. Die Polizeibeamten, die ziemlich hohe Verlustzahlen an Toten und Verwundeten haben, werden unmutig, wenn sie sehen, daß die Terroristen besser bewaffnet sind, als sie selbst. Das stellt die deutschen Behörden vor das gleiche Dilemma wie in Nordafrika, als es sich darum handelte, ob man den dortigen französischen Truppen Waffen zur Verteidigung von Algerien und Marokko anvertrauen könne. Es ist gefährlich, die französische Polizei zu gut zu bewaffnen, wenn daraus im Krisenfalle eine Truppe gegen uns werden könnte.

Die Vertrauensfrage

So stellt sich auch hier wieder die Vertrauensfrage. Ich sprach hierüber eingehend mit Minister Cathala und dem Polizeipräfekten. Beide sind optimistisch und zuversichtlich, vielleicht etwas zu optimistisch. Sie glauben, die Polizei noch ziemlich in der Hand zu haben und weisen auf die Todesopfer der Polizei hin, die ihre Einsatzbereitschaft beweise. Sie betonen, daß in der Polizei doch noch eine gute Beamtenauffassung, Disziplin und ein Korpsgeist gegen alle Störer der Ordnung herrsche, aus welchem Lager sie auch kommen mögen.

Unsere Freunde aber warnen. Sie sind nicht der Meinung, daß die Polizei die große Belastungsprobe einer Landung, verbunden mit inneren Widerstandsaktionen, aushalten würde.

Stärke der Polizei

a) Dem Polizeiminister Bousquet unterstehen

groupes mobiles de policé	10 000
police urbaine	6 000
garde mobile	20 000
	36 000

b) dem Kriegsminister Bridoux

unterstehen die Gendarme	40 000

c) Laval direkt untersteht
die police de Paris (unter

Polizeipräfekt Buissière)	18 000
zusammen	94 000

Eine sachliche Zusammenarbeit der drei Gruppen ist gewährleistet.

Die Mobilgarde soll in die Kategorie der Mobilgruppen überführt werden. Es handelt sich um Verbände, die in größeren Gruppen eingesetzt werden. Die Gendarme sind zu sehr mit der ländlichen Bevölkerung verbunden, als daß sie im Ernstfall großen Kampfwert hätten.

Der Arbeitseinsatz

Der offene und versteckte Widerstand gegen den Arbeitseinsatz wird immer stärker. So wurde mir von einem Dorf im Departement Doubs erzählt, daß von 30 Gestellungspflichtigen sich nur 4 gestellt hätten. Die Polizei versorge die 26 Refraktäre und schikaniere die Familien der vier Arbeitswilligen. Beim Arbeitseinsatz spitzt sich das deutsch-französische Verhältnis immer mehr zu und entwickelt sich mehr und mehr der offene Widerstand. Die schlechtesten Ergebnisse werden von den Departements Haute Savois, Doubs, Corrèze und Finistère gemeldet.

Auflösung der Verwaltung

Die Zustände in der Verwaltung werden immer verworrener. Es herrscht überall ein Cliqueunwesen, Korruption, Chaos. Viele sagen: »Wir haben überhaupt keine Regierung mehr.« Die unteren Organe sind nicht mehr in der

Hand der Regierung. Der Minister Cathala sagte mir selbst, daß, wenn sich Leute freiwillig zum Arbeitseinsatz stellten, es vorkomme, daß die Beamten sie fragten, ob sie nicht irgendeinen Grund, etwa ein Familienereignis, hätten, um eine Zurückstellung zu beantragen. Das gleiche gilt für das Verhalten gewisser französischer Ärzte.

Machtlosigkeit der Präfekten

Einer meiner Freunde berichtete mir von einem Gespräch mit einem Präfekten in Perpignan. Auf die Frage, ob er im Ernstfall den Willen der Regierung durchsetzen könne, habe ihm dieser gesagt: »Was wollen Sie? Ich habe im ganzen Departement ein Dutzend bewaffnete Leute, auf die ich mich verlassen kann. Ich muß mich schon an die Deutschen wenden, wenn es ernst wird.«

Die Regierung Laval

Die Lage der Regierung Laval wird immer schlechter. So sagte mir einer meiner Freunde: »Es gibt Englandfreunde oder Deutschlandfreunde. Aber gegen die Regierung in Vichy sind sie alle.«

Andere sagen: »Wir haben keine Regierung.«

Das ständige Laisser aller hat Laval um jeden Kredit gebracht.

Einer meiner Freunde sagte mir: »Laval lebt in einer ausgesprochenen Euphorie. Er ist immer optimistisch und sagt jedem, der es hören will, wie zufrieden er ist. Er meint, alles gehe gut. Er hat jetzt den Deutschen, besonders Sauckel, in der Arbeiterfrage einen gewissen Widerstand gezeigt, und mit Erfolg.«

Andere sagten mir: »Die neueste Politik Lavals ist die, daß er sich totstellt. »La fait le mort.« Das bedeutete einen sehr hohen Grad passiver Resistenz – und er wartet ab. Er ist in seiner Schwäche stark.«

Im übrigen ist die Kritik gegen die Politik Lavals, die für zu weich gehalten wird, gerade in den Kreisen unserer besten Freunde, nach wie vor stark, besonders auch bei de Brinon und Déat, die Laval seine Tatenlosigkeit vorwerfen und der Ansicht sind, daß Laval und wir die Lage zu rosig sehen.

Auf der anderen Seite ist als Aktivum der Regierung Laval eine gewisse Festigung der Finanzlage und damit des Franken zu verzeichnen. Cathala sagte mir: »Die Bauern liefern schlecht ab, aber die Steuern gehen gut ein.«

Der französische Franken hat in der Schweiz sich gut behauptet, und auf dem schwarzen Markt sind die Preise zum Teil sogar gefallen; jedenfalls nicht sehr wesentlich gestiegen. Man beginnt zu begreifen, daß Frankreich zwar Besatzungskosten, aber keine Kriegskosten hat und deshalb, im ganzen betrachtet, nicht so schlecht steht.

Regierungskrise

Es liefen natürlich wieder einmal Gerüchte über die Regierungskrise. Laval soll mit seinem Rücktritt gedroht haben, weil er mit Gauleiter Sauckel nicht zurechtgekommen sei.

Der Marschall Pétain

Man sagte mir, daß für den Fall einer Regierungskrise Pétain die Absicht habe, die Regierung selbst zu übernehmen und einige Parlamentarier wie Georges Bonnet, die nicht gerade deutschfeindlich seien, als Minister zu berufen. Er wolle dann, wenn die Amerikaner kämen, sagen: »Ihr wollt die Demokratie wiederherstellen? Nun wohl, ich habe das ja schon besorgt. Ich habe eine demokratische Regierung.« Das ganze Bestreben des Marschalls sei darauf gerichtet, zu bleiben, was immer auch kommen werde.

Eine Kundgebung der Legion gegen den Bolschewismus

An Einzelheiten ist noch zu berichten, daß am 27. August 1943 eine große Kundgebung der Legion gegen den Bolschewismus im Hotel des Invalides und am Grab des Unbekannten Soldaten stattfand, an der der französische Kriegsminister, der General Bridoux und Botschafter de Brinon, sowie die Spitzen der deutschen Militär- und

263

Zivilbehörden in Paris (Kommandant von Groß-Paris und Gesandter Schleier) teilnahmen.

Ich habe den ganzen Feierlichkeiten als Beobachter beigewohnt. Sie machten einen recht guten Eindruck, und die Bevölkerung nahm auch mit Interesse starken Anteil. Als der Priester mit dem Hochamt begann und die Stufen zum Altar hinaufstieg, ertönte die Sirene.

Besonders eindrucksvoll war auch die Dekorierung der Teilnehmer auf dem Ehrenhof und die Auszeichnung der Angehörigen.

Beim Aufmarsch der Legion über die Champs Elysées zum Triumphbogen kam es zu zahlreichen Zurufen, die meist pathetisch waren. Einige kleinere Zwischenfälle ereigneten sich deshalb, weil Angehörige der Legion gegen Polizeibeamte vorgingen, die die Legionsfahne nicht grüßten. Der Polizeipräfekt sagte mir, daß die Beamten sich richtig verhalten hätten, weil nur die Gruppenchefs die Fahne in solchen Augenblicken zu grüßen hätten. Nach der Feier kam es am Abend bei der Rückkehr des größten Teils der Teilnehmer am Invalidenbahnhof zu einem Zusammenstoß mit der Polizei, wobei es etwa 40 Verwundungen bei der Polizei gab. Die Schuldfrage war nicht genau festzustellen.

François Poncet – Lebrun

François Poncet und Lebrun sind in Schutzhaft genommen und anscheinend nach Deutschland gebracht. Es gingen Gerüchte, daß sie an der Schweizer Grenze festgenommen worden seien, als François Poncet versucht habe, Lebrun nach Afrika zu bringen. Diese Gerüchte sind offenbar unzutreffend. Es handelt sich nur um allgemeine Schutzhaftmaßnahmen.

Kritik an der deutschen Propaganda

Ich hörte eine Kritik an der deutschen Propaganda in Presse und Rundfunk, die mir beachtlich erschien. Man sagte mir: »Ihr bringt heute viel zuviel darüber, was die Engländer und Amerikaner und Russen in Quebec und anderwärts für die Nachkriegszeit besprechen. Ihr erweckt dadurch den Eindruck, als ob Ihr selbst den Krieg schon verloren gäbt und den Anspruch der anderen auf Neuordnung der Welt anerkenntet.« Dieser Eindruck soll auch durch die ständige Betonung, daß Europa den Russen überlassen werden soll, hervorgerufen werden.

Die Evakuation von Paris

Immer wieder hört man auch von Franzosen, daß sich in Paris viel zuviel Deutsche aufhalten mit Frauen, Kindern und Greisen, die bei der bevorstehenden Krise eine ernste Belastung bedeuten würden, Panik erzeugen und die Verkehrsmittel belasten würden. Einer sagte mir: »Ihr evakuiert Berlin und Hamburg, und dafür kommen immer mehr Deutsche nach Paris. Glaubt Ihr denn, daß Paris eine Ausweichstellung für bedrohte deutsche Städte sei?«

Ich hörte auch, daß gerade diese vielen Deutschen, die in Paris sind, eine schlechte Stimmung (Defaitismus) verbreiten. Ein Franzose sagte mir: »Das sind die richtigen Anti-Kollaborationisten.«

BERICHT VOM 17. BIS 23. OKTOBER 1943

Im Auftrag der »Groupe Collaboration« habe ich wieder eine Vortragsreise nach Südfrankreich unternommen und dort folgende Vorträge gehalten: Am Sonntag, d. 17. Oktober, in Nîmes, am Montag, d. 18. Oktober, in Avignon, am Dienstag, d. 19. Oktober, in Marseille, am Donnerstag, d. 21. Oktober, in Lyon, am Freitag, d. 23. Oktober, in Clermont Ferrand. Der Vortrag, der für Mittwoch, d. 20., in Cannes vorgesehen war, mußte wegen der dort vorgesehenen Evakuierungsmaßnahmen abgesagt werden.

Ich habe trotzdem an diesem Tage die Ortsgruppe in Cannes, die sehr rührig ist und bei der ich im vorigen Jahre mit großem Erfolg gesprochen hatte, besucht, weil ich mich über die Lage in Cannes und an der Riviera überhaupt unterrichten wollte. Gleichzeitig habe ich auch

Freunde in Nizza besucht. Den Abschluß bildete eine Besprechung in Vichy, die am Sonnabend, d. 23. d. M., stattfand, wobei ich das Büro der »Groupe Collaboration« für Süd-Frankreich und die Zweigstelle der Deutschen Botschaft besuchte und auch vom Ministerpräsidenten Laval empfangen wurde.

Der Gesamteindruck der Reise war wiederum ein außerordentlich guter. Das Interesse für diese Vorträge ist in der französischen Öffentlichkeit immer noch sehr groß, wie der starke Besuch und der herzliche Beifall zeigten. An den Veranstaltungen in Nîmes, Marseille und dem Besuch der Ortsgruppe in Cannes nahm auch Herr Abert von der Informationsstelle teil. Auf deutscher Seite waren vertreten in Nîmes von der Zweigstelle der Deutschen Botschaft in Vichy die Herren Dr. Diehl und Schmidt, und vom Generalkonsulat in Marseille ein Vertreter des Herrn Generalkonsuls.

Besonders eindrucksvoll war die Veranstaltung in Nîmes, im größten Saal der Stadt, dem Foyer Communal. Nîmes besitzt in der Tat einen Vortragssaal, der größer ist als die in Paris zur Verfügung stehenden, wie Salle Wagram, Salle de la Mutualité usw. Durch Herausnehmen der Stühle im hinteren Teil des Saales wurde noch mehr Platz geschaffen. Trotz des Regens war der Saal überfüllt. Es waren über 5000 Zuhörer erschienen. Die Miliz hatte allein etwa 800–1000 Leute aus verschiedenen Orten zusammengezogen, die in Uniform die Gänge ausfüllten und nach dem Vortrag einen Vorbeimarsch am Theater unternahmen, der sehr gut verlief. Die »Groupe Collaboration« hatte aus Paris mehr als ein Dutzend große Fahnen geschickt und entsprechende Fahnenträger. Eine Gruppe von jungen Mädchen und jungen Leuten der »Jeunes de l'Europe« waren auf dem Podium aufgestellt. Das Podium war festlich dekoriert, wie das bei Massenversammlungen der Partei in Deutschland zu geschehen pflegt. Die Veranstaltung von Nîmes ist der beste Beweis dafür, daß auch heute noch solche Großveranstaltungen möglich sind, wenn alle Stellen gut zusammenarbeiten und besonders die französischen Behörden guten Willen zeigen.

Es herrschte von vornherein eine ganz außerordentlich gute Stimmung, und, man kann wohl sagen, eine revolutionäre Stimmung im Sinne der nationalen Revolution. Am Schluß erhob sich das ganze Publikum und stimmte begeistert die Marseillaise an. Die Kapelle der deutschen Luftwaffe, die zum Beginn einige Märsche gespielt hatte, stimmte im Anschluß daran die Deutschen Nationalhymnen an, wobei sich das Publikum wiederum erhob und mit dem Deutschen Gruß die Nationalhymnen ehrte, ebenso wie bei der Marseillaise die Deutschen sich erhoben hatten. – Beim Vorbeimarsch am Theater spielte die deutsche Militärkapelle, so daß die französische Miliz vor der deutschen Militärkapelle defilierte. Ich habe nie einen so starken Eindruck davon gehabt, daß noch erhebliche Kräfte im französischen Volk vorhanden sind, die für uns mobilisiert werden können. Bei dieser Veranstaltung herrschte auch vollständige Harmonie zwischen den einzelnen aktivistischen Gruppen, PPF, Francisten, NMP usw., die alle in Uniform erschienen waren.

Sehr gut verlief auch die Veranstaltung in Marseille, die im großen Theater stattfand und von 11 100 Zuhörern besucht war. Ebenso war die Salle Molière in Lyon vollständig besetzt. In Avignon war der Besuch geringer, weil dort die Vorbereitung nicht gut geklappt hatte. Immerhin waren etwa 250 Personen im Festsaal des Rathauses erschienen. Der Vortrag in Clermont-Ferrand war improvisiert und anstelle eines ausgefallenen Vortrags in letzter Stunde eingelegt worden. So war auch dort der Besuch schwächer, aber sowohl in Avignon wie in Clermont-Ferrand sind sehr interessante Leute erschienen, und die Veranstaltung verlief als solche sehr gut.

Die Präfekten und Regional-Präfekten haben fast überall an den Veranstaltungen teilgenommen, ebenso die Bürgermeister. Besonders charakteristisch war, daß das Ganze etwas unter der Stimmung der Attentate und Terrorakte stand. Die Veranstalter selbst und wir waren auch bedroht. Die Drohungen waren diesmal doch wohl ernst zu nehmen. In Lyon hat der Plan bestanden, Eierhandgranaten im

Versammlungsraum zur Explosion zu bringen. Der Plan konnte in letzter Minute vereitelt werden. Auch bestand ein Plan, eine Bombe mit Zeitzünder in unserem Auto anzubringen. Schließlich fand im gleichen Augenblick, als ich den Vortrag in Clermont-Ferrand hielt, ein Zwischenfall im Versammlungslokal der PPF statt, wo eine Bombe geworfen wurde. In Nîmes wurde 2 Tage nach dem Vortrag ein erhebliches Attentat auf eine deutsche vorbeiziehende Truppe verübt, wo über 20 Soldaten verwundet und mehrere getötet wurden.

An allen Stellen wurde ich gebeten, doch möglichst schnell wiederzukommen, und zwar noch Anfang Dezember. Es sei gerade jetzt sehr wichtig, in Südfrankreich, das ja von einer Invasion bedroht sei, eine möglichst gute Stimmung zu erzeugen und der Bevölkerung zu beweisen, daß wir in unseren Bestrebungen nicht nachlassen und uns auch nicht einschüchtern lassen. Besonders wichtig war es, die einzelnen Ortgruppen und unsere Freunde in Südfrankreich zu stützen und aufzurichten, was auch im vollen Maße gelungen ist. Es zeigte sich, daß bei allem guten Willen die Herren von der »Groupe Collaboration« nicht immer in der Lage waren, die rein organisatorischen Maßnahmen und Vorbereitungen durchzuführen. Es wäre wünschenswert, wenn hier doch eine deutsche Stelle sich mehr einschaltete, und zwar von Paris aus.

BESPRECHUNG MIT LAVAL AM 23. OKTOBER 1943

Als Abschluß meiner Vortragsreise durch Südfrankreich war ich am 23. Oktober 1943 in Vichy und wurde auch von Laval empfangen. An der Besprechung nahm noch Herr Dr. Diehl von der Zweigstelle der Deutschen Botschaft in Vichy teil.

Laval erkundigte sich nach meinen Eindrücken auf der Vortragsreise, über die er durch Freunde unterrichtet war, namentlich nach dem letzten Vortragsabend in Clermont-

Ferrand, für den er besonderes Interesse hatte, weil es die Hauptstadt der Auvergne, seiner Heimat, ist.

Ich sagte ihm, daß ich auch heute noch den Eindruck hätte, daß trotz aller Schwierigkeiten eine starke Grundstimmung im französischen Volk für eine deutsch-französische Verständigung vorhanden sei, die bei den Vorträgen immer wieder spontan hervortrete. Ich berichtete ihm namentlich von Nîmes, wo über 5000 Franzosen der Veranstaltung beigewohnt und am Schluß begeistert die Marseillaise gesungen hatten und dann die deutschen Nationalhymnen stehend und mit erhobener Hand angehört hätten.

Laval sagte: »Das ist auch ganz meine Meinung. So unpopulär angeblich meine Politik sein soll, so weiß ich doch, daß im Grunde das französische Volk die deutsch-französische Verständigung will. Ich werde nie den Eindruck vergessen, den ich hatte, als ich 1931 von meiner Deutschlandreise mit Briand zurückkam und an den Grenzbahnhöfen die Bevölkerung uns begeisterte Kundgebungen darbrachte, weil sie hoffte, daß nun die Aussöhnung mit Deutschland gelingen würde. Das war ähnlich wie der Empfang, den das Volk in Paris Daladier bereitete, als er von München zurückkam und glaubte, daß er in Paris ausgepfiffen werden würde.

Ich bin deshalb auch durchaus zuversichtlich in bezug auf das Endergebnis. Wir werden schon zum Ziel kommen. Ich glaube auch, daß Deutschland schließlich siegen wird und bin interessiert daran, denn wenn es anders käme, wäre ich doch der erste, der dann erledigt wäre, vielleicht schon eher als Deutschland. Ich verstehe nur nicht, weshalb man mich von deutscher Seite aus nicht mehr unterstützt, damit die öffentliche Meinung in Frankreich sieht, daß meine Politik einen Sinn hat. Es wäre doch jetzt nützlich, zwischen Deutschland und Frankreich klare Verhältnisse zu schaffen. Ich jedenfalls sehe keine Schwierigkeiten. Wenn Deutschland heute mit Rußland in Verhandlungen treten würde, um mit England und Amerika fertig zu werden, so sehe ich nicht ein, weshalb ich mich nicht mit

Deutschland verständigen könnte. Es wäre bedauerlich, daß dann die Frage des Bolschewismus nicht endgültig erledigt, sondern nur aufgeschoben wäre. Aber mit Rußland hat Frankreich keine territorialen Fragen zu lösen, weder auf dem Kontinent noch in den Kolonien. Wenn Deutschland sich mit England und Amerika gegen Rußland verständigen würde, so sehe ich auch keine Schwierigkeiten. Die Gefahr, daß Deutschland mit England und Amerika auf Kosten unseres Kolonialbesitzes Frieden machen könnte, besteht heute nicht mehr, weil England und Amerika über unsere Kolonien verfügen. Die einzige Schwierigkeit, die bislang bestand, die italienische Forderung, ist auch weggefallen. Weshalb sollten also Deutschland und Frankreich sich nicht schon jetzt verständigen? Man wird sagen: ›Da bleibt noch Elsaß-Lothringen.‹ Ich meine, damit werden wir schon fertig werden.

Was die Frage der Arbeitsbeschaffung anbelangt, so ist ja Gott sei Dank auch hier eine Entspannung eingetreten. Die letzte Unterredung mit Sauckel war ja viel angenehmer als die vorletzte. Durch die Möglichkeit der größeren Heranziehung italienischer Arbeiter wird jetzt vieles erleichtert.

Ich weiß, was man mir alles vorwirft. Ich soll z. B. vorhaben, in die Schweiz zu gehen und dort mein Geld schon sichergestellt haben. Da sind eifrige Kollaborationisten, die sich bei deutschen Dienststellen beliebt machen wollen, und die dann Berichte über mich machen. Ich frage mich immer: wie kommen alle diese Leute, die früher Reaktionäre waren, heute zu ihrer Deutschfreundlichkeit? Ich war immer für die Verständigung mit Deutschland. Aber diese Herren treiben Gefühlspolitik (une politique passionelle), ich will aber eine Vernunftspolitik (politique de sagesse) betreiben. Eine Vernunftspolitik ist viel schwieriger als Gefühlspolitik. Sehen Sie, man muß Frankreich kennen, wenn man hier Politik machen will. Ich kenne Frankreich, es ist ein altes Land. Da bestehen viele verschiedenartige Strömungen. Da wird heute so viel von mir verlangt, als ob ich nur so auf den Knopf zu drücken brauchte und jeder

Befehl sofort ausgeführt würde. Ich möchte auch so einen Knopf haben, auf den ich drücken könnte.

Mit vernünftigem Zureden erreicht man hier viel. Ich habe Bonnafous in die Provinz geschickt, und er hat mit den Bauern vernünftig geredet. Die haben ihn gefragt: ›Wieviel Stück Vieh braucht Ihr für Paris?‹ Da hat er eine Zahl genannt, und der Vertreter der Bauern hat gesagt: ›Die könnt Ihr haben‹, und am Ende der Woche war das Fleisch da. Aber die deutschen Dienststellen machen mir auch die Arbeit nicht leicht. Ich habe früher geglaubt, Bürokratie gibt es nur bei uns, aber bei Euch ist es ja noch viel schlimmer.«

Wir kamen dann auch auf die Terrorakte zu sprechen. Ich sagte, daß ich auf meiner Reise durch Südfrankreich diese Frage als den wichtigsten Punkt empfunden hätte, der heute die Meinung beherrscht. Die Regierung müsse unbedingt mit den Terroristen fertig werden, und zwar so schnell wie möglich. Laval meinte: »Ganz wird man die Terrorakte nicht unterdrücken können. Aber auch hier haben wir schon viel erreicht, und Sie werden bald weitere Erfolge feststellen. Ich habe jetzt 4000 Polizeibeamte in der Corrèse und den hauptsächlich bedrohten Departements eingesetzt. Aber man darf solche Maßnahmen, wenn sie Erfolg haben sollen, natürlich nicht zu früh veröffentlichen.«

Es sind drei Gruppen von Terroristen zu unterscheiden, einmal die Kommunisten, vielfach wurzellose Rotspanier, die sich in den Wäldern versteckt halten und die zweite Gruppe, die der Refraktäre, an sich ziehen und vielfach terrorisieren. Die Refraktäre selbst sind meist verführte junge Menschen, die man verhetzt hat. Schließlich ist da noch die »geheime Armee«, die von unzufriedenen entlassenen Offizieren oder Unteroffizieren geführt wird. Zwischen diesen Gruppen besteht keine Einigkeit. Als kürzlich der Oberstaatsanwalt von Toulouse ermordet wurde, weil er gegen Terroristen die Todesstrafe beantragt hatte, erklärten die Führer der »geheimen Armee«, daß, wenn die Polizei den Mörder nicht ausfindig machen oder zur

Bestrafung bringen würde, sie selbst die Sache in die Hand nehmen und den Mörder bestrafen würden.

Laval beschwerte sich darüber, daß in der Presse die Erfolge der Polizei fast nie bekanntgegeben würden. Er zeigte uns eine soeben erschienene Zeitung, die voller Meldungen über Terrorakte war, ohne daß die Gegenmaßnahmen der Polizei aufgeführt worden seien. Herr Dr. Diehl schlug dazu vor, daß man die Terrorakte und die Unternehmungen der Polizei in zwei Kolonnen einander gegenüberstellen sollte.

Laval fuhr fort: »Im übrigen wirken sich die Nachrichten über die Terrorakte gegen Bauern und einzelne französische Bürger in der öffentlichen Meinung gut aus. Solche Gewaltakte lehnt man in Frankreich ab. Dazu kommen die Nachrichten über den Einfluß des Kommunismus in Nordafrika und Nachrichten über das Auftreten in Marty usw.«

1944

Für den nachträglichen Beobachter hatte Deutschland 1944 den Krieg schon endgültig verloren. Darum ist es verständlich, wenn die Kriegsgeneration von den jüngeren Jahrgängen immer wieder gefragt wird, wie sie bei der damaligen Lage überhaupt noch weiterkämpfen und Chancen für einen positiven Ausgang sehen konnte. Der Willen zur Pflichterfüllung und die Eidestreue werden heute vielfach nicht mehr als überzeugendes Motiv anerkannt.

Was aber zur Glaubhaftmachung der damaligen Einstellung beitragen kann, ist die Tatsache, daß auch im Jahre 1944 noch Millionen von Franzosen für eine deutsch-französische Zusammenarbeit eintraten. Bis zur Invasion funktionierte auch das Besatzungssystem, obwohl die Tätigkeit des Maquis – von Großbritannien mit Waffen versorgt – ständig zunahm. Aber auch hierzu kann sachlich festgestellt werden, daß – ähnlich wie in Deutschland – die Zahl der Widerstandskämpfer nach der deutschen Nieder-

lage sehr viel höher angegeben wurde, als sie damals in Erscheinung trat.

Jedenfalls steht fest, daß auch im Jahre 1944 noch große Organisationen und namhafte Einzelpersönlichkeiten an dem Gedanken der deutsch-französischen Verständigung festhielten und loyal mit der Besatzungsmacht zusammenarbeiteten.

Selbstverständlich mehrten sich in dieser Zeit die Stimmen, die besorgt bei Professor Grimm anfragten, wie er sich denn die weitere Entwicklung dächte. Neben Rückversicherern traten ehrliche Freunde auf, die es ablehnten, in klar erkannten Notzeiten eine politisch für richtig erkannte Idee nur deshalb aufzugeben, weil ihre Realisierung immer ungewisser wurde. Viele dieser Menschen haben ihre damalige aufrechte Haltung mit ihrem Leben bezahlt. Das gibt den von Professor Grimm wiedergegebenen Gesprächen einen ergreifenden und verpflichtenden Charakter. Es sollte in diesem Zusammenhang auch erwähnt werden, daß beispielsweise zu den letzten Verteidigern der Reichshauptstadt Angehörige der französischen Division Charlemagne gehörten. Französische Ritterkreuzträger verteidigten das Hallische Tor, durch das 1806 Napoleon mit seinen Truppen einmarschiert war.

In diesen Krisenmonaten des Jahres 1944 führte Professor Grimm noch eine große Reihe von Versammlungen durch, vor allem auch in Südfrankreich. Die Zuhörer beschränkten sich keineswegs auf offizielle Kreise, bei denen man einen Zwang zur Teilnahme unterstellen könnte. Die Versammlungen wurden oft von Tausenden von Zuhörern besucht, die lebhaften Beifall spendeten und in direktem Gespräch mit dem Redner ihre positive Einstellung zu dessen Gedankengängen zum Ausdruck brachten.

Zur Durchführung dieser Versammlungen gehörte nicht nur moralischer Mut. Es war durchaus gefährlich, durch die vom Maquis bedrohten Gebiete zu fahren und sich einer unkontrollierten und beunruhigten Zuhörerschaft zu stellen. Der Zivilist Grimm, dem alles Militärische sehr fern-

lag, hatte den Mut, diese Versammlungen durchzufüh-
ren, die in der Zeit der Siege einfach gewesen waren, nun
aber angesichts der drohenden Niederlage einen außeror-
dentlichen Kräfteeinsatz erforderten. Schon die Tatsache
ist erstaunlich, daß im besetzten Frankreich während der
Kämpfe an der Invasionsfront derartige Veranstaltungen
überhaupt noch stattfinden konnten. Sie beweisen, daß
von einer einheitlichen Deutschfeindlichkeit des französi-
schen Volkes, selbst in dieser Zeit der Wende, nicht
gesprochen werden kann.

Es muß auch darauf hingewiesen werden, daß zunächst
die Kommunisten und Widerstandskämpfer, dann aber
auch die Regierung de Gaulles an diesen Menschen eine
furchtbare Rache genommen haben. Die Zahl der Todes-
opfer durch Hinrichtungen und Morde wird auf über hun-
derttausend geschätzt. Dabei sind viele persönliche Rache-
akte noch ungeklärt geblieben. In dem Buch von Paul
Sérant »Die politischen Säuberungen in Westeuropa«
(Stalling-Verlag 1966) schwankt die Verlustliste zwischen
40 000 und 100 000 Opfern. Auf Seite 155 des Buches
heißt es:

> *» ... Eine andere Aussage, auf die sich die Opfer der*
> *Säuberung berufen, ist die Erklärung, die Adrien*
> *Tixier, der Innenminister, im November 1944 Oberst*
> *Dewawrien – in der Résistance »Passy« genannt –*
> *gegeben hat. Danach muß den Berichten der Präfek-*
> *turen an die Regierung zufolge die Zahl der sponta-*
> *nen Hinrichtungen im gesamten Frankreich mit*
> *105 000 angesetzt werden. Diese Zahl wurde in Zeit-*
> *schriften wie »Ecrits de Paris« und »Rivarol« ver-*
> *öffentlicht und nie dementiert.*
>
> *... Endlich gibt die offizielle Liste der Kriegsopfer*
> *noch einen weiteren wichtigen Hinweis. Sie wurde*
> *von François Mitterand, dem Minister der ehemali-*
> *gen Frontkämpfer, am 16. Juni 1946 offiziell*
> *bekanntgegeben. Hier die Aufstellung der Verluste,*
> *die Frankreich von 1939–1945 erlitten hat:*

Frontkämpfer 1939–1940	92 233
Frontkämpfer in der Befreiungsarmee 1940–1945	57 221
Widerstandskämpfer der FFI	24 440
Zwangsweise von der Wehrmacht Eingezogene	27 000
Vermißte der oben angeführten Kategorien	10 000
Kriegsgefangene	30 000
Deportierte	150 000
Zivile Opfer (verschiedene Ursachen)	97 000
Zivile Opfer (Bombardement)	55 000
Zivile Opfer (»Akten noch anzulegen«)	36 000
Erschossene	30 000
	608 894

Zwei Zahlen dieser Liste sind besonders zu beachten: Die »Zivilen Opfer aus verschiedenen Ursachen« und die »Zivilen Opfer, deren Akten noch anzulegen sind«. Zusammen ergeben sie die Summe von 133 000 Toten. Selbst wenn man die bei Statistiken unvermeidliche Ungenauigkeit mit in Betracht zieht und weiterhin annimmt, daß ein gewisser Prozentsatz Opfer der deutschen Unterdrückung, der alliierten Bombenangriffe und einfacher Unfälle gewesen ist, so ergibt sich doch eine den Angaben von »American Mercury« und von Oberst »Passy« vergleichbare Zahl »summarischer« Hinrichtungen. Die Zahl der Franzosen, die insgesamt von den »Säuberungsmaßnahmen« betroffen wurden, liegt zwischen 1 ½ und 2 Millionen!

Professor Grimm war ein eindrucksvoller Redner, der sich auch in französischer Sprache vollendet ausdrücken konnte. Er machte es seinen Zuhörern nicht leicht. Die Grundlage seiner Reden waren historische Vorgänge und Kombinationen, die er sorgfältig mit Quellen belegte. Er vermied persönliche Verunglimpfungen ebenso wie billige und politische Schlagworte. Die unbestreitbare Wirkung seiner Reden beruhte auf dem sittlichen Ernst, mit dem er *seine Gedanken vortrug, dem umfangreichen Wissen, das sich in seinen Ausführungen offenbarte, dem wissenschaftlichen Ruf, der ihn als Universitätsprofessor begleitete, vor allem aber auf der Überzeugungskraft, mit der er seine Thesen vertrat. Jeder Zuhörer verspürte, daß Professor Grimm sich mit den Gedanken identifizierte, die er vortrug, und daß er an das glaubte, was er sagte.*

VORBEMERKUNG 1944

Das Jahr 1944 brachte gegenüber dem Jahr 1943 zunächst keine wesentliche Veränderung der Frankreichprobleme mehr. Die Stimmung verschlechterte sich zwar immer mehr, die Deutschfeindlichkeit nahm zu, ohne daß es eigentlich zu Haßausbrüchen dem einzelnen Deutschen gegenüber kam. Die Lage spitzte sich immer mehr zu in Erwartung der kommenden Entscheidung. Aber die Probleme als solche, die erörtert wurden, blieben die gleichen:

Die kommende Landung, die Widerstandsbewegung, der Maquis, die Réfractaires, die Relève und der Arbeitseinsatz, die Armée Secrète, die Polizei, die Administration, der Gegensatz Déat-Laval und der Kollaboration gegen Laval, die Krise der Kollaboration, das Problem Vichy-Pétain, der Terrorismus und der schwarze Markt.

Man gewöhnte sich an die von allen Seiten drohenden Gefahren. Viele nahmen deshalb die Invasion nicht mehr ernst und glaubten an Bluff. Die aber nachdachten, blieben dabei, daß die angelsächsische Landung im Frühjahr kommen werde. Sie sahen in den systematischen Fliegerangriffen auf Nordfrankreich das sicherste Zeichen für die beginnende Invasion. Ich schrieb am 7. April 1944, daß die Normandie für eine eventuelle Landung in Frage komme. Desgleichen sprach ich am 24. Juni 1944 davon, daß man allgemein die zweite Landung an der Südküste erwarte, und ich vermutete am 6. Juli 1944, daß diese »östlich Marseille« stattfinden werde, »mit dem strategischen Ziel des Aufrollens des Rhonetales«.

Der Arbeitseinsatz und die Relève spielten nicht mehr die gleiche Rolle wie 1943, weil man sich deutscherseits mehr zurückhielt. Ich warnte vor Überspannung der deutschen Forderungen, zumal genügend italienische Arbeiter da waren.

Die Krise der Kollaboration hielt an. Trotzdem war erstaunlich, wie meine Vorträge bis zuletzt (Nizza 27. Juni 1944) gut besucht waren und gut aufgenommen wurden, und auch die »Groupe Collaboration« florierte.

Die Bekämpfung des Terrorismus wurde immer schwieriger. Man mußte einsehen, daß hier keine Polizeiaktion mehr genügte und auch Darnand und seine Miliz hier nichts mehr ausrichten konnten. Die Partisanenkämpfe waren vielmehr eine rein militärische Angelegenheit geworden.

Am 6. Juli 1944 verließ ich Paris und bin seitdem dorthin nicht mehr zurückgekehrt. Die letzte Phase der Frankreichbesetzung, Rückzug, die mit dem Durchbruch von Avranches beginnt, habe ich nicht mehr miterlebt.

PHILIPPE HENRIOT 7. APRIL 1944

Besonders günstig wirkt sich die Tätigkeit von Philippe Henriot aus. Das wird von allen Franzosen anerkannt. Früher hörte man nur Radio London, jetzt hört man auch regelmäßig die Sendungen von Philippe Henriot, der in besonders geistreicher Weise den Kampf gegen die England- und Amerika-Freundschaft und gegen den Bolschewismus führt. Das ist noch kein Beweis für Deutschfreundlichkeit, aber immerhin eine sehr gute Gegenbewegung gegen die Feindpropaganda. – Die ursprüngliche Besorgnis, daß die zu große Häufigkeit von Ministerreden auf die Dauer das Interesse an diesen Vorträgen erlahmen lasse, hat sich nicht bewahrheitet. Philippe Henriot, den man auch den französischen Goebbels nennt, hat sich in der französischen öffentlichen Meinung vollständig durchgesetzt.

MARCEL DÉAT 7. APRIL 1944

Sehr glücklich wirkt sich auch aus, daß Marcel Déat endlich
in die Regierung eingetreten ist. Allerdings sind noch
keine positiven Auswirkungen seiner Tätigkeit zu verzeichnen, weil er noch mit zu vielen Schwierigkeiten zu
kämpfen hat. Déat verlangt für sich eine klare Zuständig-
keit für das gesamte soziale Programm. Laval, der ihm
gewisse Zusagen gemacht hat, versucht, seine Zuständig-
keit jetzt wieder möglichst zu beschränken. Dabei ist es zu
ernsten Konflikten gekommen, und Déat hat wiederholt mit
Rücktritt gedroht. Besonders wünscht Déat als Arbeits-
und Sozialminister die vollständige Herrschaft über alle
sozialen Werke zu haben, nämlich den »Secours National«, das Rote Kreuz, die Frontkämpfer, die Kriegsgefangenen, den Arbeitseinsatz usw., jedenfalls überall insoweit, als es sich um die sozialen Fragen handelt. Es ist jetzt
eine vorläufige Beruhigung zwischen Déat und Laval eingetreten, nachdem Déat vor allen Dingen in der Frage des
»Secours National« vollständige Genugtuung gegeben
wurde, und er zum Präsidenten des »Secours National«
ernannt worden ist. Beim Roten Kreuz und in übrigen
Streitfragen ist noch nicht alles geregelt.

Wenn auch Déat als Aktivist vielleicht manchmal etwas
schroff und undiplomatisch ist, so müssen wir ihn doch
m. E. unter allen Umständen unterstützen. Vor der öffentlichen Meinung ist die Berufung Déats als ein großer
deutscher Erfolg empfunden worden. Wenn Déat zurücktreten müßte, dann wäre das ein schwerer Rückschlag für
unsere Politik.

DIE INVASION IN DER NORMANDIE
JUNI 1944

*Seit der Landung eines britischen Kommandos bei Dieppe
im Jahre 1942 gehörte der Zeitpunkt der Invasion, also der
alliierten Landung in Frankreich, zu den am besten gehü-*

278

teten Geheimnissen der alliierten Strategie. Die umfangreichen Vorbereitungen im britischen Mutterland gingen Hand in Hand mit der Organisation eines Aufstandes in Frankreich. Durch getarnte Redewendungen wurde in den Sendungen des britischen Rundfunks eine Benachrichtigung der französischen Untergrundkämpfer vorbereitet. Sie sollten auf ein bestimmtes Zeichen hin Brücken und Schleusen sprengen, Straßen verminen und deutsche Militärtransporte beschießen. Diesem planmäßigen Einsatz aller Kräfte, der am 6. Juni 1944 begann, waren bereits monatelang Sonderaktionen vorangegangen, die zu immer neuen Überfällen auf deutsche Truppen und auf französische Anhänger der Kollaboration geführt hatten. Besonders von kommunistischer Seite aus wurden provozierende Attentate durchgeführt. Man erhoffte sich von den Repressalien, unter anderem den Geiselerschießungen, eine ungünstige Wirkung auf das Verhältnis zwischen Bevölkerung und Besatzungsmacht und hatte mit diesen Spekulationen Erfolg.

Vom Beginn der Invasion an agierte die Untergrundbewegung in aller Öffentlichkeit. Die Alliierten wurden bei ihrem Erscheinen überall als Befreier begrüßt. In den ersten Wochen, in denen noch um die Erweiterung des Landekopfes in der Normandie gekämpft wurde, hielten viele Franzosen einen deutschen Erfolg noch für möglich und verhielten sich abwartend. Später kam es zu oft hemmungslosen Ausschreitungen gegen die Mitglieder der Besatzungsmacht und ihre französischen Mitarbeiter.

Die alliierte Luftwaffe schonte bei ihren Angriffen die französischen Städte nicht und verursachte auch unter der französischen Zivilbevölkerung schwere Verluste. Der Krieg, der Frankreich 1940 weitgehend verschont hatte, wurde nun erneut in das Land hineingetragen. Über die verschiedenartigen Auswirkungen der Invasion auf die Haltung der französischen Bevölkerung berichtet Professor Grimm.

STIMMUNGSBERICHT
PARIS, DEN 24. JUNI 1944

Die Stimmung in Paris wird durch drei Faktoren hauptsächlich beherrscht: 1. Die Invasion. 2. Die neue deutsche
Waffe. 3. Die Versorgung von Groß-Paris.

Erster Eindruck der Invasion

Die Nachricht von der Invasion ist in Paris im allgemeinen
ruhig aufgenommen worden. Zu größeren Unruhen, mit
denen viele unserer Freunde rechneten, kam es nicht. Es
kam zwar zu gewissen Verkehrsschwierigkeiten, zum Teil
war auch die Telefonverbindung beeinträchtigt. Es fallen
die Lebensmittelzusendungen aus der Normandie und der
Bretagne und auch von anderwärts fort, aber größere
Unruhen haben nicht stattgefunden.

Die Plakate der Regierung

In großen Massen wurden die Plakate der Regierung, und
zwar ein Aufruf von Pétain und Laval und eine Kundge-
bung von Darnand, an den Mauern von Paris angeschlagen.
Dazu kamen Aufrufe des Oberbefehlshabers West. Die
Bevölkerung kümmerte sich im allgemeinen um diese
Aufrufe wenig; nur in einzelnen Stadtvierteln, z. B. am
Bahnhof Montparnasse und im Quartier Latin, waren die
Aufrufe von Laval und Darnand beschmutzt und mit der
Aufschrift »Vendus« versehen, während die Plakate von
Pétain, die daneben angebracht waren, unbeschädigt
geblieben sind.

Pétains Aufforderung zur Neutralität

Man sprach viel von dem Aufruf Pétains an die Legion der
Frontkämpfer, in dem es hieß, daß die Frontkämper neu-
tral bleiben müßten. Dieser Aufruf, der schon durch Radio
bekanntgegeben war und dessen Inhalt überall bekannt
wurde, wurde dann durch die Zensur in Paris gesperrt. Er
ist aber z. B. in der Nordzone, in Lille, in der Presse
erschienen. Eine Abschrift füge ich als Anlage 1 bei. Von

unseren Freunden wurde der Aufruf allgemein als Beweis der Zweideutigkeit seiner Haltung angesehen.

Wechselnde Stimmung

Im übrigen war die Stimmung in den ersten Tagen der Invasion wechselnd, je nach den Nachrichten, die aus der Normandie eintrafen. Zunächst war wohl die vorwiegende Stimmung ähnlich wie bei dem Kriegseintritt Rußlands vor drei Jahren. Die meisten zeigten strahlende Gesichter. Man hörte von Freudenfesten, Champagnergelagen und dergl. Dann flaute die Stimmung ab, als man sah, daß die Engländer und Amerikaner doch nicht so schnelle Fortschritte machten, wie man geglaubt hatte. Dann kamen die Nachrichten von den Zerstörungen der Städte und Dörfer in der Normandie, St. Lô, Vire und Caen, owie die ständig steigenden Ziffern der Toten unter der Zivilbevölkerung, die nach 14 Tagen schon die Zahl von 50 000 erreichten.

So schlug die Stimmung allmählich um. Bei dem letzten Fliegerangriff auf Paris am 22. Juni habe ich mich selbst davon überzeugen können, wie spontan die Bevölkerung in Haß gegen die Engländer und Amerikaner ausbrach und Rufe wie »Les assassins« auf der Straße laut wurden. Unsere Freunde meinen aber, daß eine wirklich grundlegende Änderung der Stimmung noch immer nicht erzielt sei und daß der Stimmungswechsel immer nur da vollständig eintrete, wo die Leute unmittelbar unter den englisch-amerikanischen Angriffen litten. Nun ist aber zu beachten, daß heute bereits über eine Million Franzosen durch Fliegerangriffe obdachlos geworden sind. Diese, ihre Angehörigen und Freunde dürften allmählich einen großen Teil der Bevölkerung ausmachen und zum restlosen Stimmungswechsel beitragen.

Die neue Waffe

Einen sehr erheblichen Eindruck machte die Kunde von der neuen Waffe. Die Nachricht hierüber wirkte sich umgekehrt aus wie die Nachricht von der Invasion. D. h. unsere Freunde bekamen wieder Mut, und unsere Feinde ließen die Köpfe hängen. Aber nach einigen Tagen schwächte sich dieser günstige Eindruck wieder ab. Man sah keine unmittelbare Reaktion in England, und die Verkleinerungspropaganda der Engländer wirkte sich doch in der französischen öffentlichen Meinung aus. Allmählich gewann wieder die für uns ungünstige Stimmung Boden. Man sagte: »Der Atlantikwall hat nicht standgehalten, die Mystik ist aus, wie konntet Ihr es so weit kommen lassen?«

Als der Beginn des Angriffs auf Cherbourg bekannt wurde, wurde die Stimmung noch erheblich schlechter und die Stimmen nahmen überhand, die sagten: »Deutschland ist verloren, der endgültige Zusammenbruch ist nur noch eine Frage der Zeit, es ist genauso wie in Italien; wie man dort auf Rom gezogen ist, wird man hier auf Paris ziehen.«

Zweite Landung

Es wurde auch viel von einer zweiten Landung gesprochen, die man allgemein erwartete, sei es an der Südküste, sei es in der Bretagne oder im Ärmelkanal, oder gar an mehreren Stellen.

Der Terrorismus

Größere Aktionen von Terrorismus und aktivem Widerstand fanden eigentlich nur in der Provinz statt, im Norden wenig, etwas in der Bretagne, vor allem im Süden und in den Départements Corrèze, Cher (St. Amand) Cantal, Puy de Domé. Die Bevölkerung beschäftigte sich viel mit den Vorgängen in der Stadt Tulle, die einige Tage im Besitz der Aufständischen war und dann von Georgiern wieder erobert wurde, ferner mit dem Zusammenstoß von Issoire, wo ein Trupp von 4000 Terroristen von der SS aufgerieben wurde, wo 1000 Tote blieben und ebenso viele gefangengenommen wurden. Man erzählte Schauergeschichten von den Vorgängen in Tulle, wo die Insurgenten die Guillotine errichtet haben sollen. Die einen sagten, die Guillotine habe nicht funktioniert, dann habe man einen Galgen genommen und mehrere hundert Kollaborationisten getötet.

Andere nannten geringere Zahlen. Wieder andere sagen, daß die Georgier diese Schreckensszenen noch verhindert hätten.

Die Ostfront und die Kommunisten

Allgemeines Erstaunen herrscht darüber, daß die Ostfront ruhig blieb und auch die Kommunisten sich stark zurückhielten. Man sagt, daß bei den Terrorakten im Süden hauptsächlich de-Gaulle-Anhänger hervorgetreten seien und nicht die Kommunisten. Man führt das auf einen Befehl Moskaus zurück. Man brachte das auch in Zusammenhang mit dem Ruhigbleiben der Ostfront, und die Gerüchte gingen so weit, daß man sagte, es fänden schon Friedensverhandlungen zwischen Deutschland und Rußland statt.

Die Regierung Laval

Von Laval spricht man kaum noch. Unsere Freunde sind heute ihm und Vichy gegenüber von noch größerem Mißtrauen erfüllt als früher. Man wirft sowohl Pétain wie Laval eine zweideutige Haltung vor. Es geht so weit, daß man von 2 Regierungen spricht, eine in Paris (Déat, Henriot, Darnand) und die andere in Vichy, die sich totstelle und nichts tue. Jedenfalls sagt man allgemein, daß sich heute die Politik der halben Maßnahmen bitter räche.

Die Miliz

Der Aufruf zur Mobilisierung der Miliz soll im Süden einigen Erfolg gehabt haben, dagegen in der Nordzone nicht, weil es immer noch nicht gelungen ist, die verschiedenen Erneuerungsbewegungen unter einen Hut zu bringen. Anscheinend versucht Darnand außerhalb der Parteien eine eigene Miliz auch im Norden aufzustellen, was nicht gelingt. Man sieht daher die Miliz als zu schwach an und ist der Auffassung, daß, wenn es zu einer wirklichen Erhebung kommt, die Kräfte der Miliz keineswegs genügen. Die Aufrechterhaltung der inneren Ordnung kann allein durch unsere Truppen gewährleistet werden.

ABSCHLUSSBERICHT
ÜBER AUFENTHALT IN FRANKREICH VOM
19. JUNI BIS 6. JULI 1944

Ich war vom 19. bis 27. Juni in Paris, vom 24. bis 30. Juni unternahm ich eine Vortragsreise nach Südfrankreich, und von da ab bis zum 6. Juli war ich wieder in Paris.

Die stärksten Eindrücke

Die stärksten Eindrücke, die ich namentlich in der Zeit des Abschlusses meiner Reise gehabt hatte, waren

der zunehmende Terrorismus in Südfrankreich,

die Auswirkung der Ermordung von Philippe Henriot,

der zunehmende Gegensatz aller Freunde der Kollaboration gegen Laval.

Der Terrorismus

Der Terrorismus nimmt wieder zu, vor allem in Südfrankreich und wird zu einer ernsten militärischen Gefahr. Ich habe schon in früheren Berichten darauf hingewiesen, daß ich den Terrorismus in Frankreich von Anbeginn an nicht als eine politische oder polizeiliche, sondern als eine militärische Angelegenheit betrachtet habe, die im engsten Zusammenhang mit dem Bandenwesen in Rußland, Jugoslawien, Griechenland und Italien steht, und von einer Stelle geleitet wird, um als eine wichtige Waffe im Entscheidungskampf um die Festung Europa und damit auch die Festung Frankreich eingesetzt zu werden. Ich darf ferner darauf hinweisen, daß ich schon früher darüber berichtet habe, daß die Mehrheit unserer Freunde der Auffassung war, daß mit Beginn der Invasion die Masse in Frankreich sich keineswegs erheben würde, sondern kriegsmüde sei, daß es bei der Invasion aber zu Einzelakten kommen würde, die im Zusammenhang mit den Terrorangriffen der Engländer und Amerikaner das Eisenbahn-

und sonstige Verkehrswesen in Frankreich möglichst in Unordnung bringen sollten. Schon damals wiesen unsere Freunde darauf hin, daß man mit einem zweiten Stadium des Terrorismus rechnen müßte, wenn die Invasion einen gewissen Anfangserfolg haben würde, wenn insbesondere ein größerer Brückenkopf gebildet würde, der dann von uns nicht sofort wieder beseitigt werden könnte. Für diesen Fall nahmen unsere Freunde an, daß die Widerstandsbewegung erheblichen Zuwachs aus den zögernden Teilen der französischen Bevölkerung bekommen würde und dann eine ernste militärische Gefahr werden könnte. Insbesondere wies man schon früher darauf hin, daß die französische Geheimarmee noch gar nicht richtig in Erscheinung getreten sei, in diesem zweiten Stadium nach der Invasion aber ihre volle Bedeutung bekommen würde.

Die Zustände im Département Drôme
Ich war in Valence und habe dort Gelegenheit gehabt, mit führenden französischen und deutschen Herren über die dortigen Verhältnisse zu sprechen und mich zu informieren. Ich kam mit dem Auto von Nizza über Ex-en-Provence nach Valence und habe zum Teil von Terroristen bedrohte Gebiete durchfahren. Die Feindpropaganda hat gerade die Verhältnisse in Valence sehr stark übertrieben. Es ist insbesondere nicht richtig, daß Valence in Händen der Aufständischen sei, denn ich habe ja dort meinen Vortrag halten können. Allerdings herrschte auch in der Stadt Valence selbst eine aufgeregte Stimmung. Man sah überall Bewaffnete. Ich selbst wurde von bewaffneten PPF-Leuten und Miliz stark bewacht, ebenso der Zugang zum Theater und das Theater selbst, wo die Veranstaltung stattfand. Es war die Atmosphäre eines Belagerungszustandes.

An Einzelheiten über die Zustände im Département Drôme erfuhr ich folgendes: Von dem Département Drôme werden schon ²/₃ durch die Aufständischen beherrscht. Das Département zerfällt in 3 Unterpräfekturen. Von 2 Unterpräfekturen, nämlich von Dié und Nyons sind die Unterpräfekten zu den Aufständischen übergetreten. Man muß das Département Drôme mit dem Département Ardèche zusammenfassen. Beide Départements werden durch die Rhone getrennt und haben östlich und westlich die Randgebirge der Rhone. Diese östlichen und westlichen Randgebiete werden im wesentlichen schon durch die Aufständischen beherrscht. Dort verkehren keine Eisenbahnen mehr und sind auch die Straßen nur noch schwer passierbar. Im wesentlichen ist nur das Rhonetal selbst, in einer Breite von 20 km vollständig in Händen der Behörden. Es scheint nun so, als ob sich in diesen beiden Départements der erste Aufmarsch der Geheim-Armee jetzt vollziehe. Man erkannte dort die Zentralisation. Es scheint weiter so, als ob eine reinliche Scheidung zwischen diesen Kräften der Geheim-Armee und den Kommunisten durchgeführt sei und man den Kommunisten mehr die westlichen Gebiete des Massif Central, vor allem die Corrèze und die Dordogne überlassen hätte, während um das Rhonetal herum die gaullistischen Kräfte aufmarschierten. Das sieht nach einem wohlüberlegten Plan aus. Man rechnet in kürzester Frist mit einer Landung vom Mittelmeer her, etwa bei Sète und auch östlich Marseille, mit dem strategischen Ziel des Aufrollens des Rhonetales, um damit sowohl im Département Drôme, wie auch Ardèche, den deutschen Truppen, die an der Küste operieren, die rückwärtige Verbindung abzuschneiden. Der Deutsche Verbindungsstab, der in Privas im Département Ardèche liegt, sei schon fast ganz von dem Verbindungsstab in Valence abgeschnitten und habe wiederholt telefonisch um Unterstützung gebeten, die man aber mit den in der Drôme zur Verfügung stehenden militärischen Kräften nicht gewähren kann. Von einem anderen Verbindungsstab wurde mir berichtet, daß er schon von den Aufständischen gefangen sei, wobei sogar Nachrichtenhelferinnen verschleppt worden seien.

Das bedenklichste sind die in letzter Zeit immer stärker werdenden Waffenabwürfe. Es sollen im Dèpartement Drôme in einzelnen Nächten 12–20 Flugzeuge erschienen sein, die in Mischlastgefäßen sogar schwere Waffen abgeworfen hätten. Da hier schon ein ziemlich breiter Streifen

Landes von den deutschen Truppen und der Polizei nicht mehr kontrolliert werden kann, ist es unmöglich, diese Waffen sogleich nach ihrem Abwurf zu erfassen, so daß die dort sich bildende Geheim-Armee von Tag zu Tag stärker bewaffnet wird.

Die Verhältnisse sind so, daß die polizeilichen Aktionen deutscher- und französischerseits längst dieser Dinge nicht mehr Herr werden können, und auch die örtlichen militärischen Kräfte der Verbindungsstäbe oder Feldkommandanturen nicht mehr ausreichen, die nötigen Säuberungsaktionen durchzuführen.

Die Zustände in Périgueux

Ich war in Paris bei einer mir befreundeten Familie Augenzeuge einer Szene, wie Familienangehörige, die in Périgueux von Terroristen gefangengenommen worden waren und dann von Deutschen befreit wurden, in Paris ankamen und ihre Eindrücke erzählten. Es handelte sich um drei Schwäger, die gemeinsam eine Fabrik von Gänseleber- und Feinkostwaren in Périgueux betrieben. Einer der Schwäger ist in Paris ansässig, die beiden anderen in Périgueux. Die Fabrik und das Geschäft in Périgueux wurde von Terroristen überfallen, die Kassen geplündert. Die Terroristen nahmen alle Vorräte und Erzeugnisse mit und verschleppten die beiden Kinder und Frauen ins Maquis. Sie wurden dort acht Tage gefangengehalten und dann im Verlauf einer deutschen Säuberungsaktion befreit. Die einzelnen Familienangehörigen erzählten mit ungeheurer Erregung, wie es ihnen ergangen war. Die Männer schworen, sich jetzt der Miliz anzuschließen und ihre persönliche Rache zu üben. Sie sagten, daß sie drei verschiedene Gruppen unter den Terroristen festgestellt hätten. Eine Gruppe, die aus lauter Räubern und Banditen bestände, dann eine gaullistische Gruppe und schließlich eine Spezialgruppe, die den Namen getragen hätte »Groupe Soleil«. Wehe dem, der in die Hände der Groupe Soleil gefallen wäre. Er wäre sofort liquidiert worden. Dieses Erlebnis, das ich persönlich hatte, zeigte mir deutlich die Entwicklung, die das ganze

Maquis-Problem erreicht. Es entwickelt sich daraus ein solcher Haß zwischen den einzelnen Bevölkerungsteilen, daß das Ganze in Anarchie und Bürgerkrieg ausarten kann.

Auswirkung der Ermordung von Philippe Henriot

Die Nachricht von der Ermordung von Philippe Henriot hat in der gesamten Bevölkerung Frankreichs eine überaus starke Bewegung hervorgerufen. Die Feinde der deutsch-französischen Verständigung und der europäischen Zusammenarbeit haben zum Teil frohlockt. Man sagte mir allerdings auch, daß selbst in gaullistischen Kreisen die Auffassung geteilt gewesen sei und man dort teilweise auch den Mord bedauert und verurteilt hätte. In den Kreisen der Erneuerungs-Bewegung, namentlich in den Kreisen der Miliz, entstand eine ungeheure Wut.

Besonders bezeichnend war ein Vorgang in Macon. Dort begab sich der Chef der Miliz auf die Kunde der Ermordung Henriots mit einigen Milizleuten zum Kabinettchef des Präfekten und forderte ihn auf, ihm zu folgen. Er führte ihn auf die Straße. Das gleiche geschah mit fünf oder sechs anderen Notabeln. Dort wurden diese Leute dann von der Miliz ohne weiteres erschossen. Der Vorgang ist mir vom Chef der Miliz in Valence selbst berichtet worden. Er ist bezeichnend für die Bürgerkriegsstimmung, die besteht. Im Süden Frankreichs ist eine Lage geschaffen, die sich aus Chaos und Aufstand zusammensetzt.

In den Kreisen unserer Freunde wurde der Tod Henriots als ein unersetzbarer Verlust für die deutsch-französische Zusammenarbeit bezeichnet. Zugleich aber auch als eine Schwächung derjenigen Kräfte in der Regierung (Henriot-Darnand-Déat), die für eine aktive Politik sind, im Gegensatz zu der lauen Haltung der Vichy-Regierung. Ganz allgemein wurde anerkannt, daß es keinen Ersatz für Philippe Henriot gebe. Man sprach auch von der Nachfolgerfrage. Die einen meinten, daß nur Marion in Frage käme. Dagegen wurde allerdings gesagt, daß Marion als Informationsminister in Vichy versagt habe. Er sei zu passiv und nicht fleißig genug. Andere sprachen von Xavier Vallat. Gegen diesen richten sich aber besonders die Linkskreise. Er sei Chauvinist und innerlich deutsch-feindlich. Bei Hérault de Paquis erkannte man zwar seine große Beredsamkeit an, glaubt aber auch, daß er Philippe Henriot nicht ersetzen könne, weil er nicht über den reichen Fonds des Wissens verfüge wie Henriot und auch nicht die Einwirkung auf die Massen habe.

Ganz allgemein wurde von allen Freunden darauf hingewiesen, daß unmittelbar nach dem Tode von Philippe Henriot sich in der Gesamtverwaltung wieder mehr der Geist des Widerstandes rege, sogar in dem eigenen Informationsministerium.

Zu den Auswirkungen der Ermordung von Henriot gehört auch noch, daß die Drohungen, die an Kollaborationisten gerichtet werden, wieder sehr viel schärfere Formen annehmen. So wird mir eine Drohung folgenden Inhalts vorgelegt: »Philippe Henriot a payé sa trahison, d'autres doivent payer. Ton Tour approche.«

Haß gegen Laval

Sehr auffallend war mir, daß in letzter Zeit der Haß gegen Laval in allen Kreisen der Zusammenarbeit an Heftigkeit zugenommen hat, besonders auch nach der Ermordung von Henriot. Henriot selbst war gegenüber Laval und Pétain so loyal, daß er zwischen Déat-Darnand und Laval ausgleichend wirkte. Diese ausgleichende Persönlichkeit ist jetzt weggefallen. Besonders stark ist der Haß gegen Laval in den Kreisen der PPF, aber auch in den Kreisen der Anhänger von Déat. Man sagt heute nicht mehr wie früher, Laval wolle das Richtige, werde aber durch die Umgebung des Marschalls gehemmt, sondern man erklärt ganz offen, daß Laval der Feind sei. Man nennt ihn den französischen Badoglio, der nur gerissener und deshalb gefährlicher sei als der italienische Badoglio. Man schiebt in allen Punkten, die in Frankreich unglücklich verlaufen sind, die Schuld Laval zu. Man behauptet, daß alles, was gegen die deutsch-französische Verständigung gerichtet ist, von

Laval komme. Das ging so weit, daß man trotz der Rundfunkrede Lavals behauptete, Laval habe sich über die Ermordung Henriots eigentlich gefreut, denn er sei mit einem Schlag Henriot und Darnand losgeworden, und zwar deshalb, weil man heute allgemein Darnand vorwirft, daß er die Verantwortung für die Ermordung Henriots trage, weil er ihn nicht genügend geschützt habe. Man behauptet auch, daß Laval es veranlaßt hätte, daß bei der Messe in der Notre-Dame keine Rede gehalten worden sei und daß Laval alles getan habe, um zu verhindern, daß man allzuviel von Henriot noch spricht.

Gesamteindruck über die Stimmung

Wenn man abschließend die augenblickliche Stimmung in Frankreich betrachtet, ist trotz der allgemeinen Bewegung, die herrscht, eine Tatsache festzustellen, die fast paradox klingt, nämlich, daß infolge der letzten Bombardements und der Vorgänge in der Normandie ein Zustand eingetreten ist, der die Einwirkung auf die französische öffentliche Meinung wieder erfolgreicher erscheinen läßt, als früher. Man sagte mir geradezu, daß eine ähnliche Gelegenheit wie nach Mers-el-Kebir wieder gegeben sei und die große Aufmerksamkeit, die mein Vortrag in Nizza gefunden hat, ist auf diese Tatsache wohl hauptsächlich zurückzuführen.

SCHLUSSWORT

Immer noch ist die Lösung des deutsch-französischen Verhältnisses eine der brennendsten Fragen der europäischen Politik. Offiziell sind Frankreich und die Bundesrepublik Verbündete. Verständnisvoller und freundlicher, als es heute der Fall ist, kann zwischen zwei früheren »Erbfeinden« kaum gesprochen werden. Auf wirtschaftlichem und kulturellem Sektor findet ein reger Austausch statt. Viele der Vorstellungen, von denen sich Professor Grimm bei seiner Arbeit leiten ließ, scheinen Wirklichkeit geworden zu sein.

Dennoch läßt sich auch bei einer positiven Einstellung zu allen Bemühungen um die europäische Einheit nicht verkennen, daß das tiefe Mißtrauen zwischen den beiden Völkern, das im Laufe der Jahrhunderte schon viele Ansatzpunkte für eine gute Nachbarschaft zunichte gemacht hat, noch nicht völlig beseitigt werden konnte. Die Franzosen vermuten, daß die tatkräftigen Bemühungen der Bundesrepublik um die Neugestaltung Europas in dem Wunsch einer besiegten und geteilten Nation begründet sind, an die Stelle der verlorenen Einheit ein übernationales Europa deutscher Prägung zu setzen. Auch nach dem Tode de Gaulles sind sie nicht bereit, die Begriffe »Vaterland« und »ewiges Frankreich« auf dem Altar einer größeren Gemeinschaft zu opfern.

Auf deutscher Seite ist man sich dessen bewußt, daß viele der französischen Vorbehalte und Verzögerungen durch eine Politik bestimmt sind, die Frankreich unbedingt die erste Rolle im Konzert der europäischen Mächte zugedacht hat. Bei dieser Situation ist noch nicht zu übersehen, ob die Auslegungen, die man in Bonn und in Paris den gemeinsam geschaffenen und unterzeichneten Vorschlägen gibt, nun auch die gleichen Verhaltensweisen auslösen werden. Doch wäre es falsch, zu bestreiten, daß die Chancen für ein Vereintes Europa und damit auch für ein politisches, wirtschaftliches und militärisches Zusammengehen von Frankreich und der Bundesrepublik noch niemals so günstig waren wie in diesen Jahren.

In einem solchen Zeitpunkt kommt nun einer dokumentarischen Veröffentlichung ganz besondere Bedeutung zu, die die Reaktion eines damals besiegten Volkes auf die Bemühungen des Siegers erkennen läßt, sich mit ihm zu versöhnen und es zu einer gemeinsamen Politik zu veranlassen. Natürlich ist ein Vergleich mit der Lage von 1940–1944 nur unter Beachtung der sehr verschiedenen Voraussetzungen erlaubt. Das geschlagene Frankreich von 1940 hatte damals Freunde in aller Welt, die sich feierlich verpflichteten, seine politische Unabhängigkeit wiederzugeben. Sie riefen die Franzosen zu bewaffnetem Wider-

stand auf und sahen in de Gaulle den legitimierten Vertreter des »ewigen Frankreich«. Die Trennung französischer Gebiete durch die Demarkationslinie läßt sich auch nicht im entferntesten mit dem Eisernen Vorhang oder der Berliner Mauer vergleichen. Die Besetzung hatte von Anfang an einen temporären Charakter und stand damit im Gegensatz zu der Lage in den Gebieten östlich von Oder und Neiße, aber auch in der DDR, für die die sowjetische Okkupation nicht nur eine Dauereinrichtung, sondern zugleich eine Garantie für das Bestehen des dort herrschenden Systems ist.

Dennoch wird nicht nur für Deutsche, sondern gerade auch für Franzosen ein Bericht darüber interessant sein, wie sich weite Kreise der Bevölkerung nach den Feststellungen eines ihnen wohlgesinnten Beobachters mit der damaligen Situation auseinandergesetzt haben. Die Tatsache allein, daß über hunderttausend Franzosen nach der Niederlage des Dritten Reiches wegen Zusammenarbeit mit dem Feind ermordet und über eine Million mehr oder minder hart bestraft wurden, läßt erkennen, daß hier tiefe, innere Auseinandersetzungen stattfanden, die sich nicht mit Opportunismus oder Elastizität der Gesinnung erklären lassen. Optimisten wie Professor Grimm sahen in dem Verhalten der verständigungsbereiten Franzosen den echten Beweis für den Wunsch nach endgültiger Versöhnung zur Vermeidung künftiger Kriege. Er zählte zu seinen Freunden eine große Reihe von angesehenen Persönlichkeiten, die bereit waren, für ihre Überzeugung unter Einsatz ihrer Existenz und ihres Lebens einzutreten. Es mag für die Nachkommen oder Freunde dieser Opfer einer erfolglosen Politik ein seltsamer Trost sein, daß für die heutige Versöhnungspolitik die gleichen Argumente verwendet werden, wie sie schon vor einem Menschenalter zur Debatte standen.

Es ist zu erwarten, daß man auf französischer Seite die »Frankreichberichte« als sehr einseitige Betrachtungen eines in bestimmten Vorstellungen befangenen Einzelgängers ablehnt und auf die Irrtümer verweist, die in den

Werturteilen und Prognosen von Professor Grimm nach-
träglich festgestellt werden können. Nun gibt es kaum
einen Politiker, der sich in der Beurteilung der damaligen
Situation, vor allem aber der Haltung des französischen
Volkes nicht auch geirrt hätte.

Für die deutsche Seite stellt sich das Problem heute
umgekehrt dar. Jetzt sind die Deutschen das besiegte Volk,
das keine reale Chance zu haben scheint, sich jemals wie-
der zu vereinigen. Gerade in dieser Situation kann es von
höchstem Interesse sein, nun aus den Berichten eines
Deutschen zu erfahren, wie sich das französische Volk nach
der Niederlage und während der Besatzung verhielt, und
welche politischen Überlegungen bei diesem Verhalten
eine Rolle spielten.

Es ist nicht die Aufgabe dieser Schrift, zu Fragen
dieser Art Stellung zu nehmen. Was erreicht werden soll,
liegt auf einem anderen Gebiet. Die Veröffentlichung
der »Frankreich-Berichte« soll einem Augenzeugen noch
nach seinem Tode Gelegenheit geben, seine lebendigen,
unter dem Eindruck des tatsächlichen Geschehens nie-
dergeschriebenen und von tiefem Verantwortungsbe-
wußtsein getragenen Beobachtungen so weiterzugeben,
wie sie vor nunmehr einem Menschenalter Gestalt an-
nahmen.

Die Unmittelbarkeit der Darstellung, die Freiheit der
Sprache und die Offenheit der Kritik können in diesem
Zusammenklang von keinem offiziellen Bericht erreicht
werden. Hier spricht nicht ein amtlich bestellter Beobachter
im Aktendeutsch zu seiner vorgesetzten Dienststelle. Hier
schrieb sich aus freien Stücken ein Mann seine Eindrücke
und Sorgen vom Herzen, der sein Leben der Aussöhnung
der beiden Völker gewidmet hatte.

Die Diskussion über das deutsch-französische Verhältnis
ist noch lange nicht zu Ende. Sie wird für die Gestaltung
des neuen Europa von grundsätzlicher Bedeutung sein.

Für diese Diskussion einen Beitrag zu liefern, war das
Ziel der Herausgeber, die zugleich als Freunde von Pro-
fessor Grimm damit ein ihm gegebenes Wort einlösten.

Über die politische Bedeutung hinaus sind die Frankreich-Berichte ein ehrendes Zeugnis für die Tätigkeit eines Mannes, der sich seiner geistigen und materiellen Unabhängigkeit stets bewußt war und in seinem Handeln von der Überzeugung geleitet wurde, mit seiner Arbeit seinem Vaterland einen Dienst zu erweisen.

DATEN DES LEBENSLAUFS VON PROFESSOR DR. FRIEDRICH GRIMM

17. Juni 1888 in Düsseldorf geboren
1908 Abitur am humanistischen Gymnasium in Essen
Juristisches Studium in Genf, Berlin, Marburg und Münster (internationales und französisches Recht)
1911 Referendarexamen
1913 Assessorexamen
1914–1937 Rechtsanwalt in Essen
Bei Ausbruch des Krieges wegen eines Augenleidens vom Kriegsdienst freigestellt
1914 als Landsturmmann Dolmetscher im Kriegsgefangenenlager Münster
Im Kriege 1914–1918 Verteidiger von Franzosen und Belgiern vor deutschen Kriegsgerichten
1921 Privatdozent für internationales Recht an der Universität Münster (Vorlesungen über Versailler Vertrag)
1928 nicht beamteter a. o. Professor an der Universität Münster
Von 1921 bis 1944 freier Mitarbeiter bei der Deutschen Botschaft in Paris
Von 1923 bis 1933 Mitherausgeber der »Deutschen Juristenzeitung«
1923 Vertreter deutscher Belange im Ruhrkampf und der Interessen der Ruhrgefangenen und Kriegsgefangenen
Von 1922 bis 1935 Vertreter deutscher Interessen vor den Gemischten Schiedsgerichtshöfen in Paris und Brüssel
1924 Ehrensenator der Universität Münster
1937 Übersiedlung nach Berlin, Vizepräsident der Deutsch-Französischen Gesellschaft seit 1935
1944 Übersiedlung nach Tiengen/Hochrhein (Berliner Haus zerbombt)
1945 Verhaftung durch die Franzosen in Tiengen
1948 Freilassung nach schwerer Erkrankung
1950 Übersiedlung nach Freiburg i. B.
16. Mai 1959 verstorben und in Freiburg beigesetzt.

POLITISCHE DATEN
IM ZUSAMMENHANG MIT DER
BERICHTERSTATTUNG
VON PROFESSOR DR. FRIEDRICH GRIMM

8. Januar 1918	Der USA-Präsident Wilson verkündet 14 Punkte als Richtlinien für den Weltfrieden
11. November 1918	Abschluß des Waffenstillstandes
28. Juni 1919	Unterzeichnung des Friedensvertrages von Versailles
11. August 1919	Neue Verfassung des Deutschen Reiches
11. Januar 1923	Einmarsch der Franzosen im Ruhrgebiet
21.–24. Oktober 1923	Separatisten-Aufstände im Rheinland und in der Pfalz niedergeschlagen
16. Juli– 16. August 1924	Londoner Konferenz (Dawesplan)
5.–16. Oktober 1925	Konferenz in Locarno (Locarno Pakt)
8. September 1926	Das Deutsche Reich wird in den Völkerbund aufgenommen
27. August 1928	Kriegsächtungs-(Kellogg) Pakt
11. Februar 1929 – 7. Juni 1929	Pariser Sachverständigen-Konferenz (Young-Plan)
24. Oktober 1929	»Schwarzer Freitag« der New Yorker Börse, Beginn der Deflationskatastrophe (Weltwirtschaftskrise)
16. Juni – 9. Juli 1932	Lausanner Konferenz, Ende der Reparationen
12. Dezember 1932	Genfer Fünfmächte-Vereinbarung über die militärische Gleichberechtigung Deutschlands
30. Januar 1933	Hitler zum Reichskanzler ernannt
19. Oktober 1933	Austritt aus dem Völkerbund
23. Januar 1934	Nichtangriffspakt zwischen Deutschland und Polen

Januar/Februar 1934	Innere Unruhen in Frankreich Stavisky-Skandal – Generalstreik in Paris – Rücktritt Daladier – Doumergue bildet: »Kabinett der Nationalen Einigung«
13. Januar 1935	Abstimmung im Saargebiet
16. März 1935	Einführung der allgemeinen Wehrpflicht
14. April 1935	Gemeinsame Entschließung der »Stresafront« (England, Frankreich, Italien) gegen die deutsche Wiederaufrüstung
2. Mai 1935	Französisch-Sowjetrussischer Beistandspakt
16. Mai 1935	Tschechoslowakisch-sowjetrussisches Militärbündnis
18. Juni 1935	Deutsch-englisches Flottenabkommen
7. März 1936	Deutsche Truppen marschieren ins entmilitarisierte Rheinland ein
5. Juni 1936	Volksfrontkabinett unter Léon Blum
1. August 1936	Eröffnung der Olympischen Spiele in Berlin
25. Oktober 1936	Achse Berlin–Rom
13. März 1938	Anschluß Österreichs an das Deutsche Reich
10. April 1938	Regierung Daladier
29. September 1938	Konferenz von München
9. November 1938	Ermordung Ernst vom Rath, Mitglied der Deutschen Botschaft in Paris
6. Dezember 1938	Deutsch-französische Nichtangriffserklärung in Paris
15. März 1939	Reichsprotektorat Böhmen und Mähren
31. März 1939	Englisch-französische Garantieerklärung für Polen
23. August 1939	Abschluß des deutsch-sowjetischen Nichtangriffspaktes
25. August 1939	Englisch-polnischer Bündnisvertrag
1. September 1939	Einmarsch in Polen

3. September 1939	Großbritannien und Frankreich erklären dem Deutschen Reich den Krieg
10. Mai–	
25. Juni 1940	Westfeldzug
14. Juni 1940	Besetzung von Paris
22. Juni 1940	Abschluß des Waffenstillstandes, Fortdauer der französischen Regierung Pétains im unbesetzten Frankreich in Vichy
28. Juni 1940	Anerkennung de Gaulles durch England
3. Juli 1940	Überfall der englischen Flotte auf das französische Geschwader in Oran
5. Juli 1940	Regierung Pétains bricht die diplomatischen Beziehungen zu Großbritannien ab. Die USA bleiben in Vichy vertreten (Admiral Leahy)
10. Juli 1940	Pétain Staatsoberhaupt – Laval Stellvertreter und Nachfolger Pétain: »Chef des französischen Staates«
24. Oktober 1940	Besprechung Hitler – Pétain in Montoire
Dezember 1940	Pétain entläßt Laval Außenministerium an Flandin
22. Juni 1941	Beginn des Rußland-Feldzuges
1941	Admiral Darlan übernimmt die Regierung
19. Februar 1942	Beginn des Prozesses von Riom
8. November 1942	Landung amerikanischer und englischer Truppen in Nordwest-Afrika
9. November 1942	Deutsche Luftlandung in Tunis – Darlan geht zu den Alliierten über – Er wird am 24. Dezember 1942 in Algier ermordet – Deutsch-italienischer Einmarsch in das noch unbesetzte Frankreich

19. November 1942	Neue Vollmachten von Pétain an Laval
17. März 1943	Marcel Déat wird Minister für nationale Solidarität in der Regierung Laval
6. Juni 1944	Landung der Alliierten in der Normandie
	Ermordung des Propagandaministers der Vichy-Regierung Philippe Henriot
24. August 1944	Übergabe von Paris und Einzug de Gaulles
August 1945	Todesurteil gegen Pétain und Laval – Flandin freigesprochen

PERSONENREGISTER

(nur die wichtigsten Namen sind aufgeführt)

Rocque, de la, Oberst, 33, 34, 46, 72, 75, 77
Rommel, Erwin, (1891–1944), Generalfeldmarschall, 205, 215
Roosevelt, Franklin, (1882–1945), Präsident der USA, 83, 203, 207
Rothschild, Baron von, 66

Sarraut, Albert, (1872–1962), Min.-Präs., 106
Stalin, Josef, (1879–1953), sowjetrussischer Diktator, 204
Stavisky, (1886–1934), Geschäftsmann, 21, 22

Tardieu, André, (1876–1945), Min.-Präs., 26, 56

Welczek von, deutscher Botschafter in Paris, 17
Weygand, Maxime, (1867–1965), General, Verteidigungs-minister, französischer Oberbefehlshaber ab 20. 5. 1940, 189
Wilson, Woodrow, (1856–1924), Präsident der USA, 82, 89, 121
Wlassow, Andrej, (1901–1946), russischer General, 248–251

ABKÜRZUNGEN

P.P.F.   = Parti Populaire Française (Doriot-Bewegung)
R.N.P.   = Rassemblement Nationale Populaire (gegrün-det von Marcel Déat)
S.F.J.O.   = Section Française de l'Internationale ouvrière (Sozialdemokratische Partei, Führer Léon Blum)
S.O.L.   = Service d'ordre légionaire (gegründet von Joseph Darnand)
T.A.M.   = Tribunal Arbitral Mixte
V.V.   = Versailler Vertrag

INHALTSVERZEICHNIS

(Die im Inhaltsverzeichnis und im Textteil kursiv gesetzten Abschnitte sind Erläuterungen der Herausgeber. Die mit einem Stern versehenen Abschnitte sind leicht gekürzt.)